FALSA ACUSAÇÃO
UMA HISTÓRIA VERDADEIRA

T. CHRISTIAN MILLER & KEN ARMSTRONG

FALSA

UMA HISTÓRIA

ACUSAÇÃO VERDADEIRA

Tradução
Daniela Belmiro

Copyright © 2015, 2018 by T. Christian Miller and Ken Armstrong
© desta edição 2018 Casa da Palavra/LeYa
Título original: *A False Report: A True Story of Rape in America*

Esta tradução foi publicada mediante acordo com a Crown, um selo da
Crown Publishing Group, uma divisão da Penguin Randon House LLC.

Todos os direitos reservados e protegidos pela Lei 9.610, de 19.2.1998.
É proibida a reprodução total ou parcial sem a expressa anuência da editora.

Direção editorial: Martha Ribas
Editora executiva: Izabel Aleixo
Gerência de produção: Maria Cristina Antonio Jeronimo
Produtora editorial: Mariana Bard
Revisão de tradução: Juliana Alvim
Indexação: Jaciara Lima
Diagramação: Filigrana
Revisão: Rayana Faria
Capa e projeto gráfico de miolo: Leandro Liporage
Foto de capa: Shutterstock.com/Burdun Iliya

Dados Internacionais de Catalogação na Publicação (CIP)
Angélica Ilacqua CRB-8/7057

Miller, T. Christian
    Falsa acusação: uma história verdadeira / T. Christian Miller, Ken
Armstrong; tradução de Daniela Belmiro. – Rio de Janeiro: LeYa, 2018.
    336 p.

    ISBN 978-85-441-0758-4
    Título original: A False Report: A True Story of Rape in America

1. Estupro - Estados Unidos - Investigação 2. Vítimas de estupro - Estados
Unidos 3. Crime I. Título II. Armstrong, Ken III. Belmiro, Daniela

18-1460   CDD 364.15320973

Todos os direitos reservados à
EDITORA CASA DA PALAVRA
Avenida Calógeras, 6 | sala 701
20030-070 – Rio de Janeiro – RJ
www.leya.com.br

Para meu pai, Donald H. Miller, cuja força, entrega e senso de dever têm me servido como inspiração ao longo de toda a vida. Espero poder contar com a sua luz durante muitos anos ainda, pai.

- T. Christian Miller

Para minha mãe, Judy Armstrong, conhecida por conciliar três clubes de leitura ao mesmo tempo e ainda insistir nas edições de capa dura. "Eu amo a sensação de virar as páginas", diz ela, com palavras que tocam meu coração.

- Ken Armstrong

SUMÁRIO

1 A PONTE 11

2 CAÇADORES 17

3 ONDAS E MONTANHAS 33

4 UMA ALQUIMIA VIOLENTA 43

5 BATALHA PERDIDA 65

6 HOMEM BRANCO, OLHOS AZUIS, SUÉTER CINZA 77

7 IRMÃS 97

8 "ALGO NO MODO COMO ELA FALOU" 121

9 A SOMBRA INTERIOR ESPREITA 141

10 BONS VIZINHOS 161

11 UM DELITO GRAVE 175

12 MARCAS 191

13 OLHANDO PARA DENTRO DO AQUÁRIO 213

14 UM CHEQUE DE 500 DÓLARES 221

15 327 ½ 239

EPÍLOGO: DEZOITO RODAS 267

UMA NOTA DOS AUTORES 287

NOTAS 293

ÍNDICE 313

SOBRE OS AUTORES 331

AGRADECIMENTOS 333

DENVER e arredores

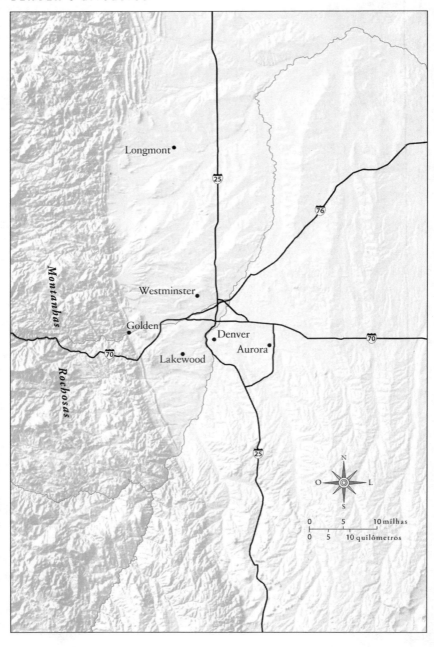

SEATTLE e arredores

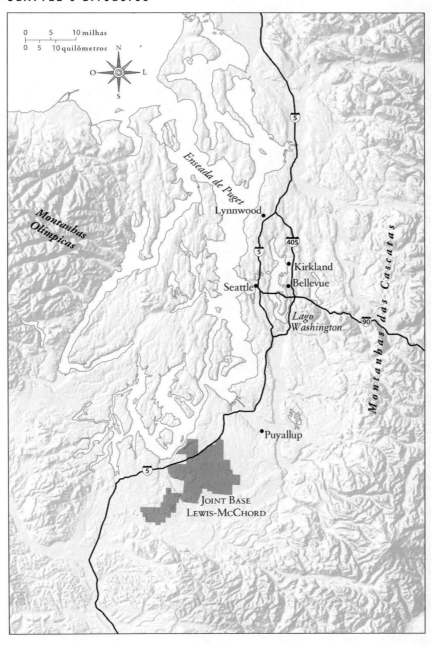

1
A PONTE

Segunda, 18 de agosto de 2008

Lynnwood, Washington

Marie deixou a sala de interrogatório e desceu a escada da delegacia acompanhada por um detetive e um sargento. Ela tinha parado de chorar. Lá embaixo, os policiais a entregaram para duas pessoas que a esperavam. Marie era membro de um programa de apoio para adolescentes que não estavam mais na idade de morar em lares adotivos temporários. Aquelas duas pessoas eram orientadoras do programa.

Uma delas falou:

– Você foi estuprada?

Fazia uma semana do dia em que Marie, uma garota de 18 anos com olhos castanho-claros, cabelo ondulado e aparelho nos dentes, havia denunciado ter sido estuprada por um desconhecido que entrou armado com uma faca em seu apartamento e vendou seus olhos, amarrou suas mãos e a amordaçou. Ao longo da semana, Marie havia repetido seu relato à polícia pelo menos cinco vezes. Ela dissera para eles: homem branco e magro, cerca de 1,70 metro de altura. Calça jeans. Casaco com capuz – cinza, ou talvez branco. Olhos possivelmente azuis. Mas a história não era sempre a mesma em seus relatos. A polícia tinha conversado com conhecidos de Marie que pareciam duvidar dela. E quando os policiais a confrontaram com essas dúvidas, ela vacilou e acabou voltando atrás, dizendo que tinha inventado tudo – porque a mãe adotiva havia parado de atender aos seus telefonemas, porque o namorado tinha decidido ser só seu amigo, porque ela não estava acostumada a ter que morar sozinha.

Porque ela queria chamar atenção.

Ela, então, detalhou sua história de vida para os detetives. Descreveu como foi criada por uns vinte pais e mães adotivos diferentes ao longo dos anos. Relatou que foi estuprada aos 7 anos de idade. Contou que se ver sozinha pela primeira vez na vida foi assustador. E que a história sobre o invasor que a estuprou acabou "tomando proporções que ela não esperava".

Agora, Marie tinha acabado de testar o pouco de paciência que ainda restava àqueles policiais. Ela havia retornado à delegacia para desmentir o desmentido, afirmando que seu primeiro depoimento era de fato verdadeiro e que ela foi, sim, estuprada. Mas ao ser pressionada na sala de interrogatório ela voltou a ceder, confessando novamente que a história era falsa.

– Não. – Foi a resposta de Marie para os orientadores que a esperavam ao pé da escada. – Não. Não fui estuprada.

A dupla de orientadores, Jana e Wayne, trabalhava para o projeto Ladder,* uma ONG que ajudava crianças criadas sem uma família adotiva fixa a fazerem a transição para uma vida independente. O projeto ensinava aos adolescentes – a maioria deles com 18 anos de idade – habilidades básicas para se levar uma vida adulta, de como fazer uma compra no mercado até como administrar o cartão de crédito. A maior vantagem do Ladder era o apoio financeiro: a ONG subsidiava o aluguel de um quarto e sala para cada adolescente participante, garantindo-lhe um teto no inflacionado mercado imobiliário da grande Seattle. Wayne era o responsável direto por acompanhar Marie, e Jana era uma das supervisoras do programa.

– Se foi isso mesmo que aconteceu – disseram os dois à garota –, se você não foi estuprada, então vai ter que fazer uma coisa.

Marie estava apavorada com o que teria que enfrentar em seguida. Ela viu a expressão no rosto dos dois no momento em que ouviram sua resposta. Eles não se abalaram. Não pareceram chocados. Já tinham

---

* Projeto Escada, em tradução literal. (N. T.)

duvidado de seu depoimento anterior, assim como as outras pessoas. Marie chegou a pensar que, a partir daquele momento, todos achariam que tinha alguma doença mental. Ela própria se perguntou se havia algo errado consigo, se teria algo em sua cabeça que precisasse ser consertado. Marie se deu conta do quão vulnerável estava. Ficou preocupada com o risco de perder o pouco que ainda lhe restava. Uma semana antes, ela era uma garota que tinha amigos, um primeiro emprego, a primeira casa só para si, liberdade para ir e vir e a sensação de que sua vida estava finalmente começando. Agora, nem o emprego, nem o otimismo existiam mais. Seu apartamento e sua liberdade estavam ameaçados. Amigos com que pudesse contar? No momento, só um.

Sua história tinha mesmo virado uma bola de neve. Ao longo da semana anterior, todos os noticiários da TV só falaram dela. "Mulher do oeste de Washington confessa que mentiu", disseram num telejornal.[1] Em Seattle, as sucursais locais da ABC, NBC e CBS cobriram a notícia. Câmeras da King 5, afiliada da NBC, mostraram o condomínio de Marie – fazendo um *travelling* escada acima e se demorando na imagem de uma janela aberta – enquanto a voz de Jean Enersen, a âncora mais conhecida da cidade, dizia aos telespectadores: "A polícia de Lynnwood afirma que uma mulher que alegou ter sido atacada sexualmente por um desconhecido inventou toda a história. [...] Os investigadores ainda não sabem o motivo que a levou a isso. Ela pode ser acusada de fazer uma denúncia falsa."[2]

Repórteres de TV haviam esmurrado sua porta, tentando fazer com que Marie explicasse diante das câmeras o motivo de ter mentido. Para se livrar deles, ela saiu de casa escondida, com um suéter cobrindo o rosto.

Sua história tinha alcançado os cantos mais remotos da internet. O *False Rape Society*, um blog que expõe acusações falsas de estupro, publicou dois posts sobre o caso de Lynnwood: "Surge mais um relato na enxurrada aparentemente interminável de denúncias falsas de estupro. A suposta vítima é novamente uma jovem, uma adolescente. [...] Para enfatizar a gravidade desse tipo de mentira, as penas para acusações indevidas de estupro deveriam ser mais duras. Muito mais duras. Só isso intimidará as mentiras."[3] Um londrino que mantém uma "linha do tempo internacional de alegações falsas de estupro" com registros desde

1674 incluiu o caso de Lynnwood como o nº 1.188 de sua lista, logo depois do relato de uma adolescente do estado da Geórgia que "havia feito sexo consensual com outro estudante e depois acusou de estupro um sujeito imaginário que estaria dirigindo um Chevrolet verde" e o de uma adolescente inglesa que "aparentemente decidiu anular seu consentimento depois de ter enviado uma mensagem de texto ao colega dizendo que havia adorado a transa!".[4] "Como esta lista mostra", escreveu o responsável pela compilação, "há mulheres capazes de mentir sobre estupro num estalar de dedos ou, quase sempre, depois de terem aberto as pernas por conta própria e se arrependido em seguida."[5]

No estado de Washington e para além dele, a história de Marie foi transformada num argumento para a velha discussão sobre credibilidade e estupro.

As matérias que saíram na imprensa não citavam seu nome, mas seus conhecidos sabiam que era ela. Uma amiga da época de escola ligou para dizer: "Como você pôde mentir sobre uma coisa dessas?" Era a mesma pergunta que os repórteres de TV queriam fazer. A mesma pergunta que Marie ouvia de todos os lados. Ela não respondeu à amiga. Apenas ouviu e depois desligou o telefone. Mais uma amizade desfeita. Marie havia emprestado seu laptop para outra amiga – um daqueles IBMs pretos antigos –, que agora se recusava a devolvê-lo. Quando Marie decidiu questioná-la, a amiga lhe disse: "Se você pode mentir, eu posso roubar." Essa mesma amiga – ou ex-amiga – ligava para fazer ameaças, dizendo que Marie devia morrer. As pessoas apontavam Marie como a razão pela qual ninguém acreditava nas verdadeiras vítimas de estupro. E a xingavam de vaca e piranha.[6]

Os orientadores do projeto Ladder passaram instruções a Marie. Disseram que se ela não cumprisse todas seria excluída do programa. Que perderia o apartamento e ficaria sem ter onde morar.

Eles levaram Marie de volta para o condomínio e chamaram os outros membros do programa – companheiros de Marie, jovens da sua idade com histórias parecidas, que tinham crescido sob a tutela do Estado. Eram mais ou menos dez, a maioria garotas. Na entrada do condomínio, perto da piscina, o grupo formou um círculo e se sentou. Marie permaneceu de pé. Ela ficou de pé e teve que contar para todos – incluindo a vizinha do andar de cima que, uma semana antes, havia ligado para a polícia e reportado o estupro – que tinha sido tudo mentira e ninguém precisava se preocupar: não havia nenhum estuprador à solta de quem precisassem se proteger, nenhum suspeito que a polícia tivesse que encontrar.

Marie começou a chorar enquanto fazia sua confissão, e viu o som do choro ser amplificado pelo silêncio desconfortável ao seu redor. Se havia alguma solidariedade no ar, Marie conseguiu identificá-la em só uma pessoa, uma garota que estava sentada à sua direita. Nos olhos de todos os outros presentes, ela lia apenas uma pergunta: *Por que alguém faz uma coisa dessas?* E o julgamento que já vinha atrelado: *Tem que ser muito doente para fazer isso.*

Nas semanas e nos meses seguintes, não parariam de aparecer consequências da mudança no depoimento de Marie. Mas, para ela, o pior momento foi mesmo essa reunião no condomínio.

Havia uma única amiga com quem ela ainda podia contar: Ashley. E, depois da reunião, Marie foi para a casa dela. Como ainda não tinha carteira de motorista, só uma licença provisória de aprendiz, ela decidiu ir a pé. No trajeto, chegou a uma ponte que cruzava a Interstate 5, a estrada mais movimentada do estado, uma rodovia expressa Norte-Sul com um fluxo incessante de Subarus e carretas pesadas.

Marie pensou no quanto queria pular daquela ponte.

Ela sacou o celular, ligou para Ashley e lhe disse:

– Por favor, venha me buscar antes que eu faça uma besteira.

Depois, ela jogou o aparelho longe.

2

CAÇADORES

5 de janeiro de 2011

Golden, Colorado

Um pouco depois da uma da tarde de quarta-feira, 5 de janeiro de 2011, a detetive de polícia Stacy Galbraith chegou a uma fileira comprida de prédios residenciais indistintos que se espalhavam por um morro baixo. Borrões de neve suja e parcialmente derretida cobriam o chão. O tom cinzento das árvores desfolhadas pelo inverno contrastava com o laranja e o verde-oliva das paredes dos edifícios de três andares. Ventava muito e o frio era cortante. Galbraith estava ali para apurar uma denúncia de estupro.

Um enxame de fardas ocupava um dos apartamentos no térreo. Guardas encarregados de patrulhar o bairro batiam nas portas dos vizinhos. Peritos tiravam fotos da cena do crime. Paramédicos chegaram numa ambulância. Galbraith era uma presença que destoava naquele caos, uma figura feminina no meio do tumulto formado em sua maioria por homens. Seu rosto era estreito e o cabelo era liso e loiro, batendo pouco abaixo da altura dos ombros. Seu corpo parecia o de uma maratonista, esbelto e musculoso. E seus olhos eram azuis.

Ela se aproximou de um dos policiais. Ele apontou para uma mulher parada do lado de fora do apartamento, no sol fraco de inverno, que vestia um casaco marrom comprido e segurava uma bolsa com seus pertences. Galbraith estimou que era uma moça na casa dos 20 anos, talvez com 1,70 metro de altura. Magra, com o cabelo escuro. Parecia calma, impassível.

A vítima.

Galbraith foi até ela e se apresentou.

– Prefere conversar no meu carro? – perguntou.

Lá estariam mais aquecidas. Mais seguras. A mulher concordou. Elas se acomodaram no banco da frente, e Galbraith ligou o aquecedor na potência máxima.

A mulher se chamava Amber. Estudava numa faculdade da região. Por causa das férias de fim de ano, a colega com quem dividia o apartamento tinha viajado para ver a família. Amber permaneceu no apartamento, aproveitando a tranquilidade da casa vazia para ficar acordada até tarde e passar os dias dormindo. O namorado, que morava em outra cidade, tinha ido visitá-la. Mas na noite anterior ele não estava lá. Depois de preparar um jantar, ela se acomodou na cama para encarar uma maratona de *Desperate Housewives* e *The Big Bang Theory*. Era tão tarde quando ela adormeceu que já era possível ouvir a movimentação dos vizinhos se arrumando para ir trabalhar.

Tinha acabado de pegar no sono quando acordou num susto. Na meia-luz do alvorecer, ela viu um vulto se aproximando da cama. Seus sentidos começaram a processar o que estava acontecendo. *Havia um homem dentro do quarto.* Uma máscara preta cobria seu rosto. Ele vestia um casaco cinza de capuz e uma calça de moletom, usava sapatos pretos. Na mão dele havia uma arma, o cano apontado bem na direção de Amber.

– Não grite. Se fizer barulho, eu atiro em você – disse ele.

A adrenalina tomou seu corpo. Seus olhos fitaram a arma. Ela depois se lembraria de que era brilhante e prateada, com marcas pretas.

Ela implorou:

– Não me machuque. Não atire.

Ofereceu a ele o dinheiro que tinha no apartamento.

– Vá se foder – respondeu ele.

O homem a deixou apavorada. Ele ia machucá-la. Estava disposto a matá-la. E foi então que ela decidiu: não ia lutar. Achou melhor aguentar. Faria tudo que ele mandasse.

Ele colocou uma mochila verde e preta no chão. Dentro dela, havia tudo de que precisava. Ele guardava seu equipamento em sacos plásticos herméticos transparentes, do tipo em que se guardam sanduíches. Tudo estava etiquetado, e letras maiúsculas identificavam: MORDAÇA. CAMISINHAS. VIBRADOR. LIXO.

Ele mandou que Amber despisse seu pijama de inverno. Ela o viu tirar meias sete-oitavos brancas de um dos sacos e desenrolá-las pelas pernas dela. O homem perguntou se ela tinha sapatos de salto alto. Quando Amber respondeu que não, ele sacou um par de sapatos de salto alto de plástico transparente. Cada sapato tinha uma fita cor-de-rosa, que ele enrolou em seus tornozelos e amarrou. Remexendo novamente na mochila, pegou elásticos de cabelo cor-de-rosa, que usou para fazer marias-chiquinhas em Amber. Onde estava sua maquiagem? Ela pegou o estojo na cômoda. As instruções do homem foram detalhadas. Primeiro a sombra. Depois o batom. Mais. Ele queria os lábios bem rosados, lhe disse. Por fim, mandou que Amber se deitasse no colchão. Ele pegou uma fita de seda preta na mochila.

– Ponha as mãos para trás – mandou.

Amarrou a fita nos pulsos dela com um nó frouxo.

Chocada, Amber reconheceu a fita. Ela mesma a havia comprado junto com o namorado. Os dois tinham procurado por todo o apartamento algumas semanas antes, mas não conseguiram encontrar o adereço. Amber concluiu que havia perdido. Mas agora ela estava confusa. Como a fita tinha ido parar nas mãos do estuprador?

Durante as quatro horas seguintes, o homem estuprou Amber seguidamente. Quando ficava cansado, parava um pouco para se recuperar, vestido só com a camisa, e bebia água de uma garrafa. Quando ela reclamava de dor, ele usava lubrificante. Quando disse que estava com frio, ele a cobriu com seu edredom rosa e verde. Ele lhe dava instruções sobre o que fazer e como fazer. Falou que ela era uma "boa menina". E não usou camisinha.

O homem havia levado uma câmera digital cor-de-rosa. Ele fez Amber posar para fotos na própria cama.

– Fica desse jeito – ordenou. – Vira para lá.

Quando achou que estava tudo do seu agrado, começou a tirar as fotos. Enquanto a estuprava, ele parava para tirar mais fotos. Ela contou para Galbraith que nem fazia ideia de quantas tinham sido no total. Em alguns momentos, ele chegou a passar vinte minutos inteiros fotografando. Disse a Amber que ia usar as fotos para convencer a polícia de que foi tudo consensual. E que ia postá-las num site de pornografia para todo mundo ver – os pais dela, os amigos, o namorado.

Amber decidiu que ia sobreviver fazendo todo o possível para humanizar aquela situação. A cada vez que o homem parava para descansar, ela lhe fazia perguntas. Algumas vezes, ele ficava quieto. Mas, em outras, os dois chegavam a passar vinte minutos conversando. O homem relatou detalhadamente como havia chegado até ela. Aquilo quase parecia deixá-lo relaxado.

Desde agosto espiava Amber pelas janelas do apartamento, ele lhe contou. Sabia seu nome completo. Sabia sua data de nascimento, os números de seu passaporte e da placa de seu carro. Sabia qual curso ela fazia e em qual faculdade. Sabia que, à noite, antes de ir dormir, Amber tinha o costume de falar consigo mesma na frente do espelho do banheiro.

E tudo isso, ela contou para Galbraith, era mesmo verdade. O sujeito não estava blefando.

Amber quis saber mais sobre ele. O homem lhe contou que falava três línguas além de inglês: latim, espanhol e russo. Que tinha viajado bastante e conhecia a Coreia, a Tailândia e as Filipinas. Que tinha um diploma universitário e não lhe faltava dinheiro. Ele contou que era militar, e que conhecia muita gente na polícia.

Sua vida, pelo que relatou para Amber, era "complicada". As pessoas se dividiam entre lobos e bravos. Os bravos nunca faziam mal às mulheres e crianças, mas os lobos podiam agir como bem entendessem.

Ele era um lobo.

Amber não chegou a ver o rosto do estuprador em nenhum momento, pelo que contou para Galbraith, mas tentou guardar o máximo de detalhes sobre sua aparência. Era branco. Seu cabelo era curto e loiro, seus olhos eram castanho-claros. Ela estimava que ele devia ter quase 1,90 metro de altura, pesando uns 80 quilos. Sua calça cinza de moletom estava furada nos joelhos. Os tênis pretos eram da Adidas. Ele havia raspado os pelos pubianos.

Um detalhe do seu corpo tinha chamado atenção, Amber disse a Galbraith. O homem tinha uma marca de nascença marrom na panturrilha.

Quando ele acabou, já era quase meio-dia. O homem usou lenços umedecidos para limpar o rosto de Amber. Ele mandou que ela fosse até o banheiro e fez com que escovasse os dentes. Mandou que entrasse no chuveiro. Ficou olhando enquanto ela se lavava e dizendo quais partes do corpo devia esfregar. Depois que ela terminou, ele a mandou continuar no chuveiro por mais dez minutos.

Antes de sair, ele lhe disse como havia invadido o apartamento pela porta de vidro de correr dos fundos. Ele comentou que era melhor usar uma cavilha de madeira no trilho inferior da porta, para deixá-la travada. Assim, seria bem mais seguro. Para evitar que pessoas como ele entrassem.

O homem fechou a porta e foi embora.

Depois que saiu do chuveiro, Amber descobriu que o estuprador havia saqueado seu quarto e levado os lençóis e sua calcinha de seda azul. Ele deixou o edredom rosa e verde embolado no chão, aos pés da cama.

Ela pegou o telefone e ligou para o namorado. Contou que tinha sido estuprada. O namorado insistiu para que ela chamasse a polícia. Amber estava resistente a essa ideia, mas por fim ele a convenceu. Ela se despediu e em seguida discou 911.

Era 12h31.

Galbraith ouviu alarmada o relato da jovem. A caça. A máscara. A mochila cheia de apetrechos para o estupro. Foi um ataque hediondo, cometido por um criminoso experiente. Não havia tempo a perder. A investigação teria que começar ali mesmo, no banco da frente do carro de polícia.

A detetive sabia que todo estupro envolve três cenas de crime: o local onde o ataque aconteceu, o corpo do agressor e o corpo da vítima. Cada uma dessas pode fornecer pistas importantes. O estuprador já havia tentado limpar uma: o corpo de Amber. Galbraith lhe perguntou se poderia coletar amostras de DNA com o uso de hastes estéreis, parecidas com um cotonete comprido e fino. Quando passou as hastes no rosto de Amber, Galbraith só podia torcer pelo melhor. Quem sabe o estuprador pudesse ter cometido um erro. Talvez ele tivesse deixado para trás algum vestígio de seu corpo.

Galbraith fez outro pedido importante: será que Amber poderia voltar ao apartamento para mostrar objetos que tivessem sido tocados pelo estuprador? Mais uma vez, a moça concordou. Juntas, as duas mulheres recapitularam o estupro. Amber mostrou a Galbraith o edredom rosa e verde que o estuprador arrancou da cama. Mostrou o banheiro que ele usou várias vezes enquanto cometia o crime. Durante todo esse tempo, Galbraith tentou esmiuçar o máximo de detalhes. Como era a máscara? Amber respondeu que não era uma máscara de esqui. Parecia mais um pano enrolado no rosto que ele havia prendido com alfinetes de fralda. Ela se lembrava de como era a garrafa de água que ele bebia? Sim, era da marca Arrowhead. E o sinal na perna? Amber descreveu: uma mancha redonda, do tamanho de um ovo de galinha.

Quando Amber se recordou de que o homem havia coberto seu corpo com o edredom para deixá-la aquecida, disse que ele tinha sido "gentil".

Isso intrigou Galbraith. Como uma pessoa, depois de ter passado por tudo aquilo, podia descrever o agressor como alguém gentil? Galbraith se preocupou. Talvez o sujeito se passasse facilmente por um cara comum. Talvez fosse um policial. *Esse vai ser difícil de encontrar*, pensou.

Depois que as duas saíram do apartamento, Galbraith levou Amber de carro até o hospital St. Anthony North, a cerca de meia hora de distância. Era o hospital mais próximo com uma enfermeira especializada em crimes sexuais, treinada para examinar vítimas de estupro. A enfermeira ia inspecionar cada centímetro do corpo de Amber em busca de provas. Antes de ser encaminhada para o exame, a moça se voltou para Galbraith. O criminoso dissera que ela havia sido sua primeira vítima. Amber achava que ele estava mentindo.

– Acho que ele deve ter feito isso outras vezes – disse ela.

Enquanto fazia o trajeto de volta até a cena do crime, a mente de Galbraith fervilhava. O relato de Amber parecia quase inacreditável. Um estuprador todo vestido de preto? Que levava uma mochila de apetrechos e tinha confiança para passar quatro horas violentando uma mulher em plena luz do dia, num prédio residencial movimentado?

Não se parecia em nada com a maior parte dos casos de estupro com que ela lidava. Geralmente, a vítima era atacada por alguém conhecido ou com quem já tivesse cruzado pelo menos uma vez: um namorado, um caso do passado, alguém numa boate. Estupros eram menos sobre quem tinha feito e mais sobre como tinha sido feito. Será que a mulher havia consentido o ato sexual? Uma pesquisa do governo americano[1] apurou que cerca de 150 mil homens e mulheres denunciaram ter sido vítimas de estupro ou de agressões sexuais no ano de 2014 nos Estados Unidos – um número equivalente à população total de Fort Lauderdale, na Flórida. Cerca de 85% desses casos se enquadravam na categoria de estupro praticado por alguém conhecido da vítima.

Galbraith sabia que estava diante de um crime relativamente raro: o estupro cometido por um desconhecido. Casos assim podiam ser levados aos tribunais com mais facilidade, por envolverem o que a Promotoria costuma chamar de "vítima virtuosa". A mulher abordada na rua por um desconhecido portando uma arma. A mulher que gritou e se debateu, mas que, no fim, não teve outra escolha a não ser ceder. A mãe ou filha de uma família amorosa. Uma mulher com uma casa bacana, um emprego estável. Que se vestia com recato. Que não tinha bebido. Que não estava perambulando sozinha por um bairro de reputação duvidosa. Esses eram os estupros que a Promotoria achava mais fáceis de julgar. Os que preenchiam todas as expectativas do júri sobre como seria uma mulher que sofreu violência sexual.

Amber se encaixava em alguns desses critérios, mas não em todos. Ela se mostrara calma e controlada demais. Tinha conversado com o estuprador, e depois o descrevera como "gentil". Ela havia falado com o namorado pelo telefone antes de ligar para a polícia.

Nada disso chegava a incomodar Galbraith. Ela sabia que o universo das mulheres que foram estupradas era idêntico ao universo das mulheres em geral. Elas podiam ser mães, adolescentes, profissionais do sexo. Podiam morar em mansões ou em casas simples. Podiam ser moradoras de rua ou sofrer de esquizofrenia. Podiam ser negras, brancas, asiáticas. Podiam estar desmaiando de tão bêbadas ou totalmente sóbrias. E essas mulheres podiam reagir ao crime das maneiras mais variadas. Podiam ficar histéricas ou arredias. Podiam contar tudo para uma amiga ou não contar para ninguém. Elas podiam ligar para a polícia imediatamente ou esperar uma semana, um mês, até anos para fazer isso.

Os policiais adotam diversos tipos de abordagem nas investigações de estupro. Embora seja um dos crimes violentos mais frequentes, não existe um consenso universal sobre qual é a melhor forma de combatê-lo. Para alguns investigadores, o ceticismo é soberano. É possível que as mulheres mintam que foram estupradas, e às vezes elas mentem mesmo. Um policial deve investigar uma denúncia de agressão sexual com cuidado. "Nem toda queixa tem fundamento ou resulta necessariamente numa acusação criminal formal", alerta um dos principais manuais da polícia sobre esse tema.[2] Para outros investigadores – e essa categoria inclui ativistas preocupados com o tratamento negligente prestado por certos policiais a vítimas de estupro –, a técnica de abordagem predominante deve ser pautada na confiança. "Primeiramente, Acredite"[3] é o slogan de uma campanha conduzida por um importante grupo de treinamento policial que se dedica a melhorar a qualidade da investigação de crimes sexuais.

No cerne do debate está uma questão de crença. Na maioria dos crimes violentos, os policiais se deparam com uma vítima obviamente machucada. Mas, no caso dos crimes sexuais, os ferimentos muitas vezes não são tão aparentes assim. Nos resultados de um exame de corpo de delito, uma mulher que tenha feito sexo consensual pode parecer idêntica a outra que tenha sido violentada sob a mira de uma arma. Nas investigações de agressões sexuais, muitas vezes a credibilidade da vítima é tão debatida quanto a do acusado.

Galbraith tinha a sua regra pessoal para lidar com casos de estupro: ouvir e verificar. "Muitas vezes, as pessoas só repetem: 'Acredite na vítima, acredite na vítima'", ela diz, "mas eu não acho que isso seja o mais correto a fazer. O certo é ouvir a vítima com atenção, para depois corroborar ou refutar o seu depoimento dependendo de como as coisas caminharem na investigação."

Quando Galbraith retornou ao condomínio de apartamentos, havia uma dúzia de policiais e peritos lotando a cena do crime. Galbraith, os detetives Marcus Williams e Matt Cole e a perita criminal Kali Gipson percorreram o apartamento. Williams espalhou o pó para colher digitais e buscou amostras de DNA, enquanto Gipson e seus colegas tiraram 403 fotografias no total – guardando imagens de todos os interruptores de luz, todas as paredes e todas as peças de roupa.

Do lado de fora, policiais fotografavam e reviravam latas de lixo. Haviam sido encontradas guimbas de cigarro na entrada do apartamento – mas Amber não fumava. Por conta disso, os policiais Michael Gutke e Frank Barr fizeram uma varredura para recolher todas as guimbas nos arredores: uma que estava num cinzeiro do lado de fora de um apartamento vizinho, outra encontrada entre dois carros estacionados e mais algumas no chão do estacionamento. Todas elas foram colocadas em sacos plásticos especiais para guardar evidências e levadas para a delegacia.

Outros agentes passaram um pente-fino pela vizinhança. Durante dois dias, policiais da cidade foram de porta em porta nos apartamentos, em todos os sessenta que havia no condomínio, e conversaram com um total de 29 pessoas. Como fazem os entrevistadores de pesquisas acadêmicas, eles seguiram um roteiro fixo de perguntas criado para garantir a consistência dos resultados: "Você viu alguém com comportamento suspeito no prédio? Alguém portando uma mochila ou carregando algo que tenha parecido incomum? Algum veículo diferente circulando na vizinhança?"

A policial Denise Mehnert bateu na porta de trinta apartamentos em três edifícios, começando pelo andar mais alto e indo até o térreo de cada um. Num dos apartamentos, um homem disse ter visto, algumas noites antes, um sujeito "robusto" caminhando pelo condomínio com uma lanterna de cabeça. Um morador de outro prédio se lembrou de ter visto, por volta da época do Natal, um trailer residencial parado numa rua próxima ao condomínio. Outro homem relatou ter visto o dono do tal trailer, e disse que ele estaria usando um chapéu de aba larga e seria "de meia-idade". Ninguém se lembrava de ter visto alguém condizente com a descrição exata do estuprador.

Do lado de fora do apartamento de Amber, um patrulheiro da cidade de Golden encontrou marcas de pegadas no pátio dos fundos do prédio. Uma delas se destacava: uma pisada única, preservada numa porção de neve mais fofa. Gipson tentou tirar um molde dela usando cera para neve, um spray viscoso criado para preservar a marca deixada sem derreter a neve do local onde ela foi feita, mas a cera não aderiu bem. Ela então cobriu a pegada com um jato de spray de tinta laranja fluorescente. O rastro de repente se destacou contra o fundo branco da neve, como se fosse algo deixado por um astronauta na superfície lunar. Não era muito, mas já era alguma coisa.

Galbraith continuou avançando com os procedimentos da investigação. Mais tarde, um dos policiais sugeriu que fizessem uma pausa para ir ao banheiro.

– Continuem trabalhando! – insistiu ela.

Quando Galbraith deixou o local do crime, já havia escurecido um bom tempo antes.

Stacy Galbraith foi criada em Arlington, um subúrbio convencional de Dallas, no Texas. Seu pai era um gerente de restaurantes que, mais tarde, passou a trabalhar com programação de computadores. A mãe fazia análises de engenharia para uma companhia de petróleo. Os dois se divorciaram quando ela estava com 3 anos, e a mãe depois se casou com um colocador de azulejos. Galbraith sempre manteve um contato bem próximo tanto com a mãe quanto com o pai, e também com as novas famílias que os dois formaram.

Na escola, era ela a garota inteligente que andava com a turma da bagunça. Gostava de se considerar uma rebelde. Fazia parte do time de basquete, mas acabou sendo suspensa por vários jogos depois de ser pega fumando numa rodinha de amigos. Stacy não havia se esforçado para esconder sua infração: o diretor da escola a viu, por um binóculo, enquanto ela fumava na entrada do ginásio, ainda vestindo o uniforme do time.

Depois de se formar no colégio, Galbraith passou por vários cursos da Universidade do Norte do Texas. Sua intenção era tentar jornalismo, embora não visse um futuro para si nessa área. Ela gostava das aulas de psicologia. Assassinos, estupradores, serial killers – Galbraith ficava fascinada por todos eles. "Eu gosto de ver como a mente das pessoas funciona e de que jeito os processos mentais influenciam suas ações", ela diz. Por fim, um orientador educacional da faculdade sugeriu que ela tentasse uma carreira na área criminalística. Ela se inscreveu em matérias de direito penal. Começou a andar com policiais, e gostou do que viu. Em essência, o trabalho da polícia tinha a ver com ajudar as pessoas, e isso fazia sentido para ela. "É uma resposta muito genérica, mas eu gosto mesmo de ajudar os outros. Também gosto de fazer as pessoas se responsabilizarem pelo que fazem de errado."

Ainda assim, Galbraith não foi trabalhar na área policial logo depois de se formar. Achava que não tinha o perfil adequado. Que era rebelde demais, independente demais. E que talvez lhe faltasse competência para a coisa, no fim das contas. "Eu queria ser policial, mas pensava *Ah, acho que não dou conta do recado*", afirma. "Eu subestimava minha capacidade."

Depois de se casar, ela se mudou com o marido para o Colorado, onde ele havia arrumado emprego numa oficina de automóveis. Galbraith foi trabalhar num presídio. Os colegas diziam adorar a rotina por lá. "É o melhor emprego que eu já tive", um dos guardas contou a ela. "Você não precisa fazer nada." Galbraith detestou o trabalho exatamente por esse motivo. Ela cumpria o turno da madrugada. Tinha que fazer a contagem dos presos enquanto eles dormiam, e morria de tédio todos os dias. *Isto não é para mim*, pensou. *Preciso fazer algo. Tenho que fazer algo que seja útil.*

Enquanto isso, seu casamento desmoronava: o marido não gostava de vê-la convivendo tanto com outros homens. Os dois se divorciaram. Galbraith não tinha ressentimentos dessa época. "Eu não fico remoendo as coisas. Eu sigo em frente."

E ela seguiu, até aparecer uma dessas oportunidades que surgem do nada e são capazes de mudar toda uma vida. Quando chegou ao Colorado, Galbraith se candidatou para um posto de agente policial em Golden, uma dessas típicas cidadezinhas pacatas onde muitos policiais iniciam suas carreiras. O convite para a vaga de agente penitenciária acabou surgindo antes, e ela decidiu aceitar o emprego. No entanto, sete semanas depois chegou uma ligação de Golden com a oferta: uma vaga para patrulheira iniciante, para trabalhar no turno da noite.

Galbraith pediu demissão do presídio no mesmo dia.

Golden era conhecida como a terra natal da Coors Brewing Company, uma cervejaria fundada em 1873.[4] As instalações da companhia – a maior fábrica de cerveja do planeta – ocupavam um vale inteiro a leste da cidade com uma massa cinzenta cheia de aço e chaminés que ficaria bem como cenário para um romance de Dickens. Todos os anos, milhões de barris de cerveja saíam dessa estrutura com destino a repúblicas de estudantes, estádios de futebol e promoções de happy hour do tipo "dose dupla".

Mas se a marca Coors era sempre lembrada pela ligação com farras regadas a muito álcool, não se podia dizer o mesmo a respeito de Golden. Aninhada aos pés das Montanhas Rochosas, a cidadezinha histórica tinha cerca de 19 mil habitantes.[5] Fundada em 1859 em plena Corrida do Ouro na região de Pikes Peak, Golden chegara a ser a capital da província do Colorado. A cidade ainda guardava certo ar de filme de faroeste. Grandes prédios de agências bancárias e lojas com fachadas de ripas de madeira ocupavam as ruas do centro. O antigo capitólio do Estado servia como sede da Prefeitura. Muitos moradores ainda tinham cavalos, e era comum ver cervos e alces vagueando pelas ruas.

No Natal de 2003, Galbraith saiu pela primeira vez para fazer uma ronda por conta própria sem a companhia de um policial monitor. Ela comemorou a conquista na companhia do homem que mais tarde se tornaria seu segundo marido: David Galbraith, seu colega no Departamento de Polícia de Golden. Os dois prepararam uma costela de boi para jantarem. Depois, saíram juntos para começar o turno da noite.

O primeiro chamado que Galbraith atendeu foi um pedido para retirar um cachorro morto na Interstate 70, a autoestrada com um fluxo de 8.541 carros por hora que atravessa a cidade de Denver.[6] Assim que ela chegou ao local, um segundo cachorro entrou na pista para conferir que fim tinha levado o outro. Ela viu quando o segundo cachorro também foi esmagado pelo tráfego intenso. Nada em seu treinamento policial incluíra instruções sobre como limpar do asfalto restos mortais de cachorros. Ela parou o carro no meio da estrada e interditou a pista. Meteu os restos dos animais num saco plástico e o arrastou para o acostamento. Depois, ela vomitou a costela que havia jantado.

É isso que eu tenho que fazer. É o que tenho que dar um jeito de conseguir fazer, pensou consigo mesma.

Esse acabou se tornando seu grande lema. Galbraith não gostava de reclamar nem de inventar desculpas. Ela queria ver seu serviço feito, e trabalhava noventa horas por semana para isso.

Em 2007, grávida do primeiro filho, Galbraith decidiu se candidatar a um posto de detetive. A divisão não era muito grande, formada apenas por um supervisor e três investigadores. Mas, como David trabalhava no turno da noite, parecia uma boa maneira de conseguir conciliar família e carreira. Galbraith estava pensando também em sua ambição pessoal. Entre os agentes da lei, o cargo de detetive muitas vezes ocupa o topo da cadeia. São eles que ficam com os casos mais importantes e, frequentemente, recebem os melhores salários. Eles são os alunos nota 10 na escola dos policiais de rua. "Era um movimento profissional que eu precisava fazer", ela diz.

Ela conseguiu a vaga – e também teve que encarar reações contrárias. Correu entre os policiais de Golden o boato de que Galbraith só havia sido nomeada detetive porque estava grávida, como uma forma de conseguir se manter na corporação. Esses boatos a aborreceram, mas ela reagiu da única maneira que sabia: se dedicando ainda mais ao trabalho.

Nas cidades pequenas, os investigadores de polícia têm de lidar com quaisquer crimes que acontecerem. Mas, por algum motivo, Galbraith se viu gravitando na direção dos casos de agressão sexual. Um dos mais marcantes foi a acusação de que um adolescente teria molestado um garoto de 10 anos que morava na vizinhança dele. As famílias dos dois – e, na verdade, todos os moradores do bairro – eram próximas. As mães bebiam vinho juntas, os filhos brincavam juntos, os pais faziam programas juntos nos fins de semana. A notícia da acusação havia circulado entre algumas das outras famílias. "O caso desestruturou toda a vizinhança", relata Galbraith.

Ela entrevistou a vítima junto com outro investigador. O garoto tinha lembranças bem específicas. Ele relatou aos policiais que o acusado o atacou num sofá. E que se lembrava da estampa do tecido. Era um mero detalhe, mas bastou para convencer Galbraith de que o menino não estava inventando a história. E, quando a família do suspeito permitiu que ela interrogasse seu filho, as respostas dadas por ele foram evasivas. Sentado ao lado do pai, o adolescente começou a chorar de repente. Galbraith foi para a varanda da casa com seu parceiro de investigação.

– Vou prendê-lo – disse a ele.

– Tem certeza de que tem provas suficientes? – perguntou o colega.

– Eu já tenho uma causa provável – respondeu Galbraith. – Vamos deixar o júri decidir.

O adolescente foi condenado no tribunal. Famílias do bairro culparam Galbraith pelo ocorrido. Na visão delas, a cruzada policial atropelou um jovem que teria um bom futuro pela frente. Galbraith viu o caso como uma demonstração da justiça sendo cumprida. *E se ele já tiver feito a mesma coisa com outras pessoas? E se continuar a fazer? Se esse rapaz for detido agora, pode ser que não tenhamos que amparar outras vítimas mais tarde.*

Muitos detetives evitavam trabalhar com crimes sexuais. Ocorrências desse tipo não atraíam tanta atenção quanto os homicídios; ninguém aparecia nas delegacias querendo fazer filmes sobre casos de estupro. Se, por um lado, homicídios eram sempre preto no branco, casos de estupro costumavam ser cheios de zonas cinzentas. E as vítimas estão vivas e sofrendo. E a dor delas está sempre ali, na sua frente – sem que você possa, de jeito algum, desviar os olhos.

A fé de Galbraith lhe dava forças para atravessar o tumulto emocional que eram os casos de estupro. Tanto ela quanto David eram cristãos renovados criados em famílias frequentadoras da Igreja Batista. No Colorado, iam a uma igreja evangélica não denominacional. Em algumas ocasiões, eles faziam a segurança dos cultos dominicais. "Eu sei que Deus me deu pontos fortes, então preciso usá-los. Mesmo quando é doloroso fazê-lo", afirma.

Havia uma passagem da bíblia com a qual Galbraith se identificava. Em Isaías 6:1-8, Deus surge envolto em fumaça e cercado por serafins, em busca de alguém para espalhar a Palavra. Ele indaga: "A quem enviarei?" Ao que Isaías reage: "Aqui estou. Envia-me!" Na visão de Galbraith, ela estava atendendo a um chamado de Deus. Tinha entrado para a força policial para ajudar o próximo. Ali estavam vítimas precisando de ajuda para atravessar alguns dos momentos mais sombrios de suas vidas. Ela nem sempre sabia como tornar as coisas melhores para essas pessoas, mas sabia que precisava tentar encontrar um caminho.

"As pessoas me perguntam por que trabalho com crimes sexuais e casos de abuso de crianças. Não é que eu goste de lidar com isso, mas alguém precisa fazer esse trabalho. E alguém precisa fazê-lo bem", diz ela.

Já tinha anoitecido havia horas quando Galbraith parou o carro na entrada de casa. Ela estava exausta. Sua última tarefa tinha sido arrumar um lugar onde Amber pudesse dormir – a moça estava apavorada demais para passar a noite no próprio apartamento. Galbraith conseguiu que um patrulheiro a levasse até a casa de uma amiga.

David já havia lavado a louça do jantar e posto as crianças na cama. O turno de trabalho dele começaria mais tarde naquela noite.

Os dois se sentaram de frente um para o outro nos sofás da sala de estar. Esse era o ritual de cada noite, espremido nas poucas horas que podiam ter para o casal entre a rotina de trabalho e os cuidados com as crianças. Eles falavam sobre como havia sido o dia, exatamente como qualquer outro casal de pessoas que trabalham fora; a diferença é que as histórias contadas por Galbraith costumavam ser um pouco mais sinistras do que a maioria das contadas por outras pessoas.

Foi exatamente assim nessa noite. Stacy Galbraith relatou ao marido os detalhes do caso. Ela falou sobre o sujeito mascarado, sobre as quatro horas que ele havia ficado no apartamento, sobre como ele tinha feito fotos da vítima.

– E escuta só essa – disse ela. – No fim ele ainda obrigou a moça a tomar um banho.

David estava se segurando até aquele momento, mas essa informação foi a gota d'água. Em 2008, ele havia deixado o Departamento de Polícia de Golden para assumir um posto de agente policial em Westminster, um subúrbio próximo. Cinco meses antes dessa conversa com Stacy, a polícia de Westminster fora chamada para atender um caso de estupro num condomínio de apartamentos, e David tinha feito o patrulhamento dos arredores em busca de suspeitos do crime. Ele sabia que a vítima de Westminster tinha sido atacada por um sujeito mascarado, que o sujeito havia tirado fotos e que, antes de sair, obrigado a vítima a tomar banho.

– Ligue para a minha delegacia assim que amanhecer – disse ele para Stacy. – Temos um caso exatamente igual.

3
ONDAS E MONTANHAS

10 de agosto de 2008

Lynnwood, Washington

Não era muita coisa: um apartamento de quarto e sala igual a todos os outros, num condomínio igual a todos os outros. Ela não tinha muitos móveis, e uma parte dos que tinha era de plástico. As duas guitarras, ambas acústicas, ficavam apoiadas na parede do quarto, e o monitor do computador no chão, num canto.

Não era muita coisa, mas era dela, o primeiro lugar para chamar de seu depois de anos morando na casa de outras pessoas. Marie tinha orgulho do apartamento. Tinha orgulho de *ter* um apartamento seu. Ela sabia que muitas pessoas criadas do mesmo jeito que ela acabavam na cadeia ou em alguma clínica de reabilitação, ou então viravam moradores de rua.

Nesse domingo, ela aproveitou para passar o aspirador na casa e fazer uma faxina. Gostava de manter seu apartamento bem limpo. Ela também queria mantê-lo arrumado, então zanzou um pouco avaliando seus pertences, decidindo o que poderia ser guardado. Ela levou tudo o que não era necessário para fora e guardou num armário na varanda dos fundos. Ficou indo e voltando, passando por uma porta de vidro de correr.

O resto do dia seria passado na companhia dos amigos e na igreja. Outros jovens de 18 anos nos primeiros meses de vida independente talvez preferissem passar o fim de semana desafiando limites e buscando aventuras. Marie queria sossego. Ela gostava de ter uma vida normal, algo que raramente teve durante a infância.

Mais tarde, Marie seria avaliada por Jon Conte, um professor da Universidade de Washington especialista em questões de saúde mental ligadas a traumas e situações de abuso na infância. Conte passou cinco horas a entrevistando e produziu um extenso relatório, que incluía uma parte sobre sua história de infância:

> Esteve com o pai biológico apenas uma vez. Afirma não saber muito sobre a mãe biológica, que, segundo relata, costumava deixá-la muitas vezes aos cuidados dos namorados... Ela relata ter sido transferida para o primeiro lar adotivo aos 6 ou 7 anos de idade.

O relatório de Conte prossegue no mesmo tom seco e clínico, mesmo quando trata dos episódios mais sombrios. As lembranças que Marie guarda da vida antes dos lares adotivos são "em sua maioria recordações infelizes", ele escreve.

> Ela acha que viveu com uma avó que "não tomava conta direito da gente". Lembra que passou fome e comeu ração de cachorro. Não tem qualquer recordação de ter recebido cuidados da mãe biológica. Relata ter sofrido castigos físicos abusivos (como, por exemplo, levar palmadas nas mãos com um mata-moscas).
>
> Não sabe se frequentou o jardim de infância. Acha que precisou repetir a segunda série, e diz que costumava ser posta de castigo na escola. Ela se lembra de que não gostava de policiais porque eles a haviam tirado de casa junto com seus irmãos. Sofreu violência física e sexual. Os abusos sexuais eram frequentes, segundo seu relato. Ela se recorda de ter visto os cachorros da família serem espancados pelos vários namorados que a mãe teve.
>
> Recorda-se de ter mudado diversas vezes de um estado para outro antes de ter sido afastada da família biológica...

A respeito da vida de Marie nos lares adotivos provisórios, o relatório de Conte omite detalhes.

Basta dizer que foi uma trajetória típica de crianças postas sob a tutela do Estado: realojamentos frequentes, trocas constantes de endereço (lar) e de escolas, cuidadores adultos e profissionais entrando e saindo da vida dela o tempo todo, um bom número de experiências traumáticas ou abusivas e uma sensação de impermanência generalizada.

Marie foi a segunda dos quatro filhos que a mãe teve. Eles eram meios-irmãos, mas não se identificavam dessa maneira. "Eu tenho um irmão mais velho, e um irmão e uma irmã mais novos", conta ela. Algumas vezes ela foi acolhida no mesmo lar adotivo que eles. Na maior parte do tempo, os irmãos viveram separados. Se existe algum irmão ou irmã por parte de pai, ela não sabe dizer.

Marie começou a tomar antidepressivos cedo. "Eu cheguei a tomar sete remédios diferentes. Zoloft é um medicamento para adultos, mas comecei a tomá-lo aos 8 anos."

A parte mais complicada, segundo seu relato, era não ter acesso aos meandros do seu processo de tutela. Os adultos nunca explicavam por que ela estava sendo trocada de lar; simplesmente chegavam e faziam a transferência. Marie chegou a ter "uns dez ou onze" lares adotivos provisórios, e passou por algumas casas de acolhimento coletivas. Ela era uma criança que preferia passar seu tempo ao ar livre, mas, em alguns períodos, foi uma menina muito reclusa. "Quando estava em Bellingham, brincava muito tempo sozinha no meu quarto. Só eu e os bichos de pelúcia."

Trocar de escola pode ser um desafio e tanto na vida de uma criança, mas, para Marie, era uma parte normal da rotina. "Recomeçar do zero, fazer novos amigos. Isso é complicado, mas eu acabei me acostumando."

O início do ensino médio prometia trazer um fim para tanta instabilidade. O primeiro dia de aula deixa a maioria dos estudantes cheia de ansiedade, mas Marie estava contando as horas para que esse dia chegasse. Ela começaria o primeiro ano do ensino médio em Puyallup, cerca de 55 quilômetros ao sul de Seattle. Tinha conseguido se inscrever em todas as matérias que queria cursar e já tinha feito um monte de amigos novos. E o mais importante: tinha uma família nova. Marie adorava a nova família, e eles também a adoravam. Tinham planos de formalizar definitivamente a adoção. "Foi maravilhoso", conta Marie.

Até que, na escola, no primeiro dia, Marie foi chamada no meio da aula. Um assistente social lhe disse: "Você não vai mais poder ficar com essa família. Eles perderam a licença de adotantes." O assistente social, por questões de sigilo legal, não pôde lhe dar muitas explicações. Marie simplesmente teve que ir embora, deixando para trás a família, os amigos, a escola. "Basicamente, a minha única reação foi chorar", conta ela. "Eu tive vinte minutos para juntar minhas coisas e sair da casa."

Como solução provisória até que a situação fosse resolvida, ela foi acolhida pelo casal Shannon e Geno, residentes de Bellevue, um próspero polo de tecnologia a leste de Seattle que tinha ares de cidade grande. Shannon, uma corretora de imóveis que havia muito tempo oferecia acolhida a crianças sob a tutela do Estado, tinha conhecido Marie num dos encontros para crianças com histórico familiar conturbado e se identificara com a menina. As duas eram "meio palhaças", conta Shannon. "Nós ríamos uma da outra, fazíamos piadas. Éramos bem parecidas."

O encaixe deu certo de cara. Para Shannon, Marie era "adorável", e isso bastava. Marie não guardava ressentimentos por tudo que tinha passado na vida. E não tinha receio do que o futuro lhe reservava. Shannon não precisava forçar a menina a ir à escola, mesmo Marie tendo consciência de que o colégio da vez seria só mais um arranjo temporário. Marie sabia conversar com adultos. Ela escovava os dentes e penteava o cabelo sem que precisasse ser obrigada a isso. Era, em resumo, uma menina fácil de lidar, ou pelo menos "bem mais fácil do que a maior parte das crianças que costumávamos acolher". Marie queria ficar em Bellevue, e Shannon queria ficar com ela também. Mas o casal estava oferecendo lar provisório para outra menor nesse mesmo período, uma adolescente que demandava bastante atenção. Se não fosse por esse detalhe, Shannon afirma, "nós teríamos ficado com Marie sem pestanejar".

A garota foi embora da casa de Shannon depois de algumas semanas. Ela foi morar com Peggy, que trabalhava como defensora dos interesses de crianças num abrigo para pessoas sem-teto e vivia em Lynnwood, um subúrbio pacato da Grande Seattle.

"Ela foi a primeira menor que eu acolhi como mãe adotiva. Estava me preparando para receber um bebê, tinha até comprado um berço, e então me enviaram uma garota de 16 anos", conta Peggy, rindo. "Mas deu tudo certo. Eu tenho experiência com questões de saúde mental e já trabalho com crianças há muito tempo. Acho que os assistentes sociais pensaram: 'Ela vai dar conta.'"

O Estado repassou a Peggy o calhamaço que era o histórico de Marie, contendo os registros de todo o abuso sofrido por ela e seu périplo por todos os lares adotivos. "Era de partir o coração", diz Peggy. Ela leu a maior parte do texto, mas não todo. "De certa maneira, você não quer saber tudo sobre a criança. Você quer poder olhá-la sem ficar fazendo suposições sobre quem ela é, sabe? Não quer ter que partir de um rótulo predeterminado. Quando eu conheço uma criança, quero conhecê-la do jeito como está ali, na minha frente."

Na lembrança de Peggy, as duas tiveram um bom começo. "Ela parecia uma menininha. Ficava zanzando pela casa, ia até o quintal e voltava repetindo: 'Puxa, que legal.' Era alegre e cheia de energia, mas também tinha momentos em que podia se mostrar emocionalmente bem intensa."

Marie estava chateada por ter sido tirada da casa de Puyallup. Peggy deixou que ela usasse o telefone para manter contato com os amigos que havia feito por lá. Os telefonemas de Marie fizeram o valor da conta disparar. Com o tempo, a menina foi superando a frustração. "Eu até fiquei surpresa ao ver a recuperação dela", relata Peggy. "Tinha acabado de ir para um colégio novo. Foi algo impressionante de se ver. Podia ter simplesmente se recusado a ir às aulas, mas Marie nunca fez isso. Ela cumpria com seus deveres, ajudava com a manutenção da casa. Eu fiquei muito impressionada com a resiliência dela."

Mas acontece que o relacionamento entre as duas – uma mãe de primeira viagem às voltas com uma adolescente que carregava uma bagagem de infância muito traumática – estava fadado a trazer desafios, como de fato acabou acontecendo. "Era muito cansativo às vezes. É difícil criar laços de afeto com uma pessoa que chega para você aos 16 anos e já com tanta raiva por dentro. Eu via minha missão naquele momento como a tarefa de guiar Marie rumo ao mundo adulto. Fiz de tudo para ser uma mãe amorosa e uma boa cuidadora. Mas é difícil demais começar a praticar isso com uma filha que já tem 16 anos. Eu não sei como ela avalia o que nós passamos juntas, mas…"

Na avaliação de Marie, faltava compatibilidade. Ela gostava mais de cachorros; Peggy, de gatos. Ela preferia estar em casas que tivessem mais crianças, e na casa de Peggy eram só elas duas. "Nossas personalidades também não combinaram de início", relata Marie. "A gente não se entendia bem."

Marie mantinha contato com vários dos pais adotivos com quem havia vivido e continuou muito ligada a Shannon. Peggy não via problema nisso. Ela própria logo ficou amiga de Shannon. As duas mães adotivas conversavam sobre Marie e, de certa forma, foram criando juntas a menina. Shannon, com seu cabelo cacheado exuberante, era a mãe divertida. Ela levava Marie para andar de barco e fazer passeios na mata. As duas começavam dietas juntas e tomavam a decisão de cortar os carboidratos do cardápio por semanas a fio. Marie confiava em Shannon para abrir seu coração e sabia que, com ela, teria abraços e um colo para chorar. Ela costumava ir dormir na casa de Shannon com frequência.

Peggy era a disciplinadora. Era a mãe que controlava os horários de chegada em casa. Para ela, às vezes o comportamento de Marie era espalhafatoso e ultrajante. "Ela não tinha limites", lembra Peggy, citando episódios como uma ida ao mercado com os amigos em que Marie quis andar dentro do carrinho de compras, "agindo de maneira bem boba". Meticulosa e comedida, inclinada a repetir frases como "Pega leve", Peggy não conseguiu estabelecer com Marie o mesmo laço de intimidade que Shannon tinha. "Nós duas éramos bem diferentes", ela avalia.

Para Peggy, era aflitivo acompanhar a luta de Marie para se encaixar socialmente. Quando chegou à sua casa, a menina gostava de se vestir de preto e tinha um estilo meio grunge, mas acabou comprando um casaco branco, de corte bem feminino e gola de pele, porque achou que era isso que as garotas da escola estavam usando. Depois, acabou largando-o esquecido no fundo do armário quando percebeu que havia errado o palpite. Peggy podia notar que Marie não estava feliz no colégio. Era um ambiente "cheio de panelinhas", com os grupos clássicos de animadoras de torcida e dos atletas bonitões. Marie tinha um estilo "mais artístico", gostava de desenhar e de ouvir todo tipo de música, fossem canções religiosas, rock ou country. Juntas, Peggy e Marie começaram a procurar outra escola onde a garota fosse ficar mais à vontade.

Foi então que tudo aconteceu.

Marie foi apresentada por amigos a Jordan, um aluno do ensino médio que trabalhava no McDonald's. "Nós nos encontramos num mercado e, quando vimos, já estávamos caminhando por horas e conversando perto do pátio da escola", conta Jordan, descrevendo o primeiro encontro a sós dos dois. No começo, eles eram só amigos, mas, com o tempo, acabaram namorando. Para Jordan, Marie parecia uma garota alegre e tranquila, apesar do passado difícil. "Era gostoso estar perto dela... Você não precisava esconder o que estava sentindo. Ela nunca dizia algo para magoar alguém. Não ficava querendo chamar atenção quando estava com os amigos. Nunca fez nada de escandaloso ou maluco."

O fato de Jordan ter uma imagem de Marie tão diferente da que Peggy tinha não é tão surpreendente. Peggy via um lado de Marie ávido por chamar atenção. Para Jordan, ela fazia de tudo para evitar atenção. Adolescentes podem ser de um jeito quando estão com os amigos e de outro bem diferente perto dos pais. No entanto, no caso de Marie, essa discrepância ia além, de um jeito que ela foi entendendo melhor com o passar dos anos. "As pessoas têm uma imagem de mim que é diferente da maneira como eu me vejo", ela diz. Marie se considerava uma garota mais simpática do que "atirada", e mais extrovertida do que extravagante.

Os melhores anos da sua vida, na opinião dela própria, foram quando tinha 16 e 17 anos, e o dia mais feliz nesse período foi um que ela passou ao lado da sua melhor amiga, que também era estudante e estava lhe dando dicas de fotografia. "Eu ficava horas na praia olhando o pôr do sol, era algo que eu adorava fazer", conta Marie. "Teve uma foto específica que ela tirou e é a minha preferida. Nós entramos no mar por volta de umas sete da noite. Não sei o que deu na gente, mas eu simplesmente dei um mergulho e depois saí da água jogando o cabelo para trás."

A amiga fez um registro dessa cena e depois tratou a imagem, escurecendo partes da foto. Marie ficou parecendo uma sereia surgindo da espuma das ondas, a silhueta dourada pela luz do sol poente.

Marie postou a foto no MySpace e guardou o arquivo numa pasta on-line do Photobucket.

Quando passou para o último ano do ensino médio, Marie decidiu largar a escola e estudar sozinha para conseguir o diploma de equivalência. O último ano na casa de Peggy foi carregado de tensão, uma tensão bem conhecida por adolescentes e pais em qualquer lugar. Marie desafiava as regras ficando fora de casa até tarde, e Peggy reagia insistindo que as regras deviam ser respeitadas. "Você não pode fazer isso", ela alegava, e ouvia de Marie um "Você não manda em mim". Na opinião de Shannon, tudo não passava de uma fase turbulenta comum da transição da adolescência para a idade adulta. "Marie queria ser dona do próprio nariz, desafiar as regras. Começou a experimentar estilos novos de se vestir, caminhos de vida possíveis, como acontece com muitos adolescentes. Começou a fumar e outras coisas do tipo." No segundo trimestre de 2008, Marie completou 18 anos. Ela podia ter continuado morando com Peggy, desde que obedecesse às regras impostas pela dona da casa, mas preferiu seguir seu próprio caminho.

Numa pesquisa feita na internet, Peggy descobriu o projeto Ladder, um programa-piloto iniciado no ano anterior. Financiado em grande parte pelo governo, o programa trabalhava para reduzir a população de rua oferecendo suporte para que jovens conseguissem empregos estáveis e tivessem condição de ter seu próprio lar.[1] Os participantes tinham aulas sobre como viver de maneira autônoma e uma educação financeira básica.[2] Os proprietários de imóveis que aceitavam jovens do Ladder como inquilinos tinham a garantia do aluguel subsidiado e polpudos depósitos-caução feitos pelo projeto. Eram oferecidas apenas quinze vagas para adolescentes vindos de lares adotivos, mas Marie conseguiu uma delas. Ela se mudou para um condomínio em Lynnwood, onde estaria próxima da casa de Peggy.

Nos idos de 1920, bem antes de conquistar autonomia e adotar o nome atual, Lynnwood era conhecida como polo avícola, chegando a produzir, no período de um ano, ovos numa quantidade que, "se postos lado a lado, iriam de Nova York até São Francisco".[3] Hoje em dia, os moradores da região de Seattle se lembram de Lynnwood como um centro de compras. A atração principal da localidade é o Alderwood

Mall, um shopping center que concentra 165 lojas de marcas que vão da Abercrombie & Fitch à Zumiez. No anúncio do apartamento que Marie alugou, os destaques eram a vista para as Montanhas das Cascatas e a proximidade com o shopping, localizado a poucas quadras de distância.

Marie pensava em, assim que conseguisse se estabilizar, ingressar numa faculdade e estudar fotografia. Ela usava sua Nikon digital para registrar imagens de animais, insetos e principalmente paisagens. Costumava ir até praias isoladas e fotografar rastros de cachorros na areia, ou o sol batendo na enseada de Puget, ou os picos nevados das Montanhas Olímpicas ao longe. Por ora, se contentava em trabalhar no comércio, tendo conseguido seu primeiro emprego na Cotsco, uma loja do tipo clube de descontos conhecida por oferecer salários e pacotes de benefícios generosos aos funcionários. Marie trabalhava oferecendo amostras grátis de alimentos aos clientes, e não se incomodava de ter que passar seis horas em pé. Ela gostava de poder conversar com as pessoas, livre da pressão de ter que fechar vendas. O trabalho também lhe dava a chance de fazer amigos fora da sua rede de crianças tuteladas pelo Estado.

Marie se viu com um apartamento para morar, uma renda própria e o diploma de equivalência do ensino médio. Ela contava com o apoio do projeto Ladder e tinha Peggy morando por perto. Depois de todos os percalços que enfrentara até ali – os abusos, a instabilidade, a fome –, ela sobrevivera. Seu maior objetivo de vida era algo bem simples e estava logo ali, bem na sua frente. "Eu só queria ser normal. Quando deixei de ser uma menor sob a tutela do Estado, quis ser uma dessas garotas normais, com um emprego normal, um lugar para morar. Eu queria cuidar da minha vida, tentar ser o mais feliz possível."

Marie não queria deixar que o seu passado difícil afetasse a vida que estava levando.

Depois que terminou a faxina no apartamento, Marie foi ao culto com Jordan. Eles namoraram por mais de um ano, mas, havia dois meses, tinham tomado a decisão de voltar a ser só amigos. Jordan tinha começado a se envolver com os preceitos das Testemunhas de Jeová, uma religião que condena o sexo fora do casamento, e achou que estaria sendo hipócrita se decidisse manter o namoro com Marie. Ainda assim, a amizade entre os dois era bastante íntima. Como ambos sofriam de insônia, eles faziam companhia um ao outro noite adentro batendo papo pelo telefone. Eles chegavam a falar sobre planos de se casar um dia.

À noite, Marie foi visitar Ashley, uma amiga que conheceu quando as duas estavam estudando para obter o diploma de ensino médio. Como ainda não tinha a carteira de motorista definitiva, só a licença de aprendiz, ela voltou para casa de carona com a mãe de Ashley. Chegando ao apartamento, Marie se deu conta de que havia esquecido as chaves – ela vivia fazendo isso, largando as chaves ou o celular nos lugares. Então, teve que ir à casa de Ashley de novo para buscá-las e depois voltou para casa.

Antes de entrar, Marie ainda gastou uns minutos visitando a vizinha de cima, Nattlie, outra jovem de 18 anos e sua colega no projeto Ladder. Nattlie morava no apartamento exatamente acima do de Marie, no prédio de três andares onde todas as unidades tinham acesso pelo lado de fora. Quando Marie voltou para casa, já passava das nove da noite. Ela entrou, trancou a porta da frente e começou a se preparar para dormir.

O telefone tocou às 21h49, uma ligação de Jordan. (O rapaz ia conferir o histórico de chamadas do celular nos dias que se seguiram para fornecer à polícia o horário exato.) Marie e Jordan conversaram durante uns quinze minutos. Depois, ela dedilhou um pouco um de seus violões antes de ir para a cama.

Meia noite e meia, Jordan ligou outra vez. Dessa vez, os dois passaram horas conversando. Já era segunda-feira, dia 11 de agosto, e Marie e Jordan continuaram falando até as quatro e meia da madrugada, só encerrando a ligação porque a bateria do celular de Jordan descarregou.

Às 4h58, ele voltou a ligar. Marie e Jordan conversaram mais um pouco até as 5h45m.

Depois disso, ela foi dormir.

4
UMA ALQUIMIA VIOLENTA

10 de agosto de 2010

Westminster, Colorado

De manhã bem cedo, num dia de agosto, uma mulher mais velha estava sentada, com as costas curvadas, num leito no quarto 24 da emergência do hospital St. Anthony North, na Grande Denver. Ela estava tomando iogurte e bebia água de uma garrafa de plástico transparente. O cabelo, pintado de vermelho, estava com a cor já meio desbotada. Ela vestia um moletom de capuz branco com estampa de arco-íris na frente, e as pernas finas surgiam por baixo da barra de um short azul.

Às 8h04, ouviu-se uma batida na porta, e uma mulher de cabelo loiro comprido e grandes olhos azuis entrou no quarto. Ela vestia uma camisa polo azul e calças cáqui com um distintivo da polícia preso na altura do quadril. Lançou um olhar de relance para a mulher na cama e pensou que ela quase se parecia com uma menininha perdida com aqueles olhos vermelhos e as bochechas riscadas de lágrimas. Ajoelhou-se no chão para se apresentar. Era a detetive de polícia Edna Hendershot.

– Eu sei que você passou por uma coisa horrível – disse a detetive para a mulher na cama. – Estou aqui para saber mais sobre o caso.

Sarah já havia contado a história para vizinhos que nem conhecia, parada do lado de fora de seu apartamento, no ar frio e sob a luz fraca do amanhecer. Já tinha contado para o jovem patrulheiro que a levara para o hospital no carro da polícia. Já tinha contado também para a outra mulher que estava sentada com ela, em silêncio, no quarto do hospital, uma defensora de vítimas de violência sexual designada pela polícia para lhe dar apoio.

Nesse momento, ela se recompôs. Ia contar sua história mais uma vez.

Sarah havia se mudado para o apartamento no início daquele mês. Depois de dias arrumando e guardando coisas, pensando onde pôr o sofá e como decorar o quarto, abrindo caixas de roupas, sapatos e utensílios de cozinha, ela decidiu parar e descansar. Passou a manhã de segunda-feira cochilando na beira da piscina do condomínio. Depois, fez uma caminhada pela trilha que contornava os prédios. À noite, ela ficou no apartamento lendo a bíblia. Por volta da meia-noite, vestiu sua camisola e pegou no sono com um ventilador ligado.

Quando eram cerca de três e meia da madrugada, Sarah acordou com um susto. Alguma coisa pesada estava empurrando suas costas, deixando-a presa na cama. A coisa era um homem, que estava montado por cima de seu corpo com as pernas enlaçadas nele. Seus braços estavam presos, estendidos para os lados. Ela gritou, e o som pareceu morrer antes mesmo de chegar à boca.

– Fica quieta – falou o homem. – Eu não vou machucar você se fizer tudo que eu mandar. Mas estou armado, e posso atirar se for necessário.

O homem estava usando uma camiseta branca e calça de moletom, Sarah contou à detetive. Uma máscara preta tapava seu rosto. Ele amarrou as mãos dela atrás das costas e tirou sua calcinha. Mandou que ela subisse na cama. Instruiu sobre as poses que deveria fazer e a fotografou com uma câmera. Quando ela errava a posição, ele a corrigia:

– Se não me obedecer, eu espalho as fotos na internet, para todo mundo ver – disse ele.

Durante três horas, o homem forçou Sarah a fazer tudo que ele quis. Estuprava por um tempo, depois parava para descansar. Fotografava por um tempo e parava para descansar. Sarah chamou esses períodos de "sessões". Pelo que se recordava, tinham sido nove. Ela reclamou que ele a estava machucando. Ele respondeu:

– É só relaxar.

Num dado momento, Sarah contou a Hendershot, chegou a implorar para que o estuprador parasse.

– Eu não sou uma má pessoa – disse ela.

– Verdade, não é mesmo. – Foi a resposta do homem. – Mas deixou a janela aberta.

Quando ele terminou o que queria fazer, a luz da manhã já estava entrando pelo apartamento bagunçado. O homem então começou a se livrar das evidências. Limpou o corpo de Sarah com lenços umedecidos, mandou que ela escovasse os dentes e a língua. Ele recolheu uma parte da roupa de cama.

– Eu não vou deixar provas que a polícia possa encontrar, então tenho que levar algumas coisas suas comigo – explicou.

Ele mandou Sarah ir para o banheiro. Mandou que passasse vinte minutos se lavando. Sarah queria saber quando esse tempo terminaria e pediu que ele pegasse um timer.

– Onde fica? – quis saber o homem.

– Ali no balcão da cozinha. – Foi a resposta dela.

O timer era um Sunbeam branco.

Ele ajustou o botão para vinte minutos e deixou o aparelho na bancada da pia do banheiro. Em seguida, fechou a porta atrás de si e foi embora.

Sarah ficou debaixo do chuveiro, com a água escorrendo pelo corpo. Escutando um por um dos 1.200 segundos, o timer zumbindo como se fosse uma cigarra em pleno verão. Quando o aparelho finalmente tocou, ela saiu do chuveiro. Depois, enxugou o corpo. Então, começou a contabilizar o estrago.

O estuprador tinha roubado uma almofada de cetim verde da sua cama – uma almofada que Sarah havia ganhado da mãe e guardava como lembrança dela.

Ele levou 200 dólares do cofre que ficava embaixo da cama.

Ele roubou uma câmera.

Ele havia acabado de mudar a vida de Sarah para sempre.

Não era uma história fácil de contar. Sarah chorou copiosamente durante todo o relato. A defensora presente a consolou. Hendershot também a consolou. Depois de meia hora, a detetive decidiu que já era o bastante. Ao se levantar, disse a Sarah que uma enfermeira ia exami-ná-la. Talvez o estuprador não tivesse conseguido eliminar todas as evidências, Hendershot explicou. Talvez ainda houvesse uma amostra do DNA dele no corpo de Sarah.

– É o que eu espero – respondeu ela.

A caminho do condomínio onde Sarah morava, Hendershot ticava sua lista mental de tarefas enquanto dirigia. Seus dezesseis anos como agente policial tinham gravado em sua mente uma lista de checagem da investigação de uma cena de crime. Ela precisaria de patrulheiros que pudessem rastrear a vizinhança e revistar as lixeiras. Precisaria de um perito que examinasse o apartamento e os arredores. Precisaria de um técnico criminalista para começar a levantar as fichas de todas as pessoas que pudessem ter tido acesso à residência de Sarah.

Mãos à obra, ela pensou.

Edna Hendershot tinha sido criada nos subúrbios de classe média da zona noroeste de Denver. A infância foi passada em Arvada, uma localidade de 100 mil habitantes perto da capital.[1] A mãe dava aulas de piano nas escolas próximas e tocava órgão e piano na Igreja Presbiteriana. O pai trabalhava no prédio da Assembleia Estadual do Colorado, em Denver, e se envolveu com a política local. Edna era a filha do meio, ensanduichada entre um irmão mais velho e outro menino mais novo.

Os pais fizeram o que estava ao seu alcance para criá-la como uma mocinha. A mãe a matriculou no balé e tentou ensiná-la a tocar piano. As duas frequentavam regularmente um centro de artes que ficava perto de casa. Nada disso adiantou.

"Eu ia até a sala, onde ficava o piano, e minha mãe, tão bondosa, estava sentada lá querendo apenas que eu tocasse um pouco. Eu era horrível com ela. Sabia que estava agindo mal, mas detestava aquilo tudo. Só queria ir para a rua, correr e brincar com meus amigos. Não tinha vontade de tocar aquela chatice de piano."

Hendershot era um exemplo clássico de menina moleca. Ela adorava esportes. Praticava natação e era craque no futebol. Numa época em que o atletismo feminino estava começando a atrair mais praticantes, ela já viajava pelo estado participando de competições interclubes. Disputou campeonatos escolares como goleira estreante pelo colégio Arvada High.

A detetive não sabe dizer ao certo o que a atraiu no trabalho policial. Ela não tinha parentes próximos que fossem da polícia ou pertencessem ao mundo do crime – os dois motivadores mais comuns para muitas pessoas que decidem fazer carreira na corporação. As coisas só aconteceram como tinham que acontecer. "Eu não tenho uma resposta certinha", ela dizia às pessoas. "Só sabia desde cedo que era isso que eu tinha que fazer da vida."

Sua trajetória profissional não seguiu uma linha reta. Depois que concluiu o ensino médio, em 1988, ela estudou direito criminal em duas faculdades. No entanto, o dinheiro era pouco, então Edna foi atrás de um emprego de meio-período para poder continuar os estudos. Foi operadora de caixa numa filial do Wendy's. Trabalhou limpando mesas e como garçonete ganhando 2,50 dólares por hora, mais gorjetas, num restaurante mexicano do bairro.

Mas ela estava decidida a entrar para a polícia. Em 1990, conseguiu um posto de auxiliar de escritório no gabinete do xerife do Condado de Adams, organizando as fichas dos presos da cadeia local. Um ano mais tarde, pediu demissão desse emprego para começar como atendente do telefone de emergência do Distrito Policial de Arvada. Ela trabalhava à noite e tinha aulas de dia, e foi assim que pagou a própria formação na Academia de Polícia. Depois da formatura, acabou não indo para muito longe de casa. A cidade de Westminster, vizinha de Arvada, a contratou como patrulheira. Edna assumiu o posto em 19 de setembro de 1994.

Westminster muitas vezes é vista como uma cidade-dormitório para quem trabalha em Denver. De certa maneira, é isso mesmo, com uma população de maioria branca e de classe média somando 100 mil habitantes. Com grupos de pais que se aglomeram nas arquibancadas dos campinhos todo fim de semana para assistir às partidas de futebol dos filhos. Com os edifícios quadradões das lojas de departamentos que ocupam todos os cruzamentos, as casas com ares de rancho e os condomínios de apartamentos que se espalham em todas as direções ao redor da rodovia Denver-Boulder, que serve de espinha dorsal da cidade. Mas, como muitas outras cidades nos arredores de grandes centros, Westminster não se presta a descrições muito idílicas. As gangues e o tráfico de drogas correm soltos nos bairros que fazem fronteira com Denver. Era um lugar onde não faltariam crimes para uma jovem policial ansiosa por mostrar serviço.

Depois de cinco anos trabalhando nas ruas, Hendershot venceu a disputa por uma vaga na Divisão West Metro de Narcóticos. Essa unidade de elite absorvia policiais de toda a região para trabalharem diretamente no combate ao tráfico e à ação das gangues. Ela era a única mulher da tropa, e os colegas passaram a chamá-la de "Ed".

Hendershot aprendeu que seu gênero podia ser uma espécie de superpoder no trabalho. Tanto os colegas de farda quanto os criminosos ficavam fascinados pela beleza dela. Quando os superiores se viram empacados, sem saber como fechar o cerco contra um traficante, Ed se ofereceu para a missão.

"Pode parecer arrogante, mas, quando eles começaram a perguntar 'Quem vai conseguir pegar esse cara?', falei: 'Acho que eu dou conta'. É incrível o que você consegue fazer com um sorrisinho e uma jogada certeira de cabelo."

Ela era boa para trabalhar disfarçada. Incorporava bem o papel da loura burra. Ou da motoqueira gostosona. Ou da mãe estressada no meio de uma disputa pela guarda dos filhos. Quando os suspeitos queriam que ela cheirasse uma carreira de pó ou que tirasse a roupa, Ed tinha a desculpa perfeita para sair pela tangente: "Se eu chegar em casa assim, vou acabar apanhando", dizia, ou "Amanhã tenho uma audiência com a assistente social para decidir sobre a guarda das crianças, não posso aparecer doidona".

Certa vez, ela estava trabalhando no caso de um agente corrupto que contrabandeava drogas e armas para membros de uma gangue dentro da cadeia. Hendershot ganhou a confiança do suspeito fazendo amizade com um dos caras da gangue, que se encarregou das apresentações. Depois que o agente corrupto foi preso, ela compareceu ao local do flagrante. O tal cara da gangue, um sujeito experiente e escolado na malandragem das ruas, estava lá também, algemado. Ele não conseguia acreditar que Ed fosse mesmo da polícia. "Esse episódio me encheu de orgulho", ela conta. "Eu estava sendo tão convincente que consegui enganar o cara até o fim."

Sua atuação colecionava elogios. Hendershot foi chamada para servir como oficial de treinamento de campo, um cargo de confiança em que ela era mentora de policiais iniciantes. Durante doze anos seguidos, em todas as fichas de avaliação de desempenho que preencheram a seu respeito, os superiores de Ed Hendershot lhe deram o melhor conceito possível no quesito habilidade para trabalhar em equipe: "Excepcional."

Quando chegou 2007, as coisas estavam mudando na vida pessoal da detetive. Na época ela estava casada novamente – depois de seu primeiro casamento ter terminado em divórcio anos antes. O novo marido era Mike Hendershot, que fora sargento da polícia de Golden e depois assumiu um cargo de comandante em outro distrito nos subúrbios de Denver. Ele a pedira em casamento aos pés da Torre Eiffel. Os dois procuraram uma casa que fosse grande o suficiente para abrigar o cachorro e os dois gatos da família e foram morar juntos.

Hendershot tinha decidido parar de trabalhar como policial infiltrada – depois de tanto tempo, havia o risco de os criminosos começarem a reconhecê-la em alguma missão. No entanto, ela andava nervosa com a ideia de trabalhar de outras maneiras como policial, e se perguntou se teria outras aptidões além dos disfarces. *Ok, beleza, mas e agora?*, pensava consigo mesma. *Eu cheguei ao topo da carreira antes dos 40 anos. Viva!*

O novo cargo era na Divisão de Crimes Contra a Pessoa. Ali, de repente, abriram-se portas de um novo mundo. As vítimas com quem lidava eram pessoas que haviam sido agredidas, estupradas ou mortas. Quando tinha que preencher a papelada dos relatórios trabalhando como policial da Divisão de Narcóticos, no campo da vítima sempre se liam palavras como "Estado do Colorado" ou "Estados Unidos da América". Agora, ela escrevia o nome de uma pessoa, de alguém com quem ela havia se sentado para conversar, alguém cuja dor havia podido testemunhar em primeira mão, ou cuja morte acabara de despedaçar uma família.

Isso a deixava um pouco atordoada.

"Eu literalmente tive uma reação física à coisa toda. Cacete. Isso é muito sério. Aquelas pessoas dependem completamente de você. Estão nas suas mãos."

Depois que terminou de colher o depoimento de Sarah no hospital, Hendershot dirigiu até o apartamento dela, num bairro da zona oeste da cidade. Eram dez da manhã, e já fazia calor. Os prédios do condomínio tinham três andares, com as molduras das janelas pintadas de laranja e fachadas de tijolo aparente. Os espaços comuns eram formados por uma piscina, área de lazer e trilha para caminhadas, e os inquilinos trabalhavam como auxiliar de enfermagem, instalador de TV a cabo e atendente de lanchonetes.

Do lado de fora do apartamento, Hendershot cumprimentou o agente Chris Pyler, que havia passado a manhã buscando testemunhas do ocorrido. Ele conversara com os vizinhos que tinham ligado para a polícia depois que Sarah esmurrou a porta deles pedindo ajuda. Eles também haviam se mudado recentemente para o condomínio. O casal tinha ouvido Sarah contar os detalhes do estupro, e a esposa relatava ter achado meio difícil acreditar na história toda.

Ela contara, por exemplo, que o estuprador a tinha forçado a lavar o cabelo, só que o cabelo de Sarah estava seco. A esposa também havia estranhado alguns dos comentários feitos por Sarah, como quando ela falou: "Ah, vocês acabaram de se mudar para cá. Podiam ter passado sem um transtorno desses." Essa vizinha não achava necessariamente que fosse tudo mentira, só considerou um pouco estranho o comportamento de Sarah. "Não era a maneira como eu teria reagido", ela comentou com Pyler.

O ceticismo da vizinha não era de admirar. Em casos de estupro, a vítima muitas vezes se depara com reações de dúvida – por parte da polícia, é verdade, mas também de familiares e amigos. A sensação dominante tanto nas delegacias quanto para a população em geral é de que nem todos os relatos de estupro são verdadeiros. O problema é que não existem números certos para esse "nem todos". Estudiosos de criminologia passaram décadas tentando determinar quantas mulheres mentem ao relatar que foram estupradas. Os resultados sempre variaram demais. Um médico legista inglês publicou uma análise em 2006 afirmando que 90% das alegações de estupro eram falsas – uma conclusão amplamente criticada e baseada numa amostra ínfima de dezoito casos.[2] A feminista Susan Brownmiller, cujo livro revolucionário *Against Our Will: Men, Women and Rape*[*3] influenciou toda uma geração de ativistas, cravou o número em 2% – embora esse valor também tenha sido duramente questionado.

---

[*] "Contra a nossa vontade: homens, mulheres e estupro", em tradução literal. (N. T.)

Pesquisadores especializados em agressões sexuais preferem trabalhar com uma faixa percentual: algo entre 2% e 8% das alegações de estupro seriam denúncias falsas.[4] No entanto, essa faixa está ligada a uma definição muito específica: só seriam contabilizados para a estatística os relatos de estupro em que a polícia tivesse conseguido provar que a mulher havia mentido. A realidade é que isso não costuma ser frequente. Policiais simplesmente jogam de lado os casos sobre os quais têm dúvidas, não levando a investigação adiante. A verdadeira porcentagem de relatos falsos se mostrou difícil de determinar – sempre encoberta por ativismo, definições diferentes do que seria agressão sexual e pela missão quase impossível de levantar dados concretos a respeito de um crime tão cercado de constrangimento e sigilo.

No trabalho que fazia pessoalmente, Hendershot sempre precisou daquilo que chamava de evidência "definitiva" antes de descartar como falsa uma alegação de ataque sexual. Certa vez, um homem chegou ao pronto-socorro com o testículo mutilado, apresentando cortes tão graves que os médicos tiveram que fazer uma remoção. O relato dele era que havia sido atacado com uma faca e violentado. Hendershot passou semanas averiguando as pistas fornecidas pelo homem e chegou a dirigir até o Wyoming em busca de provas. Mas, num dado momento, descobriu que o homem fazia parte de um fórum de pornografia on-line para pessoas praticantes de mutilação genital. O fim da história foi que Hendershot entrou com uma acusação contra o sujeito por ter prestado uma falsa denúncia – mas ela só fez isso depois de ter assistido a um vídeo que mostrava imagens dele se mutilando com uma lâmina e uma tira elástica normalmente usada na castração de animais. Resumindo: ela sempre era criteriosa nas investigações.[5]

Depois de ter conversado com Pyler, Hendershot entrou no apartamento para averiguar a cena do crime. Foi com alívio que notou a presença de uma amiga de longa data: Katherine Ellis, uma das principais peritas criminais do Departamento de Polícia de Westminster. Ellis estava no apartamento desde as 7h38 da manhã, tendo chegado às pressas depois de ouvir sobre o estupro num rádio da polícia instalado no laboratório de perícia criminal do departamento.

As duas haviam se conhecido anos antes, quando trabalhavam como atendentes numa delegacia da região. Elas trilharam caminhos semelhantes na ascensão da carreira policial. Ellis se tornou perita criminal bem antes de essa função ganhar fama por causa das séries de televisão. "Eu já era CSI antes de existir o *CSI*", ela costumava brincar. Com o passar dos anos, ela construiu uma reputação de policial detalhista. Ellis participou de treinamentos de elite na Academia do FBI em Quantico, na Virgínia. Graças à sua memória fotográfica, era capaz de se lembrar de cor o número de cada processo criminal.

Ellis tinha uma visão realista a respeito do seu trabalho. "Não tem qualquer glamour", ela dizia. "Eu vivo lidando com caçambas de lixo e crianças desmembradas, e vivo tendo que me meter em lugares onde você só pode entrar rastejando."

Quando Hendershot chegou ao local, a amiga já havia percorrido todo o apartamento, cômodo por cômodo. Suas anotações refletiam a obsessão por registrar cada mínimo detalhe de uma cena de crime:

> O local é um apartamento de dois quartos e dois banheiros, com cozinha, salas de jantar e de estar... O hall de entrada dá para a sala de estar, que se localiza na parte sul do imóvel e tem como mobília um piano encostado na parede leste, um sofá de couro na parede sul, uma mesa de centro redonda em frente ao sofá, uma mesa lateral também redonda do seu lado oeste e uma cadeira de balanço. No sofá havia uma pilha de jornais, o panfleto de um restaurante e cupons de desconto de supermercado na almofada mais a oeste, uma marca que poderia ser de pisada na almofada do meio e uma bíblia e um livro de oração abertos na almofada mais a leste.

Durante as cinco horas passadas no apartamento, Ellis examinou os parapeitos de janelas, portas e balcões em busca de impressões digitais. Ela passou a ponta de algodão das hastes coletoras em diversas superfícies da casa: na janela da sala de estar, na capa do colchão, na pia do banheiro e no vaso sanitário. Tirou centenas de fotos da desordem encontrada no quarto, da sala, da varanda dos fundos. Verificou as duas portas externas do apartamento e as janelas procurando sinais de arrombamento e recolheu as evidências – o lençol verde-claro que o estuprador havia deixado para trás, luvas de cozinha roxas encontradas perto da pia e um edredom vermelho, laranja e branco. Usando uma lanterna especial, ela procurou amostras de material genético que pudessem ter sido deixadas na capa do colchão.

Hendershot contou a Ellis que o estuprador tinha usado o timer branco Sunbeam da cozinha de Sarah. Entrando no banheiro, a perita encontrou o aparelho equilibrado na borda da penteadeira. Aquele era um objeto que ela sabia que o estuprador tinha tocado. Ele foi recolhido como evidência para que se fizesse a análise em busca de amostras de DNA.

Ellis partia da premissa de que os crimes tinham acontecido conforme o relato das vítimas, mas, ao fazer a varredura da cena de um crime, ela mantinha todo o foco sobre as evidências – para averiguar se elas corroboravam ou contradiziam o relato. Seu trabalho, como acreditava, era desvendar a verdade dos fatos, fosse ela qual fosse. "Nós relatamos o que as evidências nos mostram, não o que você nos disse que aconteceu. Queremos que as evidências apontem as mentiras, não você."

Até o momento, entretanto, Ellis não havia encontrado muitas evidências de qualquer ocorrência incomum no apartamento de Sarah. Ela reparou que uma tela de proteção estava caída no chão perto de uma das janelas dos fundos, mas isso podia ter acontecido em qualquer outra ocasião. No sofá abaixo de outra das janelas, havia um afundamento que parecia ser marca de uma pisada sobre a almofada. No entanto, não havia sinais de arrombamento: nenhuma das molduras das portas mostrava marcas e nenhuma vidraça tinha sido quebrada. Ellis não encontrou marcas de digitais nos peitoris das janelas, no sofá ou no quarto. A lanterna de luz negra revelou só uma quantidade reduzida de fluidos corporais, localizados apenas na cama.

Mesmo assim, uma coisa chamou sua atenção. Na balaustrada da varanda dos fundos, Ellis encontrou um rastro estranho: uma fileira de pequenas marcas hexagonais. *Como se fosse uma colmeia de abelhas*, pensou ela. Fotografou o padrão para consulta futura.

Apesar disso, Ellis não tinha certeza sobre o que podia ter deixado aquele tipo de rastro. Talvez um cobertor usado para proteger os móveis na chegada da mudança e que ficara apoiado na balaustrada?

Que marca mais esquisita, pensou.

—◎—

Dois dias depois do estupro, Hendershot esteve com Sarah na delegacia policial de Westminster. As duas se sentaram frente a frente na sala de interrogatório, com uma mesa posicionada no espaço entre elas. Hendershot ligou o gravador. Ela esperava que, depois desse tempo, a vítima tivesse conseguido se recordar de mais algum detalhe.

Hendershot começou a fazer a entrevista com calma. Como era a vida que Sarah estava levando nos dias e meses que haviam precedido o estupro? Ela contou sua história. Havia passado por um divórcio tardio, depois de décadas de um casamento sem amor e carregado de hostilidade.

– Eu simplesmente decidi que não dava mais para viver daquele jeito – falou.

Ela acabou se envolvendo e encontrando o amor com um homem vinte anos mais velho. Ele tinha uma família grande; ela não tinha filhos. Os dois frequentavam a igreja juntos, e ela cantava no coral. À noite, iam ao Denny's. Casaram-se em outubro de 2009 e se mudaram para um pequeno apartamento.

Pouco tempo depois, ele recebeu um diagnóstico de câncer. Com oito semanas de casamento, Sarah perdeu o marido. A decisão de se mudar para um lugar menor em outro condomínio havia sido o primeiro passo para reconhecer a realidade da viuvez. O contrato de aluguel foi assinado em 28 de julho de 2010. O estuprador a atacou treze dias depois.

– E quanto ao estupro? – indagou Hendershot. – Quando conversamos, você disse que havia se arrumado para ir deitar e foi para a cama por volta da meia-noite. O que se lembra de ter acontecido depois disso?

– Só lembro… hum… que tinha uma pessoa em cima de mim. Eu estava de costas. Quer dizer, de bruços, estava deitada de bruços – relatou Sarah. E então parou, corando. – Precisamos mesmo repassar tudo outra vez?

Hendershot compreendia. Ela havia trabalhado em mais de cem casos de estupro e sabia como era difícil falar sobre o acontecido – tão difícil que muitas mulheres nem sequer registravam a denúncia. Um dos principais motivos para isso era o medo de que ninguém acreditasse nelas. Policiais mais jovens às vezes ficavam perplexos: a vítima não quer que o cara seja pego? Por que não dá logo todos os detalhes do que aconteceu?

Hendershot tinha desenvolvido uma reação-padrão para as vezes que ouvia esse tipo de comentário. "Conte como foi a última transa que você teve com a sua mulher. Vamos, fale todos os detalhes", dizia a esses policiais. Os que não soltavam um risinho constrangido ficavam emudecidos pelo choque. Eles entendiam a mensagem.

Na sala de interrogatório, Sarah repassou a história mais uma vez e acrescentou alguns detalhes. Ela se recordou, por exemplo, de que o agressor a fizera calçar um par de meias sete-oitavos – embora não se lembrasse de que cor elas eram ou de onde haviam surgido.

– Como elas foram parar nas suas pernas? – perguntou Hendershot.

Sarah não soube dizer.

– E como você não viu a cor? – voltou a indagar a policial.

– Eu acho... acho que estava deitada de bruços nessa hora.

Sarah também se lembrou de que o estuprador havia perguntado se ela tinha sapatos de salto. E que, quando ela respondeu que não, ele foi até o closet e pegou um par de sapatos dela.

– Eu tenho uma ideia de quais eram, mas não consigo ter certeza ainda – disse ela.

Não podia determinar quais eram os sapatos que o homem tinha pegado nem se ele os levara consigo ao sair.

Hendershot não se deixou abater, continuou tentando. Queria fazer com que Sarah lhe desse uma descrição melhor do homem.

– E os olhos? Você se lembra de como eram os olhos dele?

– Não me lembro de nada do rosto dele. Nada mesmo.

– Certo. Nem a cor dos olhos, então?

– Hum, não me lembro.

– E se tinha barba ou bigode?

Sarah sacudiu a cabeça.

– Eu não lembro. Não sei.

Se a memória visual dela estava falhando, as recordações auditivas pareciam bem precisas. Sarah sabia que o estuprador estava com uma bolsa de academia, porque se lembrava do barulho do zíper. Sabia que ele tinha ido ao banheiro, porque ouvira o ruído da urina no vaso. Ela não conseguia dar uma descrição da câmera usada, mesmo afirmando que o homem apontou a lente bem em sua direção. A única recordação que tinha era do som. *Clique, clique, clique.*

Em grande parte, o relato de Sarah parecia um amontoado de instantes e recordações sem nenhuma ordem temporal. Ela teve que fazer um esforço para tentar definir uma sequência para os acontecimentos. Disse a Hendershot que sabia a que horas o estuprador havia ido embora porque ouviu meninas brincando do lado de fora do apartamento. Ela então parou um pouco para pensar. A ligação para a polícia tinha sido feita às sete da manhã. Por que as crianças estariam brincando lá fora a essa hora?

– Não, isso não faz sentido – murmurou Sarah, quase que falando para si mesma.

Ela foi ficando frustrada com as lacunas que percebia no próprio relato.

– Sabe, a maior parte do tempo eu estava com os olhos fechados – explicou para Hendershot. – Em alguns momentos porque ele me obrigou a fazer isso, e em outros porque eu não queria mesmo ver o que estava acontecendo.

Hendershot procurou consolá-la:

– Se você não está conseguindo lembrar, tudo bem.

O mundo aparentemente quebrado de Sarah não deixou a policial alarmada. Ela havia aprendido que sobreviventes de eventos traumáticos muitas vezes apresentavam alterações de memória. Muitos ficavam incapazes de relembrar os acontecimentos na ordem cronológica correta.[6] O trauma podia causar danos ao cérebro. Um acidente de carro, a queda de uma árvore muito próxima de onde se estava, ver um companheiro ser atingido no campo de batalha. Durante esses segundos apavorantes, a onda de adrenalina e cortisol lançada na corrente sanguínea criava uma alquimia violenta. A mente se transformava numa testemunha ocular pouco confiável da própria experiência. Acontecimentos eram dissociados do tempo em que haviam ocorrido, memórias acabavam sendo soterradas. As imagens podiam voltar dias, meses ou até mesmo anos depois, indesejadas e sem terem sido chamadas, cristalinas e perfeitas como uma paisagem que é subitamente iluminada por um holofote.

E o estupro era um caso à parte. A experiência do estupro, a sensação de impotência de quem passa por ela, danificava a memória de maneiras que pareciam quase que projetadas especialmente para frustrar os investigadores. Para suportarem o momento terrível da violação, muitas mulheres desviavam o olhar daquilo que estava lhes acontecendo, desviavam o olhar para longe do agressor. Elas se concentravam num abajur, num quadro na parede. Ou fechavam os olhos. Isso significava que muitas vezes eram incapazes de descrever o estuprador, as roupas que ele estava vestindo, o lugar do acontecido, o momento, os arredores.

Psicólogos já registraram o papel que um detalhe poderoso e central pode ter na formação de uma memória.[7] Em momentos de crise, o cérebro se agarra ferozmente a qualquer coisa que possa ajudá-lo a sobreviver. Em alguns casos, essa coisa é a ameaça em si, como quando um policial consegue descrever, em detalhes minuciosos, a arma que viu ser apontada para si, sem conseguir se lembrar do que o suspeito estava vestindo. No entanto, em outros casos, o detalhe em que a pessoa se fixa não tem a ver com a ameaça imediata. Pode, inclusive, ser algo que não esteja ligado de maneira alguma à situação angustiante do estupro – por exemplo, uma luminária na mesinha de cabeceira ou a luz de um poste na rua lá fora. Quando se fixa nesse detalhe, a mente pode se dissociar do horror e escapar para um local cognitivamente mais seguro.

Rebecca Campbell, uma renomada pesquisadora de crimes sexuais da Universidade Estadual do Michigan, conta que as vítimas muitas vezes recorrem à metáfora do quebra-cabeça para descrever sua experiência de estupro. Para montar um quebra-cabeça, a maioria das pessoas primeiro trata de virar todas as peças com o lado estampado para cima; depois, separa as que são dos cantos, das bordas e do meio da figura; só depois disso, observa a imagem na caixa para saber como vai começar a montar tudo.

O que acontece é que as vítimas de estupro não têm como montar o quebra-cabeça. Elas não têm todas as peças e não conseguem separar as que estão lá de uma maneira que faça sentido. Além disso, quem conseguiria suportar olhar para uma imagem tão aterradora se fosse possível delinear uma figura a ser montada? "Memórias traumáticas não se encaixam num fluxo coerente e organizado de lembranças", diz Campbell, que se dedica a estudar os efeitos dos traumas sobre o cérebro humano. "Elas ficam espalhadas por todo o cérebro. Literalmente."

O trabalho de Hendershot era ajudar Sarah a juntar as peças do quebra-cabeça, mas, no fim dessa primeira entrevista, ela não se sentia mais perto de poder ligar qualquer suspeito que fosse ao crime. O estuprador tinha sido esperto. Ele deixou poucas pistas que pudessem revelar sua identidade.

Para encerrar a conversa, a policial decidiu dar uma boa notícia a Sarah. Os 200 dólares haviam realmente se perdido, mas os policiais encontraram no apartamento a câmera que ela acreditava ter sido roubada. Talvez Sarah não tivesse percebido que a câmera estava lá quando foi conferir seus pertences depois do estupro.

– Só que eram duas câmeras – disse Sarah.

– Duas câmeras? Como assim? – quis saber Hendershot, que achava só haver uma câmera antes no apartamento.

– Bom, tinha a Sony cor-de-rosa e uma outra maior, quase toda prateada.

Hendershot sabia que a câmera que os policiais tinham achado era a prateada. Onde poderia estar a Sony cor-de-rosa? A detetive mandou que policiais checassem em todas as lojas de penhores de Westminster para ver se alguém havia aparecido com uma câmera rosa para pôr no prego. Eles não encontraram nenhuma.

A detetive estava marcando uma conversa com um instalador da empresa de TV a cabo Comcast que fizera instalações no condomínio de Sarah quando recebeu uma ligação. Era de uma sargento de polícia de Aurora, um subúrbio mais rico que ficava uns cinquenta quilômetros a sudeste de Westminster.

A sargento tinha ouvido falar do estupro de Westminster e lembrado que um de seus agentes estava investigando um caso parecido, segundo contou a Hendershot. E achou que seria bom se os dois comparassem suas anotações.

Hendershot acabava de conseguir sua primeira chance de desvendar o caso.

—— ◉ ——

Duas semanas após Sarah ter sido estuprada, Hendershot estava na pequena sala de reuniões do Distrito Policial de Westminster, sentada diante de Scott Burgess, detetive da polícia de Aurora. Burgess tinha cabelo grisalho e estava usando uma camisa de mangas compridas, calça bem-passada e uma gravata. Era um homem cuidadoso e detalhista. Em alguns dias, chegava a refazer duas, três, quatro vezes o nó Eldredge de sua gravata – um dos mais complicados de fazer, que havia recebido a nota máxima no quesito dificuldade segundo o site Ties.com.

A polícia de Aurora havia criado uma unidade especializada em crimes sexuais cinco anos antes, e Burgess fora um dos primeiros policiais a integrá-la. "Foi uma sorte eu ter sido logo chamado", ele afirma. Assim como Hendershot, o policial adorava a ideia de poder ajudar as pessoas. Burgess compreendia as vítimas. "Uma coisa que eu aprendi é que não existe uma 'reação certa' em se tratando de vítimas de ataques desse tipo. Já colhi depoimentos de pessoas que me levaram às lágrimas, para mais tarde descobrir que a denúncia era falsa. Já ouvi coisas que me fizeram pensar *Não é possível que isso seja verdade. Ninguém estaria desse jeito depois de passar por algo tão abominável assim*. E o que eu aprendi é que não existe uma reação padronizada."

Essa lição havia se provado muito útil quando ele foi designado para o caso de estupro ocorrido em Aurora em outubro de 2009. A vítima era uma mulher chamada Doris, uma divorciada de 65 anos que trabalhava como governanta de uma república estudantil. Ela foi estuprada na própria casa, num bairro da região sul de Aurora. Quando foi ouvida por Burgess, no dia seguinte, Doris lhe pareceu muito "serena", conforme o policial relatou na conversa com Hendershot. Seus modos estavam "muito controlados, sem rompantes emocionais".

– Eu não vi nenhuma explosão, nenhum sinal de colapso – disse ele. – Era simplesmente algo como: "Foi isso que aconteceu. Vamos ver o que é possível fazer."

Com Hendershot atenta às suas palavras, Burgess repassou os tópicos do relatório feito sobre o caso:

- A vítima estava dormindo na madrugada de domingo, por volta das 2h30.

- O suspeito abriu a porta, montou sobre seu corpo por trás e acendeu uma lanterna na direção dela.
- O suspeito mandou que ela se virasse de frente. Ela viu que o rosto do homem estava coberto por uma máscara ou capuz preto, com abertura para os olhos.
- O suspeito era um homem branco de cerca de 20 anos de idade, 1,80 metro de altura, de "ossos largos", forte sem ser musculoso. Os pelos do corpo eram claros ou ausentes, e seu jeito de falar era tranquilo.
- O suspeito disse para a vítima: "Eu não vou machucar você, mas vou estuprá-la."
- O suspeito amarrou as mãos da vítima juntas na frente do corpo, com uma fita que foi presa frouxamente.
- O suspeito portava uma mochila preta grande.
- O suspeito estuprou a vítima repetidamente. Ele tirou fotos dela e ameaçou postá-las na internet caso a polícia fosse acionada.
- Ao terminar, o suspeito se vestiu e avisou que ia levar os lençóis.
- Quando acabou, ele a obrigou a tomar um banho e ficou no banheiro dando instruções de como ela devia se lavar. Ele a mandou esperar vinte minutos antes de sair da água.

Doris descreveu o estuprador como "simpático" e "gentil". Durante o ataque, ela chegou a dizer a ele que já tinha 65 anos e era velha demais para ser estuprada, ao que o homem respondeu: "Sessenta e cinco não é velha."

Ela contou a Burgess que, pouco antes de começar a estuprá-la, o homem tinha tirado os rolinhos cor-de-rosa de seu cabelo.

– Eu sei que vou me sentir mal por causa disso depois, mas não consigo me conter – disse ele.

– Você deveria procurar ajuda. – Foi a resposta de Doris.

– Agora é tarde demais para isso – retrucou o sujeito.

Doris relatou que havia tentado se mostrar compreensiva. Ele era um rapaz jovem. Talvez tivesse sofrido abusos quando criança. Não era tarde demais para que mudasse.

O homem refutou essa ideia. Não havia sofrido abuso algum, tinha pais amorosos. Não fumava, bebia nem usava nenhuma droga.

– Se eles soubessem as coisas que faço, ficariam mortificados – disse-lhe ele.

Simplesmente tinha que estuprar as pessoas. Era uma "compulsão", pelo que contou a Doris. Ele lutava contra aquilo havia muito tempo e, seguidamente, acabava perdendo as batalhas.

– Não consigo evitar que isso aconteça – falou.

Doris disse a Burgess que o homem começou a encher a banheira com água depois de mandá-la ir para o banheiro. Por um instante, ela imaginou o pior.

– Na hora, achei que ele fosse me afogar – contou ela.

Em vez disso, o homem mandou que Doris se lavasse.

– Faça isso por uns vinte minutos, para ficar bem limpa – instruiu ele.

Quando Doris saiu da água, o relógio marcava 3h45. Ela estava assustada demais para ligar para a polícia. Decidiu se vestir. Preparou um café. Foi para a frente do computador. Começou a navegar na internet.

Por fim, às seis da manhã, Doris percebeu que estava sangrando pela vagina. Ela dirigiu o próprio carro até um pronto-socorro. Lá, a orientaram a seguir adiante, dando o endereço do Centro Médico de Aurora, onde havia uma unidade para atender vítimas de estupro. No centro médico, uma enfermeira ligou para a polícia. Doris passou por um exame de corpo de delito de três horas para que coletassem qualquer amostra de DNA do estuprador que tivesse ficado em seu corpo.

Burgess disse a Hendershot que tinha consciência de se tratar de um caso difícil. Doris se recordava de muitos detalhes do estupro, mas as lembranças não revelavam tanto sobre a identidade do estuprador. *Como eu vou sequer poder apresentar isto ao Departamento?*, Burgess havia se perguntado. *Eu nem posso afirmar ao certo a etnia do suspeito, porque ele estava todo coberto.* Ele contou a Hendershot que havia imaginado o suspeito como um tipo de estuprador especialista – "muito bem preparado para a tarefa", conforme o descreveu. "Era um sujeito bem meticuloso."

O relatório do policial continha o registro de todos os seus esforços. Ele mandara patrulheiros vasculharem os arredores da casa de Doris, um grupo de casinhas modestas numa pequena rua sem saída transversal a uma das vias principais que cortavam Aurora de leste a oeste. Um dos patrulheiros tinha revirado trinta lixeiras e mais três banheiros químicos num campo de beisebol próximo. Outro perseguiu um homem que fora visto armado perto da cena do crime, mas acabou constatando que a arma era só uma pistola de ar comprimido. Quando guardas pararam um sujeito por excesso de velocidade numa rua próxima, descobriram um lençol cor-de-rosa, toalhas e dois sacos pretos no porta-malas do seu carro. O policial fez uma checagem comparando com a roupa de cama da casa de Doris, mas não eram os mesmos lençóis. Obedecendo ao protocolo, ele telefonou para a namorada do homem detido. Ela corroborou a história, confirmando que havia deixado os lençóis no porta-malas depois de sair da lavanderia.

As primeiras suspeitas de Burgess recaíram sobre os moradores da república de estudantes. Doris discordava dele. "Não foi um dos meus rapazes", ela lhe disse, alegando que teria reconhecido a voz. Mesmo assim, Burgess fez contato com os policiais responsáveis por patrulhar a universidade para ver se alguma ocorrência parecida havia sido registrada no campus. Um sargento lhe passou um único caso, que envolveu um aluno de 1,85 metro de altura que pesava 72 quilos. Ele fora detido por comportamento suspeito em novembro de 2008, e a polícia havia encontrado no porta-malas do seu carro equipamento semelhante ao utilizado por policiais, como uma lanterna que podia ser acoplada ao teto de carros, um cassetete, um bafômetro e uma Beretta 9mm. No entanto, o homem não tinha ficha criminal, e Burgess acabou deixando o caso – e sua teoria – de lado.

Doris forneceu uma descrição detalhada, mas era a descrição de um fantasma: um sujeito mascarado vestido com roupa cinza. Não havia outras pistas. Nenhuma testemunha ocular. Nenhuma imagem de câmera de segurança.

Em 31 de dezembro de 2009, com o ano se encerrando, Burgess havia escrito em letras de forma na pasta do caso: NÃO CONCLUÍDO.

Ele não estava encerrando o caso. Continuava havendo a chance de que surgisse mais pistas de algum lugar. Mas, no fundo, Burgess sabia o que aquele "não concluído" queria dizer: que a história não ia dar em nada.

Essa constatação foi dura para o policial. O caso do estupro de Doris estava sendo uma pedra no seu sapato. Burgess o considerava um dos três episódios mais desafiadores da sua carreira. Ele se perguntava por que o estuprador teria mirado justo nela – ao mesmo tempo, ficava satisfeito por não ter essa resposta. "Se você consegue decifrar essa parte, é um mau sinal", era o que costumava dizer a si mesmo.

Burgess saiu do encontro com Hendershot com as esperanças renovadas. As provas circunstanciais agora apontavam para uma conclusão: a mesma pessoa havia estuprado Doris e Sarah. Se Hendershot avançasse na investigação, talvez isso pudesse significar um avanço para seu trabalho também. Oito meses depois de ter arquivado o caso de Doris, Burgess voltou a abrir pasta. A investigação estava sendo reaberta. Bastaria esperar um deslize da parte do estuprador. Um erro, e os dois crimes estariam solucionados.

A conta era simples.

Nas semanas seguintes ao estupro de Sarah, Hendershot liderou uma equipe de detetives, criminalistas, peritos e patrulheiros. Ela fez com que meia dúzia de guardas vasculhasse todas as lixeiras próximas ao apartamento na esperança de que o estuprador tivesse descartado alguma coisa ao escapar. Ela também fez com que os guardas examinassem valas e um lago artificial próximos. Fez uma busca por alguns nomes no cadastro de criminosos sexuais do estado do Colorado: do sujeito que havia conversado por alguns minutos com a vítima quando foi instalar a internet em sua casa, dos seus vizinhos no condomínio e até dos lixeiros que trabalhavam no bairro. Nenhum estava registrado lá.

Muitas pistas surgiram. Uma a uma, elas foram sendo descartadas por Hendershot. O ex-marido de Sarah havia sido preso por estupro em 1978, mas ela insistia que teria sido capaz de reconhecê-lo se tivesse sido ele, com ou sem máscara no rosto. A polícia estava investigando outro caso de estupro cometido por um agressor desconhecido no condomínio onde Sarah havia morado com o falecido marido, mas o suspeito era um cidadão da Arábia Saudita que, nesse meio-tempo, já havia escapado do país. Um policial a procurou por ter se lembrado de um caso ocorrido anos antes envolvendo um sujeito que andava com "apetrechos de estupro", mas o tal homem acabou se mostrando velho demais para a descrição fornecida.

Por fim, houve o rapaz com uma mochila preta que fora visto perambulando pelo meio das árvores na beira de um riacho a menos de três quilômetros do condomínio de Sarah. Era apenas um universitário amante da natureza. Ele tinha ido até o riacho nesse dia de manhã bem cedo para mexer nas pedras que estavam bloqueando o fluxo da água. Chegou a admitir que havia reagido com "certa petulância" à abordagem policial, mas ele não era o estuprador que procuravam.

Hendershot sabia que casos de estupro – especialmente aqueles cometidos por homens desconhecidos das vítimas – costumam ser solucionados na primeira semana após o crime. Cada hora, cada dia que se passa reduz a chance de que o agressor seja pego. Ela estava ficando sem mais pistas que pudesse investigar. Outros casos já se acumulavam nas suas costas. Os rastros já estavam esfriando.

Em dezembro de 2010, Hendershot foi tomada por uma sensação de *déjà-vu*. Ela se viu na mesma posição que Burgess estivera um ano antes. Ou, na verdade, numa posição pior, porque agora os dois detetives tinham motivos para acreditar que havia um estuprador em série à solta. Um sujeito que havia violado duas mulheres por horas seguidas e conseguido escapar sem deixar rastros. Nenhuma testemunha. Nenhuma descrição. Nenhuma impressão digital. Nenhuma amostra de DNA suficiente para que fosse iniciada uma busca em qualquer banco de dados existente. E o que era pior: tanto Hendershot quanto Burgess acreditavam que o estuprador provavelmente ainda voltaria a atacar. Tudo que lhes restava era esperar. Esperar por um erro, ou até que outro estupro acontecesse.

Os cálculos haviam mudado. A conta não parecia mais tão simples.

Quem poderia ser o tal sujeito?

5
BATALHA PERDIDA

Campo Casey, Dongducheon, Coreia do Sul

Ele se lembrava do instante em que o monstro havia nascido. Era meio constrangedor, na verdade, ter que contar essa história para as pessoas. Foi quando estava com 5 anos de idade. Os pais o levaram para ver *Star Wars: Episódio VI – O retorno de Jedi*. Logo no começo do filme, há uma cena que se passa no palácio do gângster intergaláctico Jabba, the Hutt, que está com o herói Han Solo preso dentro de um bloco de gelo. Jabba – o enorme verme sibarita – aparece em cena em cima de um palanque cercado por escravos, criaturas humanoides e alienígenas. Uma música exótica toca ao fundo.

O garoto e seus pais assistiram a Luke Skywalker entrar às escondidas, encapuzado, na alcova onde Jabba está adormecido. Lá dentro, aos pés do palanque do vilão, está também a Princesa Leia – vestida sumariamente com um biquíni metalizado que deixava suas coxas, barriga e colo à mostra. Ela está presa a Jabba por uma corrente, usando uma coleira de metal no pescoço. Quando Luke entra, Leia desperta e tenta inutilmente se soltar. Ela é escrava de Jabba.

Ele se recordaria daquele exato momento muitas vezes ao longo dos anos que se seguiram. Na época, sequer conhecia as palavras para descrever o que sentira vendo a cena. Era uma coisa viva, eletrizante, perigosa, que o encheu de prazer. Só o que ele soube na mesma hora era que queria ter aquele mesmo tipo de controle sobre uma mulher: possuí-la completamente, ser o dono dela. Na sua forma de descrever a coisa, ele foi como um filhote de animal recém-nascido que se apega à primeira criatura que vê ao abrir os olhos. Um animalzinho que acabou ficando com esse *imprinting*[*] inicial do medo, da humilhação, da escravização.

"Daquele momento em diante, eu simplesmente me sentia pronto para amarrar todas as garotas da vizinhança", ele se recorda.

À medida que foi ficando mais velho, a excitação de lidar com o proibido se aprofundou. Aos 8 anos, invadiu junto com os amigos uma casa do bairro para roubar dinheiro. Foi eletrizante se ver num lugar onde não deveria estar. Começou a invadir casas só pela diversão de fazer isso. Quantas vezes? Não tem ideia. Era só seu jeito de se diversão. "Tinha algo ali – no simples ato de destravar uma janela ou girar a maçaneta da porta, sem nem precisar entrar propriamente na casa – que criava uma onda de adrenalina", relata.

Essa obsessão nunca foi compartilhada com mais ninguém. Quem poderia entendê-lo? Sua família era bastante normal. "Eu recebi muito afeto", ele conta. Foi criado no Tennessee, o mais velho de três irmãos. Os pais acabaram se separando, e a mãe se casou novamente e se mudou com os filhos para Longmont, no Colorado, um lugarejo rural perto de Denver. Com uma população de cerca de 80 mil pessoas, a cidadezinha era cercada por fazendas, com lavouras de milho e alfafa se estendendo até onde a vista alcançava. Ao fundo via-se o contorno acidentado do pico Longs, que dera nome à localidade e, com mais de 4.200 metros de altura, era a elevação mais ao norte da porção de picos das Montanhas Rochosas conhecidas como *fourteeners*.

Em Longmont, ele aprendeu a levar uma vida dupla. O lado que mostrava ao mundo era engraçado e tranquilo. Um garoto de cabelo espetado e com um sorriso de dentes grandes, fã de carros, que andava de patins e não desgrudava do seu furão batizado de Elvis, cujo viveiro ganhou o nome de Graceland. Ele se interessou por música, aprendeu a tocar guitarra e ficou bom nisso, dominando os acordes do enigmático

---

[*] *Imprinting* é um conceito usado na psicologia e etologia para definir comportamentos ou atitudes que ficam gravados na mente de um indivíduo e podem determinar características de sua personalidade. (N. T.)

poema musicado de Jimi Hendrix, "Little Wing". Essa era a música que tocava sempre para a mãe até o fim, até o trecho em que a mulher "de mil sorrisos" chega prometendo alívio para uma alma atormentada.

> *It's all right, she says, it's all right,*
> *Take anything you want from me, anything.* [*]

O outro lado era o atormentado – introspectivo, sombrio, confuso. Ele sabia que as fantasias que alimentava com relação às mulheres eram depravadas, doentias, erradas. Ele sabia que o voyeurismo, aquela intromissão ilícita na vida de outras pessoas que tanto o deleitava, era anormal. Mas dizia para si mesmo que eram só coisas que se passavam em sua cabeça. Que seria capaz de manter tudo sob controle, inclusive a si próprio. "Isso acontece só na minha cabeça; é assunto meu, não envolve mais ninguém", era o que repetia sempre.

Houve uma transferência de escola no segundo ano do ensino médio, e ele foi para a Olde Columbine High School. O colégio era um prédio baixo e achatado na parte sul da cidade, cercado por lojas de autopeças, lanchonetes de fast-food e um shopping center. Ele andava com um grupo pequeno de amigos. Nos fins de semana, eles dirigiam para fora da cidade seguindo as estradas compridas e planas que cortavam a paisagem comprida e plana da região, e bebiam cerveja parados no acostamento. Uma vez, quando estava com 16 anos, foi preso com mais quatro amigos por um delegado do Condado de Boulder durante uma ação policial contra o consumo de álcool por menores chamada de Kegger Interdiction. Era uma e meia de uma madrugada de sábado. Ele foi pego com dezesseis garrafas de cerveja no carro e teve que pagar uma multa de 80 dólares.

Sua formatura na Olde Columbine aconteceu em 31 de maio de 1995. Ele se mudou para Denver e alugou um quarto que dividia com um amigo do colégio perto de Cherry Creek, um bairro boêmio cheio de bares e boates elegantes. Trabalhou por um ano como representante

---

[*] "Está tudo bem, ela diz, tudo bem. / Pode levar o que quiser de mim, qualquer coisa." (N. T.)

de vendas de uma firma de internet e por mais outro ano com suporte técnico, indo até a casa das pessoas fazer a instalação do serviço. Nos dias de folga, jogava sinuca com os amigos. Chegou a ser autuado por fumar maconha, mas o promotor de justiça acabou retirando a acusação. Matriculou-se na Universidade de Denver, mas abandonou o curso depois de um semestre. Foi morar outra vez na casa dos pais, em Longmont, e trabalhou como barman no Oskar Blues, um bar escuro, de instalações simples, que ficou famoso na cena local de pubs de cervejas artesanais, localizado na cidade vizinha de Lyon, também no Colorado. Haviam se passado seis anos desde a formatura do ensino médio. Ele ainda não sabia bem o que fazer da vida.

Então, veio o 11 de Setembro. Ele sempre havia se considerado um pacifista. Gostava de manter o cabelo comprido, num estilo meio hippie, meio astro do rock. Gostava de circular por Boulder, um enclave esquerdista no estado de maioria conservadora que era o Colorado. Achava os militares uns trogloditas, caipiras e bitolados. Ver aquela imagem das Torres Gêmeas desabando, porém, mexeu com algo no seu íntimo – o levou a encontrar uma vocação, uma missão de vida capaz de distraí-lo do monstro.

Ele entrou na estação de recrutamento do Exército dos Estados Unidos em Denver no dia 22 de janeiro de 2002, três meses depois de o país invadir o Afeganistão. Com 23 anos, era um pouco mais velho que a média dos recrutas que se alistavam. Ele conseguiu fazer treze flexões e dezessete abdominais e completou 1,6 quilômetros de corrida em oito minutos e trinta segundos. Media 1,88 metro, mas pesava apenas 70 quilos. Essa parte preocupou o recrutador. Uma ventania mais forte levaria aquele sujeito embora. "Trate de não perder nem um grama de peso antes de iniciar o treinamento básico", o sargento alertou.

Ele mal podia acreditar que estava entrando para as Forças Armadas dos Estados Unidos da América. "Eu não fazia exatamente o estilo militar", escreveu na época. A novidade surpreendeu os pais dele também. "Nós rimos, pensamos que era brincadeira", lembra a mãe. "Mas ele realmente sentiu, de coração, que precisava lutar e defender nosso país e nosso povo contra aquilo tudo que havia acontecido."

"Ele queria que ficássemos em segurança."

Ele não sabia como seria sua adaptação à nova vida. Alguns recrutadores do Exército costumam dividir os soldados em alfas e bravos de acordo com a classificação no exame de admissão, chamado de Bateria de Aptidão Vocacional das Forças Armadas. Os bravos têm notas mais baixas, mas são considerados soldados melhores. Tendem a ser flexíveis e mais dispostos a cumprir ordens. Eles sobem depressa na hierarquia da caserna. O Exército, como instituição, valoriza a obediência mais do que a inteligência. Os alfas tiram notas melhores no exame e tendem a ser pensadores independentes, mas isso quer dizer que são também mais propensos a questionar a autoridade. Eles podem ser vistos como os que não se encaixam, os rebeldes.

Ele era um alfa.[1] Sua nota o incluiu no escalão de elite dos recrutas submetidos ao exame. Só tinha estudado até o ensino médio, mas teve pontuação suficiente para ocupar os postos da hierarquia militar mais desafiadores intelectualmente. Tinha potencial para se tornar engenheiro geoespacial, investigador criminal, especialista em criptologia – o tipo de função que, em geral, era reservado aos oficiais de patentes mais altas e com diploma universitário.

Em vez disso, ele se apresentou para o posto de soldado de infantaria – o soldado raso, a unidade mais básica da estrutura militar nos Estados Unidos. Na missão do Afeganistão, em 2002, os soldados de infantaria eram os caras que marchavam nos povoados enlameados das montanhas, que arrombavam portas, que atiravam para matar. Eram os que dirigiam pelas estradas de terra em jipes sem blindagem, apertando as bundas contra o assento e torcendo para não acabarem com estilhaços de metal alojados nas entranhas. Eram a ponta de lança do conflito.

Mas, em vez de combater o Talibã, ele foi mandado para o campo Casey, na Coreia do Sul, uma base militar americana de cerca de catorze quilômetros quadrados localizada a menos de vinte quilômetros da fronteira desmilitarizada com a Coreia do Norte. A paisagem do seu novo lar também era cercada por montanhas, mas agora a mais alta delas era o Monte Kumbang, com seus 1.638 metros de altura. Ele foi designado para a Companhia D do 2º Batalhão do 9º Regimento de Infantaria, os Manchus. O nome vinha da coragem lendária sob fogo cruzado demonstrada pelos soldados durante a Guerra dos Boxers.[2] Era a primeira vez que ele saía dos Estados Unidos.

O antigo pacifista acabou se destacando como militar. Ele parou de fumar, ganhou peso e massa muscular. Tinha desempenho notável nos exercícios de treinamento e aprendeu táticas militares. Antes de uma missão, fazia o reconhecimento do terreno para avaliar o alvo. Antes de um ataque, fazia inspeções pré-combate para checar se estava com todo o aparato necessário à mão e a arma preparada.

O Exército reconheceu seu mérito com as comendas de praxe. Ele foi aceito como parte de uma guarda de honra. Recebeu medalhas por boa conduta, bom desempenho e serviços prestados à defesa nacional. Foi reconhecido por sua destreza na operação de armamentos. Sua excelência era especialmente notável ao manejar a M249, uma metralhadora leve, munido da qual certa vez inibiu a emboscada de um pelotão oponente durante um treinamento. "A maturidade demonstrada por ele tem sido preciosa durante as ações táticas e também fora dos campos de combate", um superior escreveu. Ele galgou postos, passando de soldado de primeira classe para sargento. Havia se transformado num dos trogloditas. Passou a se descrever como "um soldado muito bom".

As cartas para a mãe eram frequentes, contando o quanto estava gostando do novo trabalho. Sua missão era treinar os soldados da 2ª Divisão de Infantaria na Coreia do Sul, para dali eles serem enviados para lutar no Afeganistão e no Iraque. A mãe achava que ele estava se tornando uma pessoa melhor. "Ele queria treinar aqueles rapazes o melhor possível e aumentar as chances de sobrevivência deles, porque sabia que alguns talvez acabassem não voltando para casa", ela diz. "Nós realmente percebemos nele uma grande transformação para melhor."

Em outubro de 2003, ele conheceu uma garçonete russa num bar perto da base militar. Masha* falava inglês com um leve sotaque. Usava o cabelo curto com franja e tinha um rosto largo e simpático, com lábios carnudos. Ela estava sempre de unhas feitas e era três anos mais nova do que ele. Por ser estrangeira, a garçonete não tinha permissão para residir na base militar. Assim, ele saía do campo Casey todos os dias às

---

* Pseudônimo.

quatro da tarde, ficava com ela até o toque de recolher da meia-noite e corria de volta para o alojamento. Depois de seis meses de namoro, os dois se casaram no dia 11 de março de 2004. Ele se transferiu para uma outra base em Seul e passou a morar com a esposa.

O casal tinha a rotina típica dos casamentos no Exército. Os dois se divertiam com amigos, a maioria colegas de caserna acompanhados de suas jovens esposas e namoradas. Frequentavam bares da cidade, organizavam festas em apartamentos da base militar. Às vezes, saíam para fazer caminhadas.

Ele não se abriu com a esposa sobre o lado obscuro de sua personalidade. Continuava atormentado por imagens de práticas sexuais sádicas – mulheres acorrentadas, subjugadas, o pavor estampado no rosto delas enquanto ele as estuprava. Ele nunca pediu a Masha que encenasse fantasias desse tipo. Uma vez, chegou a filmar os dois transando, mas ela não gostou, então ele nunca voltou a tentar nada do tipo. Nunca pediu nem para amarrá-la. Considerava a vida sexual dos dois muito normal, careta até. Era difícil projetar seus desejos em mulheres que conhecia na vida real, mulheres de quem gostasse. A coisa lhe parecia mais fácil se envolvesse rostos anônimos, distantes.

Ele havia conseguido manter a imaginação sob controle ao longo de toda a adolescência e até chegar aos 20 e poucos anos de idade. As imagens surgiam em sua mente e, com o tempo, iam desaparecendo. A vida voltava a parecer normal. Mas, agora, elas tinham começado a tomar conta dos seus pensamentos, como se fossem um zumbido incessante dentro da sua cabeça. Ele passava o tempo todo combatendo suas obsessões, e isso o deixava exausto, mental e fisicamente. "Eu fui lidando com a coisa da única maneira que sabia, que era não conversando com ninguém a respeito e tentando controlar tudo na minha cabeça."

As tentativas de encontrar algum alívio aconteciam longe de Masha. Ele começou a consumir material pornográfico cada vez mais violento. Tentou contratar prostitutas e pedir que se comportassem como se estivessem sendo estupradas. Nada o acalmava. A coisa estava começando a sair do controle. Pensando em seus dilemas, ele atribuía a culpa de tudo àquela reação do passado diante da cena de *Star Wars*. *Onde a coisa vai parar se aos 5 anos de idade você já está tendo fantasias com algemas?*, pensava.

Ele começou a se perguntar: *E se eu começasse a realizar meus desejos? Como isso modificaria a situação?* Talvez se tivesse uma chance de viver pelo menos uma vez aquelas coisas que o atormentavam, ele encontrasse alguma paz. "Eu me convenci de que, se fizesse aquilo só uma vez, a vontade estaria satisfeita e eu poderia tocar a vida adiante", ele diz. A coisa de que ele tanto precisava, de que o monstro tanto precisava, era ter contato com o medo. Medo de verdade.

Ele decidiu atacar.

Do lado de fora dos muros altos de muitas das bases militares americanas na Coreia do Sul se formam bairros de ruas estreitas iluminadas de maneira extravagante e cheias de boates clandestinas. As mais famosas dessas boates são conhecidas como *juicy bars*, onde soldados pagam dez dólares por um copo de suco que dá o direito a um tête-à-tête com uma jovem *drinkie girl*[*] filipina.[3] Assim que a noite cai, as garotas lotam as ruas e os becos desses bairros com seus vestidos justos e saltos altos, sem um pingo de vergonha ou de medo.

Alvos perfeitos, foi o que ele pensou.

Começou a seguir mulheres à noite pelas ruas apinhadas e a se embrenhar no labirinto de vielas. Fazia isso munido de uma máscara e de luvas, embora não tivesse exatamente um plano formado. A ideia era raptar uma das moças e levá-la para algum lugar – um quarto de hotel, um carro parado em algum local isolado, quem poderia saber? E então estuprá-la. Depois disso, finalmente, poderia se sentir curado. Ele não se preocupava com os possíveis riscos. "O que acontecer na Coreia vai ficar na Coreia", afirmava para si mesmo.

Mas a coisa não era tão fácil quanto parecia. Por meses a fio, ele perseguiu garotas nas profundezas da noite coreana. Em todas as vezes, depois de ter passado horas andando pelas ruas, ele acabava desistindo. Ao voltar para casa, suas emoções afloravam numa onda furiosa e tóxica. Ele se via tomado, ao mesmo tempo, pelo medo de levar a ideia adiante

---

[*] Uma mulher asiática, geralmente filipina, que vende bebidas por preços superfaturados em troca de conversa. (N. T.)

e pela frustração por causa da sua incapacidade de agir. No entanto, continuava sem conversar com ninguém. Para Masha, sempre havia alguma desculpa que podia ser dada: tinha saído com os amigos; ficara trabalhando até tarde. Ela nunca desconfiou de nada.

Até que, numa das vezes, aconteceu. Era perto da meia-noite. Ele viu uma jovem coreana mais ou menos de sua idade cambaleando por um beco. Ela estava sozinha e parecia muito, muito bêbada.

Que se foda, ele pensou. *Eu não posso ficar aqui parado nesta porra de rua o resto da vida.*

Sua forma física estava no auge: 81 quilos, músculos bem torneados e ótimo condicionamento. Ele pulou em cima da mulher e a atirou no chão. Ela se debateu, tentando se desvencilhar. Gritando em inglês com um sotaque carregado, a coreana focou sua atenção nas roupas escuras que ele estava usando:

– Sai de cima de mim, negro! Sai, negro!

Ele caiu na gargalhada. A garota era pequena, estava bêbada e achava que podia lutar com ele. Que situação mais cômica! Onde estava o medo? O terror? *Bom, isto não está saindo da maneira como eu esperava*, pensou.

Ele afastou o corpo. Ela se pôs de pé, meio tonta, e começou a cambalear para longe. Não saiu correndo, caminhou. Ele foi indo atrás dela por alguns metros, rindo. Ela o encarou outra vez. Pegou uma pedra da rua e atirou na sua direção.

– Vai embora, negro! – voltou a gritar.

A voz saiu num volume que o fez ficar preocupado com a atenção que poderia acabar atraindo. Ele decidiu abortar a missão. Outra vez. Estava desapontado, confuso. O episódio todo tinha sido ridículo, um teatro do absurdo.

Ele havia aprendido a lição. *Agarrar mulheres nos becos não é para mim. Isto não vai dar certo*, pensou consigo mesmo.

Para a tentativa seguinte, misturou a ideia do estupro com a brincadeira de infância de invadir a casa das pessoas. Saiu outra vez à caça, dessa vez pelos bairros residenciais da cidade. Uma noite, viu a oportunidade surgir. Era um apartamento pequeno, num andar térreo, com janelas devassadas. Ele viu tudo que havia lá dentro: a cozinha, o banheiro pequeno, o quarto. Foi uma onda de excitação. Aquilo era como espiar uma casa de bonecas, com cada cômodo sendo desvendado só para seu prazer. Na cama, havia uma mulher dormindo. Eram três da manhã. A rua estava deserta.

Ele olhou de relance para a porta da frente, onde os coreanos costumam deixar os sapatos ao entrar em casa, e só viu calçados femininos. Se algum homem morava ali, ele só podia estar fora, assim concluiu. Então, testou a maçaneta da porta. Destrancada. Era a sua chance. Ele vestiu a máscara de esqui e as luvas e entrou.

Do lado de dentro, parou para olhar ao redor. Era um apartamento minúsculo. Na cozinha, ele viu embalagens de rações militares, as refeições prontas que o Exército fornece aos soldados nos campos de batalha. De repente, lhe ocorreu a preocupação de que a mulher talvez fosse casada com um americano. Olhando em volta, ele não viu mais qualquer sinal da presença de um ocidental. Acalmou-se. O caminho estava livre para que sua fantasia finalmente fosse realizada.

De pé, na cozinha, a onda de raiva bateu outra vez. Ele estava paralisado, tentando, ao mesmo tempo, se convencer a iniciar o ataque e se livrar do impulso de fazê-lo. Meia hora se passou dentro do apartamento desconhecido, com a mulher desconhecida dormindo a poucos metros de distância. *Que porra é essa que você está fazendo?*, ele perguntava a si mesmo. *Caia fora deste lugar e trate de esquecer essa história.*

De repente, ouviu um barulho lá fora. Ele emergiu da cozinha no instante em que um homem coreano mais velho abriu a porta da frente. O coreano, trocando as pernas depois de ter ficado até tarde no bar, ergueu os olhos. Um invasor grandalhão, com pelo menos 1,80 metro de altura e olhos castanho-claros emoldurados por uma máscara preta, surgiu bem na sua frente, no meio da sua casa, no meio da noite. O susto fez o sujeito dar marcha a ré e voltar para fora, fechando a porta com uma batida.

Merda, ele pensou, *fiquei preso.* Empurrou a porta para tentar abri-la e escapar, mas o coreano estava do outro lado com o peso do corpo apoiado nela. *Vou ficar trancado. Porra, vou ficar encurralado aqui.*

Mas no instante seguinte a porta se abriu para fora. O coreano havia aberto e estava parado ao lado dela como se fosse um porteiro de hotel.

A cortesia não teria sido necessária. Ele passou correndo pelo sujeito e ganhou a rua. Correu o máximo que podia, passando apressado pelas casas da cidade escura até chegar ao próprio endereço, a menos de dois quilômetros dali. Sua respiração estava ofegante. O sangue parecia ácido de bateria correndo em suas veias. Ele quase tinha sido flagrado. Havia bancado o idiota.

Foi ele quem ficou com medo.

Eu não posso mais cometer erros tão primários, e com certeza não posso agir dessa maneira tão impulsiva, foi o que disse a si mesmo. *Se não pretende acabar na cadeia, você precisa pensar melhor no seu plano.*

O período de serviço militar estava quase no fim. Ele estava ansioso para voltar aos Estados Unidos.

Chegando lá, seria possível praticar mais.

6
HOMEM BRANCO, OLHOS AZUIS, SUÉTER CINZA

Segunda-feira, 11 de agosto de 2008

Lynnwood, Washington

A ligação para a polícia aconteceu às 7h55, e as palavras do outro lado da linha não deixavam dúvidas de que se tratava mesmo de uma emergência. Uma mulher jovem relatou que a vizinha do andar de baixo tinha acabado de ser estuprada dentro de casa. O agressor havia fugido cerca de quinze minutos antes.

Mantendo a vizinha na linha, o atendente recebeu uma enxurrada de informações que foram sendo passadas a ela pela vítima – o estuprador estava armado com uma faca; ele tirou fotografias; a vítima não o reconheceu; ele talvez estivesse escondido no apartamento desde mais cedo, porque deu sinais de ter ouvido uma conversa telefônica que ela tivera. Às 8h03, a moça que fez a ligação relatou que a vítima tinha acabado de encontrar a faca usada pelo agressor no quarto; às 8h04, disse que a mãe da vítima tinha acabado de chegar. O condomínio ficava a menos de dois quilômetros da Central de Polícia, a apenas uns poucos quarteirões de distância. Enquanto o atendente ouvia o relato, policiais já estavam sendo encaminhados ao local. Eles chegaram às 8h03, 8h04 e 8h05.

Uma ambulância foi chamada, além de cães farejadores, na esperança de que um deles captasse o rastro do criminoso.

A perita criminal Anne Miles foi a policial a chegar às 8h04 da manhã, a segunda agente a ser mandada ao local. Ela estacionou na entrada do condomínio e se encaminhou para o apartamento no térreo, onde morava a vítima. Nele, encontrou uma jovem de 18 anos com o cabelo ondulado e olhos castanho-claros e perguntou a ela o que havia acontecido.

Seria a primeira vez que Marie ia relatar para alguém da polícia o que lhe ocorrera mais cedo. Mas, por mais que esse tenha sido um momento importante, sua memória o apagou totalmente. Ela se lembrava de estar trêmula e embrulhada num cobertor num canto quando a polícia chegou; ela se lembrava de ter falado com o pessoal da ambulância, de ter ido até o sofá e se sentado ao lado de Peggy. No entanto, não conseguia lembrar que uma policial mulher estivera lá, por mais que tivesse dado a ela um relato detalhado do acontecido.

Marie contou a Miles que fora acordada por um homem segurando uma faca. Ele havia tirado o edredom e o lençol de cima dela e lhe dito para virar e ficar deitada de bruços. Ele montou nela com as pernas enlaçando seu corpo, amarrou suas mãos, vendou seus olhos e pôs uma mordaça em sua boca, e então lhe disse para virar de frente outra vez. Ele a apalpou e a estuprou. Pela sensação, parecia estar usando luvas nas mãos. Ele lhe disse que tinha usado camisinha. Marie ouviu sons de cliques e viu uma espécie de clarão. Ele lhe disse que estava tirando fotos e que ia postá-las na internet caso ela procurasse a polícia. Depois, ele foi embora, saindo pela porta da frente. Ela ouvira o trinco se fechando.

Miles perguntou se Marie seria capaz de dar uma descrição do homem. Marie disse que não tinha conseguido vê-lo direito. Tudo tinha acontecido depressa demais. Ela só podia afirmar que era um homem branco, de olhos azuis, e que estava usando um suéter cinza. Miles perguntou se havia algum detalhe diferente ligado à voz dele, ao cheiro ou a qualquer outra coisa, e Marie repetiu mais uma vez: tudo tinha acontecido depressa demais, a lembrança era só um borrão em sua cabeça.

Miles perguntou quanto tempo durou o ataque. Marie disse não fazer a menor ideia.

Marie contou a Miles que o estuprador tinha jogado a sua bolsa no chão. Ela não entendeu por quê.

Miles tinha sido enviada para coletar e processar evidências físicas do crime, então começou a andar pelo apartamento acompanhada por

Marie. No quarto, viu a bolsa da moça no chão e a carteira dela em cima da cama. Dentro da carteira, estava faltando a licença de motorista-aprendiz de Marie. Miles encontrou o documento apoiado sobre o parapeito da janela do quarto.

Ao lado da cama, em cima de uma caixa plástica, a policial viu uma faca grande de cabo preto. Marie disse que era uma das suas facas de cozinha, e que aquela fora a faca usada pelo estuprador para ameaçá-la. Sobre a cama foi encontrado um cadarço de sapato – usado, pelo visto, para amarrar a vítima. No canto do quarto, em cima de um monitor de computador, Miles encontrou o segundo cadarço, enroscado numa peça de roupa íntima feminina. "O cadarço enroscado com a peça de lingerie serviu como venda ou foi colocado na boca [da vítima] para impedir que ela gritasse", Miles escreveria em seu relatório mais tarde. Marie disse que aqueles cadarços eram dos seus tênis, que estavam na sala.

Miles perguntou se a moça havia trancado a casa na noite anterior. Marie falou que não tinha certeza. Ao verificar a porta da frente, a policial não encontrou sinais de que houvesse sido arrombada. Depois, foi a vez de verificar a porta de vidro de correr que havia nos fundos do apartamento. Estava destrancada e levemente entreaberta. Miles passou para a varanda e examinou a balaustrada de madeira. A maior parte dela estava coberta de poeira, mas havia um pedaço de mais ou menos um metro de largura de onde o pó aparentemente fora espanado, talvez por alguém que tivesse subido nela.

A policial procurou amostras de DNA na porta de vidro, passando uma haste estéril nas maçanetas externa e interna. Ela fotografou as partes interna e externa do apartamento. Foram feitas pelo menos setenta fotos, captando detalhes que poderiam servir para esclarecer o que tinha acontecido naquela manhã: a balaustrada da varanda, a carteira de motorista no parapeito, um suporte de facas na cozinha com uma delas faltando, os tênis sem os cadarços. Eles estavam perto do sofá da sala de estar. Acima do sofá, encostado na parede, havia um par de bichos de pelúcia: uma vaca malhada e um cachorro com as patas brancas.

Depois que saiu do apartamento de Marie, a perita Miles escreveu um relatório de duas páginas contendo uma lista simples das ações que executara no local do crime. No texto não havia qualquer indicação de que ela pudesse ter acreditado ou duvidado do relato da vítima; ele se atinha aos objetos encontrados e às ações executadas.

O Distrito Policial de Lynnwood contava com 79 agentes para atender a uma cidade com cerca de 34 mil habitantes. Em 2008, o caso de Marie foi uma das dez denúncias de estupro investigadas pelo departamento. Com tão poucas ocorrências, a Divisão de Investigações Criminais de Lynnwood não contava com uma unidade especializada em crimes sexuais.

Na manhã em que Marie informou ter sido estuprada, o chefe da divisão, comandante James Nelson, foi até o condomínio contribuir pessoalmente com o trabalho de investigação, batendo de porta em porta para entrevistar potenciais testemunhas. O homem do 203 disse não ter visto nem ouvido nada fora do comum. Ele foi o único morador com quem Nelson conseguiu conversar nesse dia. Nos apartamentos 103, 201, 301, 302, 303 e 304, ninguém atendeu à campainha.

Nelson também esteve em outro prédio próximo. Ele conversou com três moradores e anotou a mesma resposta que recebeu de cada um deles: "Não viu nem ouviu nada suspeito." Ninguém atendeu à porta nos sete outros apartamentos onde ele bateu.

Por volta de 8h15 da manhã, chegou a unidade canina. O animal "seguiu para o sul na direção de [um] edifício comercial, embora esse rastro não tenha levado a nada", o agente responsável relatou. Ele também não detectou nada ao norte, nos arredores de um estacionamento que havia lá.

Um pouco mais tarde, um segundo perito criminal chegou para reforçar a investigação. Assim como Miles, Josh Kelsey redigiu um relatório com duas páginas. Diferentemente de Miles, ele só foi fazer isso onze dias mais tarde, bem depois de Marie ter voltado atrás na denúncia. Kelsey examinou o apartamento e, em seu relatório, registrou as seguintes observações: os tênis com os cadarços faltando "estavam dispostos lado a lado, perto da extremidade do sofá e da porta do quarto, com as solas para baixo, como se tivessem sido deixados ali (e não remexidos)… A cama parecia remexida, mas um pequeno ventilador apoiado na cabeceira, próximo aos dois travesseiros, continuava intacto… Não observei qualquer item que pudesse ter sido usado como venda para os olhos da vítima."

Kelsey polvilhou na porta de correr o pó para revelar impressões digitais. No vidro da parte de dentro, ele conseguiu destacar alguns fragmentos, que registrou num cartão. Embora Marie tivesse afirmado que o estuprador saíra pela porta da frente, o perito não se lembrou de inspecioná-la em busca de possíveis digitais ou amostras de DNA, assim como Miles também não havia lembrado de fazê-lo na varredura que fizera mais cedo.

Kelsey correu o facho de luz ultravioleta de sua lanterna pelo quarto de dormir em busca do brilho característico emanado por fluidos corporais. Nada foi detectado no edredom e nas cobertas empilhadas no chão, mas ele viu duas manchas no colchão. Na cama também havia alguns folículos capilares e fibras, que foram recolhidos como evidências.

Ao todo, Josh Kelsey recolheu e identificou dezoito itens, levando embora do apartamento de Marie as evidências físicas da sua jovem existência, ensacando todas as camadas de roupas de cama desde o edredom rosa até a capa do colchão, e também os tênis, a carteira e a licença de motorista-aprendiz.

O sargento Jeffrey Mason, um detetive de polícia de Lynnwood, chegou ao local do crime por volta das 8h45. Do lado de fora do apartamento estavam o orientador de Marie no projeto Ladder, Wayne, e a vizinha dela do andar de cima. Marie estava no sofá na companhia da mãe adotiva, Peggy. Embrulhada num cobertor, ela chorava com muita frequência.

A investigação ficaria sob a responsabilidade de Mason. Ele caminhou até Marie e se apresentou.

O detetive estava com 39 anos de idade. Ele havia sido promovido ao posto de sargento e transferido para a Divisão de Investigações Criminais apenas seis semanas antes.

Tinha passado a maior parte da carreira no Oregon, onde ele começou como atendente de delegacia no Condado de Wasco e foi subindo na hierarquia da corporação até ocupar um posto na Polícia Estadual do Oregon. O cargo mais duradouro foi num departamento policial minúsculo numa cidade chamada The Dalles, onde ele serviu por quase nove anos e recebeu uma medalha por bravura.

Ao longo dos anos, Mason concluiu dezenas de cursos sobre os mais variados assuntos. Frequentou a escola de atiradores de elite e estudou a dinâmica das gangues criminosas de motociclistas. Aprendeu a interrogar suspeitos e a fazer a leitura de sua linguagem corporal em busca de sinais reveladores. Mas havia um assunto que era sua especialidade, conforme atestava a lista de treinamentos institucionais presente em sua ficha profissional: cultivo de maconha em ambientes fechados; drogas de rua; testagem ampla para presença e identificação de narcóticos; destacamento de reconhecimento e interdição (conhecido pela sigla RAID); compartimentos ocultos; metanfetamina mexicana. O conteúdo ensinado neles ia de métodos de reconhecimento aéreo – com instruções sobre como identificar plantações de maconha no meio de outras lavouras sobrevoando o local suspeito – a instruções de segurança para incursões em laboratórios clandestinos de drogas. O mundo onde Jeffrey Mason circulava era o das transações ilícitas e informantes disfarçados, um mundo no qual policiais se misturavam a usuários de drogas e traficantes.

O sargento havia entrado na polícia de Lynnwood em 2003. Antes de sua promoção mais recente, tinha passado quatro anos como patrulheiro e mais um como detetive da Divisão de Narcóticos, reunindo elogios por sua dedicação e confiabilidade. Os superiores apreciavam o profissionalismo demonstrado por ele, que ia desde a impecabilidade dos relatórios apresentados ("sempre completos e bem elaborados, com poucos erros ou nenhum") até a maneira como lidava com o trabalho como policial ("mostra-se proativo") e sua habilidade de liderança ("tem um pendor natural para as funções de mentoria"). "Excelentes hábitos de trabalho", um dos sargentos escreveu ao elogiar a capacidade de Mason de mostrar resultados sem precisar de muita supervisão.

Ao longo dos seus dezenove anos dedicados ao combate ao crime, Jeffrey Mason havia trabalhado em apenas um ou dois casos de estupro. Ele recebeu algum treinamento para lidar com esse tipo de crime, mas havia sido muito tempo antes, ainda em meados dos anos 1990.

No primeiro contato que teve com Marie, ela lhe pareceu uma garota sem papas na língua. "Eu não tinha muita experiência lidando com vítimas de crimes sexuais", ele diria mais tarde. "Mas não cheguei lá com uma expectativa formada em relação a como seria o comportamento dela. Marie não estava histérica. Seu relato foi muito objetivo, como se dissesse: 'Foi isso que aconteceu.'" Ao conversar com Mason e mais um detetive, a moça destacou basicamente os mesmos pontos que já haviam sido mencionados para Miles: a porta de correr destrancada, o desconhecido que surgira armado com uma faca, o estupro acontecido em seu quarto. Mason disse a Marie que ia precisar de mais detalhes depois, mas que, naquele momento, ela deveria ir até o hospital para que fosse feito o exame de corpo de delito. Depois disso, teria que se dirigir à delegacia de polícia para dar seu depoimento completo.

Depois que a moça saiu, acompanhada por seu orientador no projeto Ladder e pela mãe adotiva, Mason caminhou pelo apartamento observando a bolsa vazia, a calcinha enroscada no cadarço do tênis e o colchão – torto, desalinhado em uns dez centímetros em relação ao box da cama embaixo dele. O sargento também conversou com Nattlie, a vizinha de 18 anos que morava no apartamento de cima. Nattlie disse não ter ouvido nada de diferente ao longo da noite, e contou que, então, às 7h52 ou 7h53 da manhã, recebeu uma ligação de Marie gritando, aos prantos e dizendo que um sujeito havia entrado no apartamento e a violentado. Nattlie pegou o celular, correu escada abaixo e ligou para o número da polícia já de dentro do apartamento de Marie.

Embora fosse o responsável principal pela investigação do caso, Mason contaria com o apoio de Jerry Rittgarn, outro membro da Divisão de Investigações Criminais. Rittgarn era formado em zoologia pela Universidade de Washington; havia servido anteriormente como fuzileiro naval, tendo se especializado nos sistemas eletrônicos de helicópteros, e trabalhado como técnico na indústria aeroespacial. Já estava na polícia de Lynnwood havia onze anos, os quatro últimos como detetive. Uma das suas tarefas habituais – levantar os antecedentes de candidatos a policiais avaliando se deveriam ou não ser contratados pela corporação – dava mostras da confiança do departamento em suas habilidades de investigação. Em 2006, ele havia recebido o título de Policial do Ano de Lynnwood.

Como aconteceu com outros detetives que foram chamados até o condomínio de Marie, Rittgarn só foi redigir seu relatório dias mais tarde, depois que ela já tinha voltado atrás na denúncia. O texto dizia que ele havia observado os pulsos da moça antes de ela sair para o hospital e que não vira marcas em nenhum dos dois; que, ao examinar o quarto com uma lanterna de luz ultravioleta, não tinha visto qualquer mancha de fluidos corporais nas roupas de cama. Ele havia feito uma busca no apartamento – no banheiro, na privada e em todas as latas de lixo – atrás de alguma camisinha ou embalagem de camisinha, sem ter encontrado nada. Havia, inclusive, procurado do lado de fora, percorrendo a encosta de um morro próximo, também sem qualquer resultado.

Peggy e Wayne levaram Marie até o Centro Médico Regional Providence, na localidade próxima de Everett. O centro tinha uma clínica de atendimento para vítimas de ataques sexuais, com serviços de aconselhamento e enfermeiras treinadas especialmente para coletar evidências.

Em agosto de 2008, o material especial destinado a esses exames – muitas vezes apelidado de "kit de estupro" por causa da caixa onde as evidências são depositadas – já existia havia trinta anos. Esses kits tinham sido criados por uma defensora de vítimas de estupro e um microanalista da polícia, graças ao financiamento de uma fonte muito improvável.

Em meados da década de 1970, Martha "Marty" Goddard criou uma entidade beneficente em Chicago chamada Comitê de Cidadãos Para Assistência a Vítimas. Nessa época, o estupro, crime ainda cercado de estigmas, recebia pouca atenção oficial, e a pouca atenção recebida muitas vezes era mais prejudicial do que benéfica. Goddard, que sempre havia se descrito como uma personalidade tipo A – uma pessoa que morava perto do local de trabalho, costumava trabalhar nos fins de semana e feriados e gastava rios de dinheiro em mensalidades da academia sem nunca conseguir ter folga do trabalho para frequentá-la – estava determinada a mudar esse cenário.

Uma parte do seu desafio era questionar a maneira como as pessoas escreviam sobre estupro. Um dos membros do comitê comprou um cartão numa papelaria porque havia "surtado" com o seu conteúdo, levando-o para que Goddard visse. AJUDE A COMBATER O ESTUPRO, lia-se na parte da frente do tal cartão. E dentro: É SÓ DIZER "SIM". Goddard escreveu para a companhia que havia criado o cartão, enviando sua própria mensagem a eles: "Tenho certeza de que vocês devem ter achado isso engraçado. Só que não tem a menor graça." A empresa, constrangida, recolheu o cartão do mercado. Goddard leu uma matéria de jornal em Chicago sobre uma mulher que alegava ter sido estuprada. O texto podia até ter omitido o nome da vítima, mas, com a abundância negligente de detalhes que fornecia – uma combinação de descrição física detalhada com a profissão (garçonete) e o seu local de trabalho (citando nominalmente o restaurante) –, esse cuidado nem teria sido necessário. Seria bem fácil para qualquer leitor identificar a mulher. Goddard foi até a redação do jornal para ter uma reunião com o editor e uma parte da equipe de jornalistas. No início, todos ficaram na defensiva. Depois, pediram desculpa. "E eu preciso lhe dizer que nunca mais agiram da mesma maneira", ressalta Goddard. Ela diz que era desse jeito que o seu trabalho funcionava: "Incidente por incidente, caso a caso. Uma coisa demorada."

Outra parte do que ela fazia era lutar para garantir o cumprimento das leis contra crimes sexuais. Ela se reunia com policiais, promotores, médicos e enfermeiras dos prontos-socorros, e graças a esses encontros acabou descobrindo um problema na maneira como os casos eram investigados. A coleta de evidências físicas costumava ser feita de forma desorganizada. Se fios de cabelo, fibras, sangue, sêmen, fragmentos sob unhas, peças de roupa e outras provas chegassem a ser coletadas, elas muitas vezes acabavam sendo preservadas ou identificadas de maneira imprópria, comprometendo seu valor legal. Policiais relataram a Goddard casos de profissionais nos prontos-socorros que prendiam lâminas de amostras com elásticos, uma de frente para a outra, contaminando ambas. Às vezes, não havia na lâmina informações sobre de onde vinha o material. Os profissionais de atendimento médico eram treinados para verem as vítimas de estupro como pacientes comuns – e não como pacientes *e* cenas de crime. Muitas vezes, os hospitais não dispunham de roupas extras para lhes ceder. As vítimas, que tinham as próprias roupas recolhidas como evidências físicas durante o exame, muitas vezes acabavam sendo levadas para casa em carros de polícia identificados, vestindo pantufas e camisolas hospitalares – um prato cheio para os comentários da vizinhança.

No Departamento de Polícia de Chicago, Goddard foi encontrando aliados para sua causa, com destaque para o sargento Louis Vitullo, um microanalista que chefiava o Laboratório de Criminologia. Vitullo trabalhava no centro da cidade, mas vivia numa localidade mais ao norte, a uma hora de distância. Circular por Chicago o deixava nervoso – ele proibiu que a filha andasse por lá sozinha até ela completar 20 anos de idade –, e isso parecia uma postura compreensível se pensarmos em todo o sangue e nas facas que passavam por seu laboratório.[1] Na década de 1960, Vitullo havia trabalhado na investigação sobre Richard Speck, o conhecido assassino responsável pela morte de oito estudantes de enfermagem. Numa parceria com Goddard – "O Laboratório de Criminologia virou minha segunda casa, estou falando sério", ela conta –, Vitullo desenvolveu uma caixa de papelão branca e azul projetada para padronizar a coleta de evidências em casos de agressão sexual. O kit trazia uma lista das hastes descartáveis e lâminas que precisavam ser coletadas para ajudar na investigação e continha pastas com etiquetas de identificação onde as amostras deveriam ser separadas e lacradas.

Assim, com a ajuda de Vitullo, Goddard desenvolveu o protótipo do kit. Faltava, então, o dinheiro para financiar as peças e a montagem. Diversas fundações costumavam doar quantias generosas para pesquisas médicas e orquestras sinfônicas. Se quisessem ajudar as causas femininas, talvez destinassem fundos para a Associação Cristã de Moças ou para o Movimento Escoteiro Feminino, mas não queriam ter qualquer ligação com o tema do estupro. "A maior parte do pessoal nessas fundações e nas empresas era composta por homens", diz Goddard. "Eram eles que controlavam o dinheiro, e não estavam dispostos a abrir a mão disso." Por fim, ela decidiu recorrer a uma amiga, Margaret Standish, que era a diretora da Fundação Playboy, o braço ativista do império editorial capitaneado por Hugh Hefner. A fundação doou 10 mil dólares e permitiu o uso dos escritórios da Playboy como locais de montagem, onde voluntários, em sua maioria senhores e senhoras aposentados, receberam mesas de trabalho dobráveis, café e sanduíches para montar os primeiros desses kits revolucionários. "Eu fui muito criticada pelas organizações feministas, mas foi o que conseguimos", fala Goddard. "Se tivesse sido a Penthouse ou a Hustler, a minha resposta seria 'não'. Mas a Playboy? Ora, faça-me o favor."

Em setembro de 1978, 26 hospitais da Grande Chicago começaram a usar os kits.[2] No ano seguinte, 2.777 kits foram encaminhados ao Laboratório de Criminologia da cidade contendo amostras para serem analisadas. No verão de 1979, a promotoria usou análises feitas a partir dos kits no julgamento de um homem acusado de violentar uma motorista de ônibus do Departamento de Trânsito de Chicago. O júri votou pela condenação do réu, e, após o anúncio do veredito, o juiz permitiu que o comitê liderado por Goddard consultasse os jurados para saber se o uso do kit havia lhes ajudado a tomar a decisão. Nove deles responderam que sim.

Naquele mesmo ano, Goddard conheceu uma estudante da Universidade Northwestern chamada Susan Irion, que trabalhava como relações-públicas e era voluntária no recém-criado grupo Defensoras de Vítimas de Estupros. Irion cumpria turnos de doze horas trabalhando para o grupo, ao longo das quais ficava de sobreaviso, podendo ser contatada por qualquer um de sete prontos-socorros para amparar vítimas de agressões sexuais que teriam que passar pela bateria de exames e entrevistas com a polícia. Goddard contratou Irion como diretora adjunta do Comitê de Cidadãos Para Assistência a Vítimas. Por dois anos e meio, ela treinou profissionais de hospitais e agentes da polícia para usarem os kits e compreenderem a complexidade do trauma provocado por um ataque sexual. "Não se torne refém das suas próprias expectativas", Irion dizia aos alunos. Às vezes, a situação não se parece com o que você acha que vai encontrar.

Para se aprimorar, Susan Irion buscou aconselhamento de Jon Conte, um professor de serviço social em Chicago que mais tarde se transferiria para a Universidade de Washington e seria um dos profissionais que avaliaram Marie. Ela também incorporou as lições do livro *Rape: Crisis and Recovery*,* publicado em 1979 por uma enfermeira psiquiátrica e uma socióloga que haviam atendido 146 vítimas de estupro admitidas no Boston City Hospital. As autoras identificaram uma gama de reações emocionais

---

* "Estupro: crise e recuperação", em tradução literal. (N. T.)

possíveis presentes nas vítimas. Algumas mulheres se mostravam revoltadas e ansiosas, outras controladas, outras em estado de choque. "Eu lembro que fiz coisas estranhas depois que ele saiu, como morder meu próprio braço... para provar que era capaz de sentir... sentir que eu era de verdade", uma das vítimas relatou.[3] A lista dos sintomas físicos presente no livro inclui alterações no padrão de sono e dores persistentes. "Dói bem debaixo das costelas", disse outra das mulheres.[4] "A dor fica lá e não passa. Acho que ele me machucou muito, embora não tenha aparecido nada na radiografia." Algumas vítimas sofriam com pesadelos, sonhando com situações semelhantes à do estupro em si, em que a vítima não conseguia escapar. Algumas entravam num período de isolamento autoimposto e raramente saíam de casa, largando empregos ou abandonando os estudos.

Em 1980, 215 hospitais no estado de Illinois já estavam usando os kits de estupro produzidos por Goddard e Vitullo.[5] A partir daí, os kits se transformaram num recurso padronizado utilizado em todo o país. O advento dos testes de DNA, no fim da década de 1980, tornou os kits especialmente efetivos, ampliando a eficácia do trabalho da perícia para além das limitações da tipagem sanguínea e microscopia.

Mas, por mais que as evidências físicas possam ser valiosas para o processo, a coleta delas – que dura entre três e seis horas – não é um procedimento fácil para a vítima.

No Centro Médico Providence, Marie se encontrou com Jana, a supervisora do projeto Ladder. Jana acompanhou a moça durante os exames, para ajudá-la a manter a calma. Ela massageou as costas de Marie e repetiu muitas vezes que nada daquilo era sua culpa.

A equipe médica incluía uma enfermeira treinada especificamente para esse tipo de exame – e que tinha também uma inclinação pessoal para criar laços de empatia com as pacientes, uma vez que ela própria foi vítima de abuso sexual. Uma defensora de vítimas também estava presente, para dar apoio psicológico e responder a qualquer dúvida que Marie pudesse ter. O relatório médico descreveu a moça como "alerta e com bom senso de orientação, sem demonstrar sinais agudos de estresse".

Um médico avaliou Marie enquanto a enfermeira prestava todo o auxílio necessário ao exame.

Eles pediram que ela descrevesse o ataque sofrido.

Eles coletaram seu sangue.

Coletaram uma amostra de urina.

Colheram amostras de fluidos vaginais que foram espalhadas em lâminas.

Eles aplicaram testes para detectar gonorreia, além de hepatite, clamídia e sífilis.

Fizeram um teste para candidíase e um teste de HIV.

Em cada um dos casos, foi dito a Marie que os resultados só estariam disponíveis mais tarde. Ela teria que esperar para saber.

O exame feito pela equipe médica deveria incluir também o trabalho de perícia, destinado a apoiar a investigação criminal.

Eles lacraram todas as peças de roupa que Marie estava usando para serem analisadas depois no Laboratório de Criminologia.

Examinaram seu corpo em busca de sinais de agressão e documentaram todas as marcas que foram encontradas.

"Traumatismo observado em ambos os pulsos", escreveram em seu relatório. Eles tiraram fotografias dos pulsos de Marie e mediram as escoriações que havia neles em comprimento e largura, com a precisão de décimos ou até centésimos de centímetro. A mais longa delas, vermelha e inchada, media sete centímetros, ou duas polegadas e três quartos.

Enquanto buscavam por lesões nos genitais, eles fizeram aplicações de azul de toluidina, um corante que cria contraste entre o tecido saudável e o lesionado. "Presença de escoriações na parte interna dos pequenos lábios", escreveram no relatório.

Eles coletaram amostras de DNA da parte interna da bochecha de Marie. A perícia precisava ter o perfil genético da moça para poder diferenciá-lo de quaisquer outros que fossem detectados nas amostras incluídas no kit de estupro.

Eles coletaram quatro amostras vaginais e quatro retais, além de quatro amostras da região entre a vagina e o ânus.

Todas as lâminas foram colocadas numa caixa de secagem e depois lacradas junto com as outras evidências. Tudo foi guardado num armário até que pudesse ser entregue à polícia de Lynnwood.

Eles deram a Marie o tratamento contra uma possível exposição a doenças sexualmente transmissíveis, ministrando um grama de

Zithromax e quatrocentos miligramas de Suprax. Ministraram também contracepção de emergência, fazendo com que a moça tomasse uma pílula ainda no hospital e levasse a segunda para ser tomada em casa, doze horas mais tarde.

Foi pedido que ela relatasse caso observasse sangramento excessivo ou alguma ocorrência incomum de secreção, ou se parasse de menstruar. Aconselharam que voltasse ao pronto-socorro se apresentasse episódios de falta de ar, dificuldade para deglutir, alguma alergia de pele ou se tivesse pensamentos suicidas.

Peggy havia levado Marie até o hospital e permanecido lá. Ela viu quando seus pulsos foram fotografados e segurou a mão da jovem ao longo do processo. Mas o exame era demorado demais e chegou um momento em que Peggy teve que ir embora. Ela agora estava abrigando duas outras filhas adotivas – ambas adolescentes – e, depois de mais ou menos três horas no hospital, precisou ir para casa tomar conta delas.

Depois que terminou o exame, Marie vestiu as roupas extras que havia levado. Quando foi liberada do Centro Médico Providence, a manhã já havia se transformado em tarde.

Em 2008, quando Marie denunciou ter sido estuprada, especialistas em crimes sexuais haviam desenvolvido protocolos de investigação em torno de uma linha mestra básica que dizia que evidências valem mais do que suposições. No ano anterior, a End Violence Against Women International, uma organização sem fins lucrativos que se dedica a promover treinamentos para policiais, tinha lançado um curso on-line abrangente sobre métodos de investigação de estupros.[6] Uma das pessoas à frente da criação desse curso foi Joanne Archambault, sargento de polícia aposentada que por dez anos havia supervisionado a unidade de crimes sexuais do Departamento de Polícia de San Diego.

Archambault construiu sua carreira policial pautada na prática de questionar suposições. No fim da década de 1970, quando ainda ocupava um cargo no Complexo Educativo-Cultural de San Diego ajudando pessoas que estavam em busca de emprego, ela ouviu de dois recrutadores da polícia que só homens estariam aptos a trabalhar na corporação. "Aqueles sujeitos me irritaram", se recorda Archambault, e irritaram tanto que ela própria acabou se inscrevendo numa seleção para fazer parte do Departamento de Polícia. "Ser policial nunca tinha estado nos meus planos. Eu só queria mostrar àqueles caras que podia ser contratada."

Seu grupo de treinamento na Academia de Polícia era formado por 120 recrutas, e apenas quatro deles eram mulheres. Para Archambault, o curso pareceu projetado para desencorajar que elas permanecessem na turma. A barra usada para os exercícios, por exemplo, era grossa demais para o tamanho médio das mãos femininas. Um ano mais tarde, ela era a única recruta que restava na academia. Foi contratada pelo Departamento de Polícia de San Diego no primeiro semestre de 1980 e, depois de um período patrulhando as ruas, passou por meia dúzia de unidades diferentes, chegando, num determinado momento, a ser a primeira detetive do departamento destacada para investigação e combate de gangues criminosas.

Para Archambault, os 23 anos dedicados ao serviço policial se transformaram num estudo sobre a prevalência e o poder corrosivo da dúvida. Ao investigar casos de abusos contra crianças, ela se espantava com a quantidade de mães que não acreditavam nos próprios filhos.[7] Depois que foi trabalhar na unidade de crimes sexuais, Archambault se revoltou contra um conselho que leu num artigo de 1995 publicado pela Associação Internacional de Chefes de Polícia:

> Geralmente, as ações e a aparência de uma verdadeira vítima de estupro deixam poucas dúvidas de que de fato aconteceu um crime. Nessas circunstâncias, a vítima se mostra muito agitada, emocionalmente perturbada, muitas vezes em estado de histeria, e pode apresentar sinais de lesões como cortes, hematomas e outros ferimentos. As roupas quase sempre estão rasgadas ou destroçadas como sinal de terem sido removidas à força, e, em casos em que o estupro ocorreu ao ar livre, é comum que a vítima tenha sido atirada no chão e que suas roupas tragam manchas e terra. É razoável que haja questionamentos quanto à validade das acusações de estupro nos casos em que sejam observadas apenas algumas ou nenhuma das manifestações descritas acima.

Archambault sabia que isso estava errado, flagrante e espantosamente errado. No seu entender, os departamentos de polícia não davam importância suficiente à solução dos crimes sexuais e também não costumavam fornecer treinamento e recursos adequados aos investigadores destacados para eles. As prioridades da polícia eram um reflexo da opinião pública. As pessoas do lado de fora das delegacias não estavam dispostas a falar sobre agressões sexuais. O público preferia que a polícia mantivesse o foco nas gangues criminosas e nos homicídios.[8]

O treinamento on-line que ela ajudou a criar alerta para o fato de que, muitas vezes, as vítimas se confundem em relação aos detalhes do relato ou chegam até a voltar atrás na denúncia que fizeram. É sempre importante, avisa o material do curso, que a polícia não se deixe levar por estereótipos – acreditando, por exemplo, que uma vítima adolescente mereça menos crédito que uma mulher adulta.[9] Submeter a vítima a interrogatórios é um procedimento "completamente inadequado". Além disso, jamais se deve usar ou ameaçar recorrer ao uso de aparelhos detectores de mentiras – isso pode minar a confiança da vítima na corporação, além de ser de conhecimento geral que "resultados de detectores de mentiras não são confiáveis quando o aparelho é usado em pessoas que estejam atravessando situações de crise".

Archambault havia conhecido em primeira mão o tipo de procedimento equivocado que pode fazer uma investigação desandar. No material do curso, ela incluiu a gravação de um telefonema para a polícia feito por uma mulher dizendo que tinha acabado de ser estuprada em seu apartamento. Ao fundo da ligação, ouve-se um aparelho de som ligado no volume máximo. O estuprador a tinha amarrado, a mulher conta, falando por cima da música. Ao ouvir essa gravação, os policiais que estão fazendo o curso normalmente acham que só pode se tratar de um alarme falso. Eles não acreditam que a mulher tenha conseguido telefonar com as mãos amarradas (ela discou usando os dedos dos pés) e não entendem a presença da música alta (o estuprador pôs o volume no máximo para abafar quaisquer gritos). A ligação não foi um alarme falso. A mulher do outro lado da linha realmente havia sido estuprada. "Pesquisas mostram que, quanto mais íntima a natureza do crime, mais as pessoas tendem a jogar o foco de sua atenção no comportamento da vítima, e é claro que não existe crime mais íntimo do que a violência sexual", explica Archambault.[10]

Em 2005, a Associação Internacional de Chefes de Polícia publicou um modelo de protocolo para a investigação de ataques sexuais que se afastava das noções propagadas pelo artigo lançado dez anos antes. Archambault, a pedido da Associação, foi a redatora dessa versão atualizada, que tem como um dos trechos mais contundentes a ideia de que "a reação demonstrada pela vítima ao trauma do ataque sexual não deve ser usada de maneira nenhuma para mensurar a credibilidade do seu relato".[11]

Depois que saiu do Centro Médico, Marie foi para a Delegacia de Polícia de Lynnwood. Wayne a levou de carro até lá. Quando eles chegaram, eram quase três horas da tarde.

O sargento Mason acompanhou a moça até uma sala de interrogatório, onde os dois poderiam ficar a sós. Ele achou que Marie parecia cansada. Ela lhe disse que havia dormido menos de uma hora naquela noite, e comentou que estava com dor de cabeça.

Mason lhe deu um copo de água. Ele explicou por que precisava do relato dela imediatamente: era importante que as informações contivessem o máximo de detalhamento possível e fossem fornecidas o quanto antes. O que Marie informasse ali poderia levar a polícia a novas evidências, e as novas evidências poderiam levar à prisão do culpado, garantindo, assim, proteção à população.

Mason pediu que Marie se lembrasse dos acontecimentos da véspera, dando uma descrição detalhada do que se passara dentro do apartamento. Esse seria o quarto relato que ela faria do crime. Primeiro, ela havia contado sua história para a perita Anne Miles. Depois, ainda no apartamento, tinha repetido o relato para o próprio Mason e para Rittgarn. Mais tarde, foi a vez de repeti-lo também para a enfermeira do centro médico. Agora, teria que reviver tudo de novo.

Marie contou para Mason que passara a maior parte da noite anterior conversando com o amigo Jordan pelo telefone. Disse que acordou por volta das 6h45, talvez 7h, e se deparou com um homem parado na porta do seu quarto com uma faca na mão. Ela deu a descrição dele. Mais cedo, tinha dito para Anne Miles que os olhos do sujeito eram azuis e que ele usava um casaco cinza. Dessa vez, relatou para o sargento Mason que os olhos eram possivelmente azuis e que ele usava um suéter com capuz cinza ou branco.

Marie relatou que o homem parecia ter menos de 30 anos.

Ele devia medir entre 1,70 metro e 1,80 metro.

Tinha um corpo magro.

Marie contou que havia sido amarrada com as mãos para trás. Descreveu a maneira como o homem ergueu sua blusa para tirar fotos e a forma como ele a violentou durante um tempo que, em sua cabeça, parecia ter durado cinco minutos.

Marie enumerou – passo a passo – todas as coisas que fez depois que o estuprador saiu do apartamento. Ela contou que correu até a porta da frente e a trancou.

Que correu para as portas de vidro dos fundos e as trancou também. Que foi até a cozinha, pegou uma faca e tentou cortar os cadarços que prendiam suas mãos. E que, sem conseguir fazer isso, voltou para o quarto e pegou, com os pés, uma tesoura da gaveta mais baixa do armário. Foi com as tesouras que conseguiu se libertar.

Ela contou que pegou o celular e tentou ligar para Jordan, mas que ele não atendeu à ligação.

E que ela então telefonou para Peggy, que concordou em ir até lá.

Em seguida, ela ligou para a vizinha do andar de cima, que desceu para ajudá-la.

Enquanto Marie falava, Mason fez algumas anotações. Ele não gravou o relato.

Depois que terminou de anotar, ele entregou à moça um formulário de autorização para que o Centro Providence entregasse sua ficha médica à polícia, e Marie o assinou. Mason também entregou para Marie outro papel. Era um Formulário de Comunicação de Incidente, com 24 linhas em branco que ele explicou que deveriam ser preenchidas pela moça contando tudo que havia lhe acontecido. O formulário – em que se lia na parte de baixo um aviso de que é crime prestar declarações falsas ou enganosas à polícia – seria a quinta descrição feita por Marie do estupro que sofrera.

Marie disse ao sargento que estava se sentindo exausta. Que sua cabeça estava latejando. Ele falou para ela ir descansar um pouco e depois preencher o formulário e lhe telefonar.

Antes de sair da delegacia, Marie esteve com Josh Kelsey, o perito criminal que tinha coletado evidências em seu apartamento pela manhã. Agora, haviam se passado pelo menos sete horas desde que a moça se libertara dos cadarços que a amarravam. Kelsey tirou uma dezena de fotos de seus pulsos e mãos. Quando foi escrever seu relatório, mais de uma semana depois, ele mencionou a presença de marcas em ambos os pulsos, acrescentando: "Eram marcas vermelhas, mas sem qualquer sinal de escoriação ou hematoma."

Wayne levou Marie embora da delegacia de carro.

Nesse mesmo dia, a moça esteve no condomínio para uma reunião com todos os outros integrantes do projeto Ladder. Marie contou o que havia lhe acontecido. Disse que os outros jovens precisavam tomar cuidado, que precisavam se lembrar de manter as portas de casa trancadas. Ela conseguiu falar por uns poucos minutos antes de começar a chorar.

Marie passou a noite na casa de uma amiga.

Durante pelo menos 24 horas depois que a polícia foi chamada, a investigação seguiu o curso normal. Nenhum dos relatórios policiais fez qualquer menção à suposição de que Marie talvez estivesse mentindo. Além disso, Marie não teve a impressão de que alguém pudesse estar pensando dessa forma. Ela se sentiu amparada – pela polícia, pela equipe do centro médico, pelos amigos e familiares da sua rede adotiva e pelos orientadores do projeto Ladder.

No dia 12 de agosto, uma terça-feira e o dia seguinte ao da denúncia de estupro feita por Marie, o sargento Mason enviou um fax ao centro médico onde o exame de corpo de delito havia sido feito solicitando a ficha médica da paciente. Esse era um procedimento-padrão.

Porém, nesse mesmo dia, Mason receberia um telefonema que – pela maneira enigmática como foi resumido no relatório que ele entregou mais tarde – acabaria cercado de mistério. O texto do relatório não identificava a pessoa que fez a ligação, embora Mason soubesse de quem se tratava. Ele apenas condensava em duas frases o que provaria ser o momento crucial de toda a investigação do caso de Marie: "Recebi um telefonema de uma pessoa que deseja preservar seu anonimato. Essa pessoa relatou que [Marie] tinha um histórico de querer chamar atenção sobre si, e afirmou que estava se questionando se o tal 'estupro' de fato havia acontecido."

Mason combinou de se encontrar com a tal pessoa ao vivo para conversar melhor.

7

IRMÃS

6 de janeiro de 2011

Westminster, Colorado

Em sua baia de trabalho na delegacia de Westminster, a detetive Edna Hendershot se acomodou com o pedido de sempre do Starbucks: um caramelo macchiato venti invertido feito com leite desnatado. Às 9h07, chegou um e-mail. A mensagem havia sido enviada para uma lista eletrônica de detetives de toda a região de Denver, e no assunto trazia uma interrogação: "Crimes sexuais parecidos?"

O corpo do e-mail continha a descrição de um estupro acontecido na noite da véspera em Golden. O agressor havia amarrado as mãos da vítima. Tinha a obrigado a se lavar depois do ato e ameaçado postar fotos dela na internet. No fim do texto, lia-se um recado pessoal: "Peço à detetive Hendershot que entre em contato comigo a respeito desse caso", escrito por uma investigadora de Golden chamada Stacy Galbraith.

Hendershot não conhecia Galbraith, mas teve o pressentimento sombrio de que sabia o assunto daquela conversa. Haviam se passado cinco meses desde que Sarah fora estuprada e quinze meses do ataque a Doris. Ela ligou para Burgess, seu colega em Aurora, e lhe passou a notícia.

Aparentemente, o pior havia acontecido. O estuprador tinha atacado outra vez.

Muitas vezes os policiais preferem manter sigilo sobre seus casos, temendo que alguma informação vazada possa prejudicar a investigação.

Mas Hendershot logo viu as possíveis vantagens de estabelecer uma parceria com Galbraith e Burgess. "Duas cabeças, ou três ou quatro, às vezes pensam melhor do que uma, não é?", ela diz. E Galbraith pensou da mesma forma. Sua delegacia era pequena – contava com pouco mais de quarenta policiais para atender a uma cidade com cerca de 20 mil habitantes. Fazia muito sentido que buscasse juntar forças. "Eu não tenho pudores em pedir ajuda", afirma. "Faríamos o que fosse possível para pegar esse cara."

– Estamos precisando de reforços – disse Galbraith a Hendershot quando ela retornou o contato. – Vamos contatar a Agência de Investigação do Colorado. Vamos chamar o FBI. A importância deste caso vai muito além das fronteiras reduzidas de Golden. Vai além do Condado de Jefferson. – Era seu argumento.

Hendershot teve uma postura mais cautelosa. Seus superiores queriam ir devagar com a coisa.

– Vamos fazer uma reunião aqui na minha delegacia – sugeriu para Galbraith. – Você, eu e Burgess, para cada um apresentar o que tem apurado. Ainda não dá para ter certeza de nada. – Foram suas palavras. – Há muita investigação a fazer.

Alguns dias mais tarde, os três detetives sentaram-se em torno de uma mesa redonda numa sala de reuniões do Departamento de Polícia de Westminster. Cada um segurava um arquivo, e cada arquivo contava uma história muito parecida com a dos demais.

As descrições do agressor feitas pelas três vítimas coincidiam. As três mulheres estimaram a altura entre 1,77 metro e 1,88 metro. O peso ficava em torno dos 80 quilos. Amber era quem tinha conseguido olhar melhor para o homem: ele tinha olhos castanho-claros e o cabelo alourado.

O estuprador tinha parecido muito tranquilo durante os ataques, quase como se estivesse sob o efeito de uma dose de calmante. Ele tinha conversado com as vítimas, parecido inteligente e bem-educado. Por vezes, ficava mais introspectivo. Demonstrara saber detalhes a respeito da intimidade das vítimas – coisas que só um amigo bem próximo ou parceiro amoroso saberia. Por mais louco que pudesse parecer, as três mulheres declararam em certos momentos de sua descrição que ele tinha agido "como um cavalheiro".

O estuprador cometia seus crimes roboticamente. Cada ataque era igual aos outros, repetido com uma eficiência implacável. Ele vestia a máscara preta que escondia todo o rosto, menos os olhos. Amarrava as mulheres, mas sem apertar muito. Depois, passava horas as estuprando, em diversas sessões. Terminado o crime, ele as obrigava a tomar banho.

Hendershot e Burgess relataram como o estuprador tinha feito Sarah e Doris posarem para fotos e como tinha registrado montes de imagens enquanto cometia os estupros. As duas mulheres se recordaram de terem visto uma câmera preta grande e do som dos cliques.

Bem, aí estava uma diferença, como apontou Galbraith. O agressor tinha fotografado Amber também, mas tinha usado uma câmera digital cor-de-rosa para isso.

No mesmo instante, Hendershot se recordou da conversa que teve com Sarah sobre a segunda câmera que havia desaparecido de seu apartamento, uma Sony cor-de-rosa roubada pelo estuprador, que correspondia à descrição feita no depoimento de Amber. Até mesmo para alguém como Hendershot, ficava difícil resistir a uma conclusão lógica: os três crimes haviam sido cometidos pelo mesmo sujeito.

Juntos, os detetives começaram a destrinchar as informações que tinham. Que ligação haveria entre aquelas três mulheres? Elas teriam alguma característica em comum que pudesse conduzir a polícia até o estuprador? Todas costumavam comprar em filiais da King Soopers, uma rede de supermercados com lojas espalhadas na parte leste do Colorado e no Wyoming. Todas tinham alguma ligação com faculdades locais. Doris, a vítima de Aurora, trabalhava como governanta numa república de estudantes. Sarah, de Westminster, havia morado num prédio próximo à faculdade comunitária antes de se mudar para o novo apartamento. Amber era estudante universitária.

As semelhanças paravam por aí. Doris, com 65 anos, morava numa casa de um bairro residencial. Sarah estava com 59 anos e havia se mudado fazia pouco tempo para um condomínio de apartamentos. Essas duas mulheres eram brancas e mais velhas, e as duas moravam sozinhas. Amber, no entanto, estava na casa dos 20 anos e era negra. Ela dividia o apartamento onde morava e tinha um namorado.

As diferenças – na faixa etária das mulheres, etnia e aparência física – iam contra um padrão bem consolidado nas investigações de casos de estupro. O estudo de atributos das vítimas, chamado no meio policial de "vitimologia", mostra que estupradores em série costumam atacar sempre alvos semelhantes entre si. Podem ser mulheres jovens ou mais velhas, médicas ou professoras, louras ou morenas – mas todas, em geral, apresentam algum traço em comum para uni-las.

Olhando por esse prisma, a falta de semelhança entre as vítimas era tanta que os detetives consideraram prudente não excluir a ideia de que houvesse mais de um estuprador em ação. Era possível que os pontos comuns entre os ataques fossem mera coincidência, mas havia espaço para imaginar hipóteses mais perturbadoras. Talvez os estupros estivessem sendo cometidos por um grupo de homens que coordenava os ataques com o objetivo de confundir a polícia. Talvez fosse algum tipo de quadrilha de pornografia em ação. Talvez os subúrbios de Denver estivessem à mercê de uma dupla de estupradores altamente especializados e experientes.

Os detetives notaram outro padrão desconcertante. Dez meses haviam se passado entre o primeiro ataque, em Aurora, registrado em outubro de 2009, e o segundo, em Westminster, em agosto de 2010. Cinco meses mais tarde, em janeiro de 2011, veio o episódio de Golden. Nos dois primeiros casos, o estuprador ameaçou usar uma arma contra as mulheres, sem, no entanto, chegar a mostrá-la. Em Golden, ele portava uma pistola, que foi apontada diretamente para Amber. E ele ameaçou atirar na moça.

Os ataques estavam ficando menos espaçados e mais violentos. Para os detetives, isso era um sinal de que o estuprador estava se tornando mais confiante. Era também uma indicação de que ele vinha se aprimorando no que fazia. Em jargão policial, era a chamada "escalada no MO", abreviação para *modus operandi*: à medida que o criminoso ia se habituando ao procedimento de sempre, era comum que ele passasse a desafiar novos limites e a se arriscar mais a cada investida.

Burgess saiu da reunião com uma única questão martelando em sua cabeça:

Como vamos deter esse cara antes que ele estupre mais alguém?

Galbraith havia conseguido uma pista importante. Uma loja em frente ao apartamento de Amber tinha uma câmera de segurança apontada para uma das entradas do condomínio. O dono havia cedido as imagens para análise policial, e a tarefa ficou a cargo de Matt Cole, parceiro de trabalho de Galbraith e outro dos detetives de Golden que atendera ao chamado e comparecera à cena do crime no dia do estupro.

Cole passou um dia inteiro assistindo às imagens granuladas da gravação, apertando os botões de PLAY e REWIND repetidas vezes. Ele viu um cara de bicicleta usando uma mochila escura. Ele estava olhando para o apartamento de Amber? Por que o Chevy Celebrity prata estava estacionado numa vaga e depois foi para outra?

Cole contou 261 veículos chegando e saindo da área filmada entre a noite do dia 4 de janeiro e a madrugada do dia 5. Um deles deslizou pela tela por dez vezes nas horas antes do amanhecer: uma picape branca, que avançava lentamente pelo estacionamento coberto de neve.

Cole registrou cada aparição com precisão de segundos.

00h37min44s
01h16min25s
02h30min03s
05h03min00s
05h05min26s
05h14min02s
05h16min30s
05h17min14s
05h19min19s
05h19min59s

Será que a picape podia ser do estuprador? Cole e Galbraith repassaram as imagens repetidas vezes, procurando alguma forma de identificar o veículo. Eles conseguiram ler a marca Mazda na parte traseira. O retrovisor do lado do carona parecia quebrado, e a picape parecia ser de um modelo antigo. Mas foi impossível ver o número da placa. Eles enviaram a gravação para um analista especializado em limpeza de vídeos. O analista decompôs a gravação em 1.200 imagens formadas por frames individuais sobrepostos, numa técnica conhecida como uniformização ou *averaging*. Ainda assim, nada. O vídeo estava borrado demais.

Havia, ainda, uma questão quanto à cronologia. Na última vez que a picape é vista na cena da câmera de segurança, o relógio na tela indica 5h20 da manhã. O ataque a Amber só começou duas horas depois disso, às sete e meia. A essa altura, a picape já não aparecia mais no vídeo. Talvez fosse apenas algum estudante que tinha virado a noite em cima dos livros e decidira sair de tempos em tempos para buscar café ou um lanche. Galbraith entregou os pontos. Ela tirou a picape branca da cabeça. Aquela pista não levaria a lugar algum, pelo visto.

O Departamento de Polícia de Golden emitiu um comunicado à imprensa contendo uma descrição rudimentar do incidente. O criminoso era um homem branco, com 1,88 metro de altura e olhos castanho-claros. Não havia outros dados que possibilitassem sua identificação: "Como o suspeito estava usando uma máscara, não foi possível fazer um retrato falado", o texto informava. Galbraith fez questão de que fosse mencionado o detalhe que chamara atenção da vítima: "O suspeito tem uma marca de nascença ou tatuagem na panturrilha que se parece, em tamanho e formato, com um ovo grande de galinha." A detetive tinha resolvido dar um passo arriscado. As recordações de Amber precisavam estar corretas.

Alguns dias mais tarde, um aluno de uma faculdade perto de Denver ligou para a polícia. A voz dele soou trêmula ao ser gravada pelo sistema de caixa postal. O rapaz relatou que se sentiu obrigado a ligar: um de seus amigos, chamado Frank Tucker,* tinha uma marca como a que fora descrita no comunicado. Ele era um estudante, colega seu.

Com ajuda da informação recebida, Galbraith encontrou o perfil de Tucker no Facebook. Uma das fotos mostrava a perna dele. Era uma imagem escura, mas será que podia haver uma marca de nascença ali? Galbraith telefonou pedindo que Amber fosse à delegacia. Quando a moça chegou, foi pedido que examinasse um recorte da foto mostrando a perna de Tucker. Ela pareceu hesitante. Falou para Galbraith que tinha a impressão de que o sinal do estuprador ficava mais para baixo, mas que era do mesmo tamanho e formato que o visto na foto.

A detetive levantou o histórico criminal de Frank Tucker. Quatro anos antes, a polícia universitária havia registrado o depoimento de

---

* Pseudônimo.

uma aluna. Depois de ter ficado bêbada numa festa, ela começou a interagir com Tucker. Os dois tiveram uma conversa truncada por conta do excesso de álcool, e ele a coagiu a fazer sexo – caso contrário, ele ameaçou espalhar por toda a faculdade que a moça era uma vadia. A estudante cedeu, relutante. Só que, depois de terem começado a transa, ela mudou de ideia. Tucker ignorou suas tentativas de fazê-lo parar. Ela então denunciou o estupro à polícia universitária, mas depois desistiu de registrar um boletim de ocorrência.

Galbraith sabia que tinha sorte por esse depoimento existir. Muitas mulheres relutam em denunciar ataques sexuais. Apenas cerca de um quinto das vítimas procura a polícia depois de ter sido estuprada, conforme pesquisas realizadas nos Estados Unidos. O estigma que cerca o crime do estupro continua sendo uma barreira importante que inibe as denúncias. As mulheres têm medo de que seus familiares e amigos descubram o que aconteceu, ou têm medo de não serem levadas a sério, ou elas próprias não consideram o que aconteceu sério o suficiente para necessitar de intervenção policial. Ou, ainda, não querem ajudar a mandar para a prisão um homem que pode ser seu namorado, marido, pai dos seus filhos.

Galbraith considerou que o depoimento da aluna do campus era suficiente para apontar Tucker como um possível suspeito. Ela solicitou o histórico de ligações do celular dele à operadora de telefonia e emitiu uma solicitação para que fosse instalado um monitoramento por GPS no carro do sujeito. Sua preocupação era clara. Era preciso que o carro fosse monitorado a fim de "identificar futuras vítimas", como comunicou ao juiz.

Hendershot decidiu que ia usar o caso de Amber para revisitar um viés investigativo que até o momento não havia gerado muitos resultados.

Nas séries de TV, a testagem de DNA costuma ser a chave para desvendar qualquer mistério policial. Os investigadores encontram um respingo de sangue na arma do crime ou vestígios de saliva numa guimba de cigarro. Eles enviam as amostras para análise. O laboratório compara o material com o DNA de um suspeito e, *bingo*, o crime é resolvido no decorrer de uma hora, descontados os intervalos comerciais.

A vida real é diferente. O FBI controla a base de dados mais abrangente do país para casos arquivados, um sistema de indexação de DNA conhecido como CODIS.[1] Essa base de dados contém os perfis genéticos de mais de 15 milhões de pessoas, a maior parte delas criminosos condenados. Os perfis são levantados a partir de amostras de DNA coletadas em situações controladas em algum ponto do processo judicial – como, por exemplo, no momento em que o suspeito é admitido na prisão e os agentes penitenciários coletam uma amostra da mucosa da boca. O perito usa esse material para separar a amostra de DNA em fragmentos que são então usados para montar o perfil genético da pessoa, um padrão de listras verticais que quase se parece com um código de barras impresso num filme de raios X. O FBI só cadastra perfis que contenham material genético de treze seções separadas do DNA de uma pessoa, ou treze loci.

O poder dessa base de dados entra em ação quando um detetive de polícia encontra vestígios de algum fluido corporal do suspeito na cena do crime, seja sangue, sêmen ou saliva. Depois de passar pela perícia, essa amostra coletada pode ser comparada a milhões de perfis armazenados no sistema. Mas o FBI só faz a checagem se a amostra da cena do crime contiver material genético dos mesmos treze loci gênicos, salvo um número restrito de exceções. Amostras alteradas ou limitadas em quantidade ao ponto de conterem informações de apenas cinco ou dez loci são rejeitadas pelo órgão. Graças à sua insistência nesse "alto padrão de exigência" para a realização das checagens, o FBI estima que a chance de identificação enganosa seja de 1 em 1 bilhão.

Hendershot concluiu que o estuprador devia ter algum conhecimento de todo o processo. O termo para isso, em jargão policial, era "atento ao DNA". Era um criminoso que tentava eliminar os sinais da sua presença até o nível molecular. E que, por enquanto, tinha sido bem-sucedido.

Burgess foi o primeiro dos detetives a se desapontar com o DNA. Dias depois do estupro em Aurora, Doris entrou em sua casa com um perito criminal chamado Randy Neri. Em cada cômodo, Neri ia perguntando: "O que você viu aqui? Em que locais ele esteve? Onde pôs as mãos?" Quando chegaram ao quarto dela, Doris olhou para a TV que ficava sobre a cômoda de madeira perto da cama. Em cima do aparelho estavam três ursos de pelúcia, dois brancos e um amarelo. Ao vê-los, ela estacou. "O urso amarelo", ela apontou para Neri. O estuprador tinha derrubado no chão o urso amarelo e, em seguida, se agachado para apanhá-lo.

Neri coletou uma amostra de DNA no urso, selou-a num saco próprio para evidências criminais e o encaminhou para o Laboratório Estadual de Criminologia na Agência de Investigação do Colorado, o CBI.

A sede do CBI ficava num edifício baixo, de tijolos aparentes, rodeado de pinheiros, num cruzamento movimentado em frente a uma filial do restaurante Hooters. Assim como seu equivalente federal, o CBI se especializou no uso da ciência e da tecnologia para desvendar crimes mais complexos. Com 250 funcionários e escritórios espalhados por todo o estado, o CBI fazia as vezes de laboratório central de criminologia para os policiais e delegados locais. Ele realizava a checagem de DNA e de impressões digitais, fazia exames toxicológicos e monitorava as vendas de armas. O trabalho da agência havia se tornado famoso pelo esforço hercúleo empenhado no caso de JonBenét Ramsey, a rainha dos concursos de beleza infantil que fora encontrada morta na casa dos pais, em Boulder, aos 6 anos de idade, em 1996.[2] Para essa investigação, o CBI havia recebido 2.509 amostras para serem analisadas em laboratório e fez 25.520 checagens num período total de 3.116 horas. O assassino não foi descoberto. No entanto, os policiais do Colorado ainda têm o CBI como sua última esperança e melhor aposta sempre que precisam de respostas para algum caso mais complicado.

No dia 7 de dezembro de 2009, dois meses depois de Doris ter sido estuprada, a perita do CBI Sarah Lewis telefonou para Burgess para lhe dar uma notícia ambivalente. O estuprador tinha sido meticuloso, mas não infalível. Uma parte do seu corpo de fato havia ficado no urso de pelúcia – talvez não mais do que sete ou oito células da pele, raspadas das pontas dos seus dedos sem luvas quando ele pegou o brinquedo do chão. A análise do DNA de toque, como eram conhecidas essas microamostras genéticas, representava um avanço revolucionário na tecnologia investigativa. Ela permitia que a polícia examinasse quantidades de material genético tão reduzidas que seriam impossíveis de serem processadas em testes tradicionais de DNA. Esse novo sistema de testagem só tinha uma desvantagem: a escassez de células não gerava informações dentro do padrão mínimo de treze marcadores genéticos requerido pelo FBI.

Lewis se viu forçada a recorrer a um tipo de checagem de DNA mais limitado: a análise Y-STR.[3] O exame busca padrões, chamados de repetições curtas em tandem, no cromossomo Y do DNA masculino. O teste não mostra resultado algum caso se trate de uma suspeita do sexo feminino e, mesmo no caso de suspeitos homens, revela apenas uma quantidade limitada de informações a respeito deles. O resultado identifica se o suspeito do sexo masculino tem uma determinada ascendência genealógica, mas não é específico o suficiente para que se monte uma chamada impressão digital genética. A perita Lewis passou o laudo para Burgess: a amostra de DNA encontrada no urso de pelúcia era "inconclusiva ou insuficiente para gerar resultados", ela escreveu. "O perfil não se qualifica para ser pesquisado na base de dados de DNA do CODIS."

Em Westminster, Hendershot tinha ficado animada quando soube que Sarah tinha visto o estuprador pegar seu timer de cozinha. Era um dos poucos objetos que a polícia tinha certeza de terem sido tocados pelo agressor. E a lembrança da vítima estava mesmo certa. O perito do CBI Gentry Roth encontrou vestígios de material genético no timer. Mas, como já havia acontecido com o urso de pelúcia na casa de Doris, ele só conseguiu coletar uma amostra suficiente para que fosse feita a análise Y-STR. "A amostra de DNA não foi suficiente para a montagem de um perfil completo", relatou Hendershot.

Em Golden, Galbraith conseguira colher algumas células do estuprador com a amostra que coletou no rosto de Amber dentro do carro de polícia. Mas, assim como no caso do urso de pelúcia de Doris e do timer de cozinha de Sarah, não foi obtido material genético suficiente para que se extraísse um perfil completo. Novamente, os técnicos do CBI puderam fazer apenas a análise Y-STR. A solução mágica do DNA não havia funcionado para Hendershot, Galbraith e Burgess. A base de dados do FBI não poderia ser consultada em busca de alguma ficha criminal.

Ainda assim, um dos peritos deu uma sugestão a Hendershot. Talvez as amostras obtidas não fossem suficientes para serem usadas na identificação de um único suspeito, mas, de qualquer forma, elas ainda poderiam ser úteis. O CBI poderia comparar os três resultados das análises Y-STR entre si. Se eles fossem diferentes, os investigadores saberiam que estavam lidando com suspeitos diferentes. Se fossem compatíveis, esse seria o sinal claro de que estavam atrás de um único homem – ou, pelo menos, de um grupo de homens ligados por laços parentais. Eles saberiam, então, que teriam que encontrar sujeitos de uma mesma família, em vez de três desconhecidos.

Hendershot autorizou que o trabalho laboratorial fosse iniciado.

Embora as duas não se conhecessem muito bem, a vida de Edna Hendershot e a de Stacy Galbraith estavam interligadas. Elas podiam se considerar irmãs, num certo sentido – ambas eram mulheres dentro da polícia.

Quando era uma jovem patrulheira, Galbraith havia encontrado inspiração na figura de uma detetive policial veterana. Um dia, o chefe de polícia de Golden reuniu sua equipe para informar sobre uma operação de apreensão de entorpecentes que aconteceria naquela tarde numa lanchonete de fast-food próxima. Um esquadrão de elite que reunia policiais de diversos subúrbios de Denver, conhecido como Força--Tarefa de Narcóticos West Metro, estava trabalhando para desmantelar a quadrilha. Um dos membros do esquadrão presentes no momento do comunicado feito pelo chefe chamou atenção da patrulheira. Era uma mulher, e ela apresentava uma aura silenciosa de força. Galbraith estava pensando em se candidatar para um posto na Divisão de Narcóticos. Então, naquele momento, ela teve certeza de que era isso mesmo que queria fazer. "Ela é uma garota", foi o pensamento que lhe ocorreu. "E, se está ali, eu posso estar também." Essa detetive era Edna Hendershot.

Nos Estados Unidos, policiais mulheres buscam inspiração no sucesso de colegas do mesmo sexo há mais de cem anos.[4] Houve um tempo em que o trabalho feminino na corporação se limitava à atuação como civis, geralmente dando apoio em casos que envolvessem mulheres ou crianças. Alice Stebbins Wells ajudou a mudar esse quadro. Ela se tornou uma agente de polícia ao ser admitida no Departamento de Polícia de Los Angeles no dia 12 de setembro de 1910. Em seu distintivo se lia POLICIAL FEMININA, com o número de inscrição gravado na parte de baixo do brasão: 1. Wells era parte do chamado "esquadrão da decência", destacado para o policiamento de casas de jogos, salões de baile, rinques de patinação e outros antros de delinquência. Ela "defendia a ideia de que as mulheres, ao assumirem postos regulares nos departamentos municipais de polícia, eram especialmente mais aptas a realizar trabalhos de proteção e prevenção junto a delinquentes juvenis e criminosas mulheres" – é o que informa sua biografia oficial registrada na Associação Internacional de Policiais Femininas, organização que ela mesma fundou. Dois anos depois de Wells ser contratada, duas outras policiais foram admitidas na polícia de Los Angeles.

O argumento defendido por Alice Wells de que mulheres tinham uma contribuição especial a oferecer ao trabalho policial nem sempre era suficiente para aplacar as críticas dos colegas homens.[5] Mas, com o tempo, estudos passaram a mostrar que a presença das mulheres é mesmo benéfica para os departamentos policiais e para as comunidades atendidas por eles. As policiais femininas se mostram menos inclinadas a recorrer ao uso excessivo de força do que colegas do sexo masculino, e se envolvem menos em processos de acusação de abuso da autoridade policial. Os cidadãos veem as agentes como sendo mais empáticas e comunicativas do que policiais homens, e as mulheres costumam estar mais dispostas a adotar as premissas do policiamento comunitário – uma filosofia de combate ao crime que enfatiza a cooperação e interação com os cidadãos.

Além disso, ficou comprovado que policiais do sexo feminino atuam mais efetivamente nos casos de violência contra a mulher. Um estudo realizado em 1985 descobriu, por exemplo, que as agentes tinham uma postura mais paciente e compreensiva ao atender vítimas de violência doméstica.[6] Um levantamento de 1998, feito a partir de uma amostra composta por 147 departamentos de polícia espalhados por todos os Estados Unidos, apurou que policiais mulheres realizavam mais prisões em casos de violência doméstica do que seus colegas do sexo oposto.[7] Além disso, uma pesquisa feita em 2006 com os sessenta maiores departamentos de polícia de centros urbanos americanos demonstrou que cada 1% de aumento na contratação de policiais femininas correspondia a um aumento de 1% no número de denúncias de estupro na jurisdição pesquisada.[8]

Nenhum desses estudos menospreza o trabalho extraordinário realizado pelos policiais homens que investigam e prendem milhares de estupradores todos os anos. As pesquisas tampouco sugerem que uma policial mulher vá ser automaticamente melhor do que um colega do sexo oposto no atendimento a casos que envolvam violência de gênero. Embora haja vítimas do sexo feminino que prefiram conversar com policiais do mesmo gênero, outras afirmam se sentirem mais seguras e tranquilas na presença de um policial homem. A End Violence Against Women International, organização que promove treinamentos policiais, aponta que o fator mais importante no atendimento às vítimas é o envolvimento dos investigadores. "Uma coisa que está *perfeitamente* clara é que a competência e a compaixão do agente policial são bem mais importantes do que seu gênero para determinar a eficácia das entrevistas feitas com vítimas de crimes sexuais", destaca a organização.[9]

Apesar dos benefícios comprovados da diversidade de gênero nos quadros da corporação, as policiais mulheres ainda enfrentam dificuldades em sua rotina de trabalho.[10] Alguns agentes do sexo masculino – de patrulheiros a delegados – continuam avessos à contratação de mulheres, alegando que elas não são fortes ou duronas o suficiente para estar na polícia. Estudos mostram que entre 63% e 68% das policiais mulheres americanas relatam ter sofrido alguma espécie de assédio sexual ou discriminação no local de trabalho. As queixas mais frequentes mencionam hostilidade, falta de oportunidades de ascensão profissional e políticas ineficazes de amparo à gravidez e outros assuntos ligados à vida familiar.

Mas mesmo os departamentos policiais que tomam medidas focadas em aumentar a presença feminina em seus quadros enfrentam dificuldades. Muitas mulheres têm pouco interesse em seguir uma carreira que – pelo menos na visão da cultura popular – basicamente lida só com armas e violência. O resultado disso é que nenhum departamento de polícia nos Estados Unidos chega sequer perto da paridade de gêneros.[11] O setor de investigação criminal da Receita Federal americana é provavelmente onde se registra a maior concentração de agentes da lei do sexo feminino no país, com 32% de mulheres. Além disso, nas polícias de algumas cidades maiores, como Filadélfia ou Los Angeles, as mulheres chegam a formar cerca de um quarto do quadro de policiais juramentados. Mas, considerando o cenário mais amplo, o número de policiais do sexo feminino nos Estados Unidos gira em torno de 100 mil, ou cerca de 11% do total de agentes da lei. A atuação policial continua sendo uma área majoritariamente masculina, tomada por machões, hierarquizada e militarista. As agentes policiais ainda são uma raridade nesse cenário.

Unidas pelo esforço de caça ao estuprador, Galbraith e Hendershot logo se deram bem. As duas eram extrovertidas, tinham línguas ferinas e um senso de humor parecido. Galbraith era jovem e cheia de energia, e a experiência de Hendershot se mostrou um bom complemento para seu entusiasmo.

As duas mulheres se sentiam à vontade trabalhando no ambiente carregado de testosterona da força policial. Os homens correspondiam a mais ou menos 90% dos quadros de policiais juramentados tanto em Golden quanto em Westminster, mas nem Galbraith, nem Hendershot se sentiam discriminadas ou intimidadas por causa disso. Ambas haviam crescido na companhia de irmãos meninos. Ambas tinham poucas amigas mulheres e uma tendência a se entender melhor com homens em suas relações pessoais. Ambas se orgulhavam de sua fama de duronas. "Eu não tenho paciência para drama. Se tem drama na história, eu já penso: *Argh*. Se a coisa é do tipo sentimental, eu penso: *Argh*", fala Galbraith.

Além disso, ambas tiveram experiências parecidas ao entrarem para a corporação, e haviam concluído que bastava chegar metendo o pé na porta e provando competência que seriam aceitas como um dos caras – do mesmo jeito que acontece com qualquer outro policial. O detalhe de ser mulher não importava tanto assim, no entender delas. "Pode ser que isso chame atenção quando você é uma recém-chegada", Hendershot explica. "Mas, principalmente depois de já ter conquistado seu lugar como patrulheira, o assunto sai de cena. É um fato da vida e ponto."

Elas gostavam do tipo de humor negro e ao mesmo tempo reconfortante que impera em toda delegacia, pronto-socorro e redação de imprensa. Costumavam dividir histórias sobre cenas de crime e acidentes de trânsito. As duas tinham o hábito de falar palavrões. Elas trocavam histórias repulsivas de como tiveram que usar máscaras forradas com folhas de amaciante para bloquear o cheiro de um cadáver em decomposição e do cara que se masturbou na sua frente no meio de uma operação sob disfarce para desmantelar uma rede de tráfico de drogas.

– O cidadão abre a porta só com um short preto, sem camisa e usando uma tornozeleira eletrônica – conta Hendershot para Galbraith.

– Um charme – responde a outra.

– Sexy demais, nem conto para você. Quem resiste a um homem desses?

Às vezes, as duas resolviam tirar sarro dos colegas homens recém-chegados, abusando de brincadeiras em geral relacionadas a funções fisiológicas ou à genitália feminina.

– É divertido ver o jeito como eles ficam sem graça, eu tenho que admitir – diz Hendershot a Galbraith.

– Não demora para eles acharem o caminho do RH – comenta Galbraith.

– E eles vão correndo.

As duas riem.

Às vezes, precisavam enfrentar a preocupação de seus superiores com a possibilidade de algum colega dizer algo ofensivo. Numa ocasião, um chefe de Galbraith a puxou de lado no momento em que achou que o teor da conversa havia passado dos limites. Ele perguntou se ela estava incomodada ouvindo aquilo. "E a minha reação foi: 'Cara, fui eu que comecei esse papo.'"

As duas não deixavam de enfrentar alguns problemas por serem mulheres, é claro. Galbraith precisava viver com o cabelo preso num coque para evitar que ficasse sujo de lama ou de sangue. Hendershot nunca encontrava um bom lugar na roupa para esconder sua pistola. Nenhuma das duas gostava muito do caimento do colete à prova de balas. "É um trabalho com zero glamour. Eu nunca uso sapatos bonitinhos. Nada na rotina policial tem a ver com o que a sociedade diz sobre como uma mulher tem que parecer, se comportar, pensar", Hendershot pontua.

Havia também outro elo entre essas duas mulheres. É comum que policiais circulem numa comunidade muito fechada em que todos se conhecem, na qual os laços de amizade e os casamentos fiquem restritos aos membros dessa mesma comunidade. O segundo marido de Hendershot, Mike, e o segundo marido de Galbraith, David, já tinham trabalhado juntos no Departamento de Polícia de Golden, e um tempo depois David acabou se tornando colega de Hendershot no Departamento de Polícia de Westminster.

No dia 18 de janeiro de 2011, o trio de detetives formado por Burgess, Hendershot e Galbraith voltou a se reunir. Havia mais coisas em jogo, e a quantidade de gente presente na sala refletia isso. Tanto o FBI quanto o CBI e a Promotoria do Condado de Jefferson tinham enviado representantes para a reunião realizada no segundo andar do quartel de bombeiros de Golden, próximo ao centro histórico da cidade.

Um desses rostos novos era o de Jonny Grusing, um agente veterano do FBI que trabalhava na sucursal da agência em Denver. Ele era um sujeito alto, magro e com o corpo bem-torneado, a figura perfeita do agente federal padrão. Grusing estava baseado em Denver havia quinze anos – uma extensão de tempo incomum para o FBI, que costuma transferir seus agentes de cidade em cidade após períodos mais curtos. Depois de ter trabalhado durante a maior parte da carreira com assaltos a bancos, Grusing agora era membro da força-tarefa chamada de Ruas Seguras, criada depois do 11 de Setembro para unir as habilidades específicas dos agentes do FBI à vivência das ruas acumulada pelos policiais locais. Grusing já havia trabalhado em parceria com a maior parte das instituições presentes na sala de reunião, e os participantes sabiam que ele não era do tipo de agente que chegava querendo roubar os holofotes do pessoal local. "Eu não me lembro de nenhuma agência ou jurisdição onde a gente chegue e as pessoas digam: 'Essa não, é o FBI'", ele diz.

A missão de Grusing era oferecer uma ferramenta potencialmente poderosa para o esforço conjunto para encontrar o estuprador: uma base de dados do FBI contendo as fichas de milhares de criminosos chamada de Programa de Apreensão de Criminosos Violentos, ou ViCAP, na sigla em inglês. A base de dados do ViCAP tinha sido concebida para capturar assassinos em série e estupradores. Ela se baseava no princípio de que os agressores contumazes – chamados de serialistas no jargão da área – adotam padrões de comportamento típicos quase tão distintivos quanto impressões digitais ou amostras de DNA. Um estuprador em série que tenha usado uma determinada faca preferida numa jurisdição poderá voltar a usar a mesma arma quando atacar em outra jurisdição. Sempre que investigadores locais tinham a suspeita de estarem lidando com um criminoso em série, eles incluíam o maior número possível de detalhes sobre o crime na base de dados do ViCAP. Os técnicos do FBI faziam então uma varredura pelos registros de casos arquivados no sistema na tentativa de encontrar correspondências possíveis. Nas buscas mais bem-sucedidas, o uso desse programa ajudava a unir dois departamentos de polícia ou agências diferentes, permitindo que compartilhassem informações enquanto atuavam na caçada ao mesmo criminoso.

Dawn Tollakson, uma criminologista de Aurora, já havia registrado as informações dos três estupros do Colorado na base de dados do ViCAP. Em Quantico, a equipe do FBI havia comparado os relatórios fornecidos por Tollakson às milhares de fichas armazenadas no sistema. Agora, Grusing estava ali para levar os resultados: as análises haviam apontado um suspeito. O agressor do Colorado parecia ter muitas características em comum com um estuprador que passara quase dez anos aterrorizando o campus da Universidade do Kansas, um sujeito que estuprou ou atacou treze mulheres jovens entre os anos 2000 e 2008.

As vítimas o descreviam como um homem branco com idade entre os 26 e os 35 anos. A altura ficava entre 1,75 metro e 1,82 metro. Os ataques ocorriam de manhã bem cedo. Ele tinha o costume de montar nas mulheres e enlaçar o corpo delas com as pernas quando elas estavam na cama, e sempre amarrava suas mãos. As roupas que vestia eram escuras, e ele usava uma máscara preta e luvas, além de apontar uma arma para as vítimas.

Durante o estupro, suas ordens eram curtas e diretas. O jeito de falar, sempre calmo. Ele violava as mulheres com penetração oral, vaginal e anal. Andava com uma bolsa contendo lubrificante e uma câmera que usava para filmar os ataques. Ao terminar, fazia as mulheres tomarem banho para eliminar do corpo todas as evidências, e mandava que esperassem vinte minutos antes de saírem do banheiro.

A primeira vítima havia sido atacada no dia 1º de outubro de 2000. Ela se deparou com o agressor dentro do seu quarto ao acordar. Fez um gesto rápido para tentar acionar um botão de pânico, mas ele apontou uma arma para sua cabeça e mandou que parasse. Parecendo ter se assustado com a iniciativa da vítima, o criminoso foi embora sem consumar o estupro. Ao se virar para sair, fez um alerta: "Faça o favor de trancar a porta de casa da próxima vez."

No dia 14 de julho de 2004, ele estuprou uma mulher que acordou e deu de cara com o sujeito a encarando, parado ao pé da cama. "Eu tenho uma arma, se falar qualquer coisa mato você", o homem lhe dissera. Estava com uma bolsa preta onde havia um tubo de lubrificante K-Y. Depois que terminou o ato, ele mandou que ela fosse para o banheiro e a obrigou a escovar os dentes.

A última mulher foi atacada quando sua colega de quarto tinha viajado durante o feriado de Ação de Graças. Esse episódio foi mais violento do que todos os estupros anteriores. O estuprador deu um soco no rosto da vítima. Enfiou uma meia em sua boca para que ela não pudesse gritar e a violentou diversas vezes. A mulher não conseguiu fornecer nenhuma descrição do agressor. Ela havia ficado apavorada demais para abrir os olhos durante o estupro.

Depois desse ataque final, consumado em dezembro de 2008, o homem desapareceu. Grusing fez um questionamento: teria ele voltado à ativa dez meses mais tarde e reaparecido em Aurora, no Colorado?

Grusing acreditava nessa hipótese.

"Ele já estava ficando experiente na coisa. Como um jogador de basquete ou beisebol, que você começa a perceber que já tem certa intimidade com a bola", ele diz.

"Nós achamos que era o nosso cara."

Ao recorrerem ao ViCAP, os detetives estavam depositando suas apostas num dos programas mais esquecidos do FBI.

Pierce Brooks foi o criador do sistema. Policial que acabou transformado numa lenda viva da corporação, Brooks tinha a mandíbula quadrada, a testa alta e um olhar muito sério. Nos seus vinte anos trabalhando para o Departamento de Polícia de Los Angeles, ele havia ajudado a mandar dez homens para o Corredor da Morte, e tinha sido o consultor técnico do ator Jack Webb quando ele interpretou o sargento Joe Friday no filme e no seriado de TV *Dragnet*. Brooks ficou famoso também por ter sido o responsável pela caçada a uma dupla de assassinos de policiais relatada no best-seller de não ficção publicado por Joseph Wambaugh em 1973 com o título de *The Onion Field*. "A imaginação de Brooks atrai admiradores, mas foi a meticulosidade do seu trabalho que se tornou lendária", Wambaugh escreveu.

No fim da década de 1950, Brooks estava investigando dois casos de homicídio.[12] Nos dois, modelos do sexo feminino haviam sido estupradas, mortas e depois amarradas de uma maneira que sugeria certa habilidade com cordas. O policial intuiu que o assassino poderia cometer outros homicídios. Ao longo do ano seguinte, ele frequentou a biblioteca local para folhear os jornais de outras cidades. Quando se deparou com uma matéria sobre um homem que fora preso enquanto tentava usar uma corda para raptar uma mulher, Brooks ligou os pontos. O tal homem, Harvey Glatman, acabou condenado à morte e foi executado um ano depois.

Essa experiência convenceu Brooks de que os assassinos em série muitas vezes criam "assinaturas" – maneiras peculiares de atuação que podem ajudar a revelar sua identidade para a polícia. Um dos primeiros adeptos da inclusão de dados no apoio ao trabalho policial, Brooks imaginou que uma base de dados informatizada poderia servir de repositório para informações sobre assassinatos não solucionados de todo o país, de modo que fosse possível fazer buscas por padrões comportamentais dos assassinos.

Depois de anos de lobby feito por Brooks em prol da criação do tal sistema, o Congresso americano enfim se interessou em avaliar o projeto. Em julho de 1983, Pierce Brooks monopolizou as atenções do Comitê Judiciário do Senado ao relatar a história de Ted Bundy, um assassino em série que confessara ter matado trinta mulheres em sete estados diferentes.[13] "A existência do ViCAP poderia ter evitado muitas dessas mortes", afirmou ele. "A implementação do sistema evitaria o problema antigo e até hoje prevalente de informações importantes que se perdem, são ignoradas ou demoram a entrar em cena sempre que departamentos policiais separados por centenas ou milhares de quilômetros precisam atuar em parceria", argumentou ele para os congressistas. No fim da audiência, Brooks saiu com uma carta do comitê que resultaria num orçamento de 1 milhão de dólares destinado para a criação do programa.

O FBI usou o dinheiro para a compra do que era chamado na época de "o Cadillac dos computadores" – um AVAX 11/985 apelidado de "Superstar", uma máquina com 512 kilobytes de memória. A montagem do novo sistema informatizado revolucionário ocupou a maior parte do espaço de um abrigo antiaéreo localizado dois andares abaixo da cafeteria da academia nacional do FBI em Quantico, na Virgínia. Nesse mesmo porão estava baseado outro programa revolucionário, a Unidade de Análise Comportamental, que mais tarde ficaria famosa graças à obra *O silêncio dos inocentes,* de Thomas Harris. Na época, a maior parte dos agentes via a nova unidade e os computadores do ViCAP como uma inovação que era uma espécie de organização secreta. Eles se referiam ao excêntrico time de psicólogos, policiais e técnicos que circulavam no porão como "as sobras do FBI" ou a "colônia de leprosos".[14] O lugar era um labirinto escuro e mofado de escrivaninhas, estantes de livros e móveis de arquivo. "Lá embaixo, nós ficávamos dez vezes mais embaixo da terra do que os mortos do cemitério", um dos envolvidos com o programa descreveria mais tarde.[15]

Um agente do FBI chamado Art Meister foi o responsável por fazer as modificações no ViCAP para que o sistema fosse usado para caçar estupradores em série. Para Meister, que fizera carreira como policial estadual em Connecticut e era um sujeito de cabelo escuro cacheado e óculos, essa atualização era o passo mais lógico. Pesquisas haviam comprovado que era muito mais provável estupradores agirem em série do que assassinos.[16] Segundo estudos, algo entre um quarto[17] e dois terços de todos os estupradores[18] cometiam mais de uma agressão sexual. Enquanto isso, só 1% dos homicidas podiam ser considerados assassinos em série.[19]

Quando os estupros do Colorado foram cometidos, a base de dados do ViCAP já reunia uma imensa coletânea de crimes violentos e bizarros – tão bizarros que houve pesquisadores que solicitaram acesso às informações arquivadas no sistema para uma pesquisa acadêmica sobre canibalismo (Meister não autorizou). Mas o projeto em si sobrevivia parcamente, como um filho franzino e rejeitado que fora transferido dos porões do FBI para uma sala comercial à beira de uma estrada de duas pistas numa área rural do estado da Virgínia. A falta de orçamento era um problema constante. O próprio sistema de consulta de dados era complicado de utilizar, exigindo que o detetive interessado preenchesse 95 campos de informação diferentes se quisesse dar entrada num novo caso. O programa gerava comentários pouco lisonjeiros: sua fama entre os policiais era de ser uma fonte inesgotável de pistas inúteis. E, o mais importante, o ViCAP a essa altura já havia sido suplantado tecnicamente pelo CODIS, o sistema de pareamento de DNA do FBI. Os indícios comportamentais usados pelo programa imaginado por Pierce Brooks jamais poderiam ser páreo para a assertividade científica de uma confirmação genética. Além disso, o CODIS ostentava um histórico de sucessos inquestionável, com mais de 346 mil crimes solucionados desde a sua criação. Segundo um levantamento feito nos anos 1990, o ViCAP podia ser creditado por ter contribuído com a solução de 33 crimes ao longo de doze anos de existência.

Em vista disso tudo, o programa era usado muito raramente. Somente cerca de 1.400 departamentos de polícia entre os quase 18 mil existentes nos Estados Unidos alimentavam a base de dados, que reunia muito menos de 1% do total de estupros e assassinatos cometidos anualmente. O ViCAP foi uma promessa que tragicamente não se cumpriu.[20] Somente metade dos casos de estupro tem a possibilidade de uma investigação a partir do DNA. Para a outra metade, quando o estuprador em série pode ter usado um tipo específico de máscara, ou apresentado um jeito peculiar de falar, ou feito um determinado nó ao amarrar as vítimas, o ViCAP era a melhor – e a única – ferramenta de abrangência nacional para ajudar na caçada. "Ele é um sistema crucialmente necessário", afirmou Ritchie Martinez, ex-presidente da Associação Internacional de Analistas de Inteligência no Serviço Policial. "Mas o ViCAP não está atendendo a essa necessidade."

Hendershot não era uma especialista em computadores, mas ela sabia que dados catalogados podiam ser tão úteis para encontrar um criminoso quanto amostras de DNA. Enquanto Galbraith e Grusing verificavam a pista sobre o estuprador do Kansas, ela decidiu usar um recurso que estava muito mais próximo: sua colega de departamento, a criminologista Laura Carroll.

Assim como a perita criminal Katherine Ellis, Carroll fazia parte da lista dos profissionais preferidos de Hendershot no Departamento de Polícia de Westminster. A carreira policial havia entrado em sua vida por caminhos tortuosos. Laura ingressara na faculdade com planos de ser professora, e acabou conquistando um diploma em criminologia. Dedicar a vida ao combate ao crime acabou lhe parecendo simplesmente... Bem, uma ideia mais interessante. "Você ajuda a tirar os malvados da rua e participa ativamente do processo de promover o bem", ela explica. Mas Laura não se sentia atraída pela rotina de sair armada rodando pelas ruas. Isso lhe parecia muito arriscado. Assim, no início ela preferiu ficar com as funções mais burocráticas, trabalhando primeiro no arquivo de registros da localidade próxima de Arvada e depois como assistente administrativa no Fórum Municipal de Westminster. O trabalho em si não era tão empolgante, mas ela sentia que estava fazendo parte de algo maior.

Foi então que Carroll acabou descobrindo seu verdadeiro talento. Ela conseguiu uma chance de trabalhar na Divisão de Trânsito da Polícia de Westminster, e, por conta do novo emprego, teve que fazer cursos para operar softwares de mapeamento e análise. E foi assim que ela se tornou uma analista criminal, estudando listas intermináveis de dados e mapas traçados por computador. Sua tarefa era alertar o policiamento das ruas sobre cruzamentos perigosos ou vias onde os motoristas estivessem ignorando os limites de velocidade. Laura Carroll havia se tornado oficialmente um membro do time de combate ao crime, e estava adorando isso.

O seu dia a dia, no entanto, era solitário. A maior parte dos departamentos policiais menores não contava com a função de analista criminal. Mesmo um departamento maior podia ter apenas dois ou três deles em seu quadro. Carroll percebeu que precisava criar uma rede de contatos com analistas de outras jurisdições, e por isso passou a frequentar os encontros mensais da Associação de Análise Criminal do Colorado. A dinâmica da coisa era bem simples: um bando de analistas, em sua maioria mulheres, se encontrava uma vez por mês nas salas de reuniões vagas de alguma delegacia para discutir revisões de casos e padrões de dados. Mas essas conversas se provaram transformadoras. Combinar o processamento dos dados com trabalho colaborativo formava uma ferramenta poderosa, como Carroll concluiu. "Nós, analistas, tentamos manter laços de comunicação e parceria", ela diz. "O crime não tem fronteiras." Com o tempo, Carroll se tornou presidente da associação.

Inicialmente, Hendershot havia procurado Carroll para conseguir ir atrás de possíveis suspeitos do estupro de Sarah a partir da descrição fornecida por Amber sobre a marca em formato de ovo na perna do homem que a estuprara. A detetive achava que talvez pudesse se tratar de uma tatuagem, e ela sabia que Carroll teria acesso a qualquer tatuagem de qualquer criminoso que já tivesse passado pela cadeia de Westminster. Ao fazer uma prisão, os policiais catalogavam cada uma das tatuagens apresentadas pelo suspeito, registrando informações sobre tamanho, formato, cor e localização no corpo, que eram armazenadas numa base de dados. Carroll levantou 32 nomes de sujeitos que tinham um total de 124 tatuagens nas pernas. Dois exibiram desenhos que não correspondiam exatamente ao formato oval descrito, mas tinham outras semelhanças que justificariam o aprofundamento da pesquisa. Um deles tinha uma descrição física que não batia em nada com a dos depoimentos. O outro estava preso na data em que o estupro de Sarah ocorreu. *Por onde podemos avançar com isso agora?*, Carroll se perguntou.

Uma semana mais tarde, chegou a resposta que ela estava buscando. No encontro mensal da Associação de Analistas, ela expôs as informações sobre o caso do estupro. Alguém ali se lembrava de qualquer coisa parecida? Uma analista da localidade próxima de Lakewood mencionou uma denúncia de arrombamento feita em sua jurisdição. Um sujeito usando uma máscara preta havia invadido a casa de uma mulher enquanto ela dormia. A mulher havia conseguido escapar, e ele tinha fugido. *Vale a pena checar os detalhes do caso*, Carroll pensou.

Quando recebeu os arquivos que havia solicitado sobre o caso, na manhã seguinte, ela soube que estava seguindo a pista certa. A polícia de Lakewood classificou o incidente como tentativa de roubo *e também* de ataque sexual. A investigação não havia chegado muito longe, mas o perito criminal de Lakewood conseguiu registrar algumas marcas de pegadas e de luva deixadas pelo invasor.

Quando viu as informações passadas por Carroll, Hendershot ficou interessada. Ela se lembrou do registro de uma pegada deixada na neve do lado de fora do apartamento de Amber em Golden. A detetive enviou então uma mensagem para Katherine Ellis: será que ela poderia fazer contato com o colega de Lakewood para que fossem comparadas as duas marcas de pegada?

Na tarde daquele mesmo dia, Ellis estava fazendo uma pausa para almoçar em sua mesa no Laboratório de Criminologia quando recebeu um e-mail do analista da polícia de Lakewood, seu amigo de longa data. As imagens das pegadas e marcas de luvas anexadas à mensagem a fizeram pular da cadeira. Aquilo era inacreditável. Ela correu até a estação de trabalho de Hendershot. "Ed? Cadê a Ed?", gritou. Ao ser informada de que a detetive estava numa reunião, Ellis disparou uma mensagem de texto. O assunto era urgente.

"Liga para mim. É urgente."

8
"ALGO NO MODO COMO ELA FALOU"

Terça-feira, 12 de agosto de 2008

Lynnwood, Washington

O sargento Mason se lembrou de ter visto aquela mulher no dia anterior.

Quando ele entrou no apartamento de Marie pela primeira vez, ela estava sentada no sofá com a garota. Tinha sido uma das primeiras pessoas a receberem o telefonema com o pedido de ajuda. Foi ela que acompanhou Marie na ida ao hospital.

Agora, um dia depois, estava ali sentada com ele – em sua casinha térrea e aconchegante numa rua cheia de curvas e salpicada de sempre-vivas – para dizer que pensava que Marie podia ter inventado a história toda.

Quem havia ligado para Mason não foi alguma amiga distante querendo fazer fofoca para a polícia nem algum ex-namorado cheio de mágoa acumulada. Foi uma das mães adotivas de Marie, que agora estava ali falando com ele.

Ao falar com o sargento ao telefone, Peggy se identificou pelo nome, mas disse a ele que preferia ser tratada como uma informante anônima. Ela não queria que suas palavras acabassem chegando aos ouvidos de Marie. Mason, que estava habituado às conversas extraoficiais do mundo das investigações por tráfico de drogas, não estranhou o pedido e concordou em proteger a identidade de Peggy. Ele omitiria o nome dela do relatório em que o telefonema teria que ser mencionado mais tarde – e essa conversa ao vivo entre os dois não constaria nos registros oficiais.

Os dois conversaram na sala de estar da casa de Peggy. A mulher escolheu as palavras com cuidado. Em nenhum momento ela disse "Marie está mentindo". Não poderia afirmar algo assim. Ela não tinha como saber. O que Peggy fez foi levantar uma suspeita, falar de sua sensação de que havia algo errado na história.

Sua desconfiança não partia de um fato concreto e único, mas tinha raízes profundas e emaranhadas, que juntavam o conhecimento que ela havia acumulado sobre Marie enquanto havia ajudado a criá-la, as cenas que tinha testemunhado no dia anterior e certas informações que ouviu de outra pessoa que era íntima da garota.

Peggy tinha um mestrado em terapia de saúde mental. Já havia trabalhado como orientadora de casos envolvendo menores de idade vivendo em lares adotivos temporários e agora prestava assessoria a crianças num abrigo para pessoas sem-teto. No futuro, passaria a trabalhar em escolas como acompanhante para alunos portadores de necessidades especiais. Ela guardava em casa uma cópia do *DSM*, ou *Manual diagnóstico e estatístico de transtornos mentais,* o gigantesco compêndio publicado pela Sociedade Americana de Psiquiatria que traz uma classificação de distúrbios usada como parâmetro por médicos e outros profissionais. Na opinião de Peggy, a forma de agir de Marie estava descrita naquele calhamaço – ela acreditava que o passado conturbado da garota tinha feito com que surgisse um transtorno de personalidade que se manifestava em relações pouco aprofundadas e numa tendência para o excesso de dramaticidade. "E isso é algo compreensível. Com o histórico dela, é provável que tenha tido que lutar para chamar atenção a vida toda", explica Peggy. Um transtorno de personalidade histriônica, talvez? Ela não saberia dizer ao certo, mas havia indícios que a deixavam desconfiada.

Poucos dias antes de ter feito a denúncia do estupro, Marie tinha ido a um piquenique na companhia de Peggy e seu namorado, além da dupla de irmãs adolescentes que no momento estavam sob a tutela de Peggy. "E foi um drama só", recorda-se a mãe adotiva. "Marie estava tentando monopolizar minha atenção, pelo que pude perceber."

Peggy achava que talvez a garota tivesse se mostrado mais competitiva por estar com ciúme das duas adolescentes. Ela se mostrou preocupada porque aparentemente Marie não tinha consciência de estar reproduzindo esse comportamento. "Um cara que estava perto começou a olhar, porque ela estava realmente bancando a *pin-up* e se exibindo demais. Eu tentei conversar com ela, explicando que era melhor se segurar um pouco. 'Está chamando atenção', foi o que eu disse. 'Para começar, isso é uma atitude muito desagradável. E, além do mais, aquele cara ali não tira os olhos de você, e nunca se sabe o que ele pode estar querendo...'"

Na véspera, quando Marie telefonou para contar da agressão, Peggy ficou dividida. Ela precisava acreditar no relato, e sabia muito bem disso. E foi exatamente o que fez, correndo até o apartamento de Marie e chegando lá junto com os primeiros policiais. Mas, no caminho, um pensamento diferente começou a tomar conta de sua cabeça. "Um outro lado meu argumentou que faz parte do *modus operandi* dela agir de um jeito extravagante, dizer coisas só para provocar reação nas pessoas. É como funciona a sua personalidade."

Até mesmo o telefonema em si – a forma como Marie soou do outro lado da linha – contribuiu para alimentar as especulações de Peggy. "Ela falou numa vozinha quase sumindo, que não dava para avaliar direito. Mas não me pareceu muito verdadeiro. Parecia que tinha alguma coisa errada... Parecia que ela estava exagerando no drama também, sob muitos aspectos. Foi tipo 'Ai, meu Deus!'"

No apartamento, Peggy se deparou com Marie chorando, no chão. "Mas foi tudo muito estranho, porque eu me sentei perto dela e comecei a ouvir a história, só que... Eu sou fã de *Lei & Ordem: SVU*, e fiquei com uma sensação esquisita. Era como se... Parecia que ela estava recitando para mim um roteiro da série."

Essa impressão de Peggy tinha a ver em parte com o conteúdo do relato. Por que o estuprador usaria um cadarço de sapato para amarrar alguém? Que ideia bizarra. O cadarço vai ser forte o suficiente para manter a pessoa presa? Por que ele não havia levado cordas ou um par de algemas? E outra parte era a maneira como ela estava contando a história: "Ela pareceu distante. Distante e emocionalmente desconectada da história toda."

Quando Marie contou que o estuprador tinha tirado fotos, isso também deixou Peggy com o pé atrás. Sua desconfiança se transformou numa hipótese. Ela começou a se perguntar se Marie teria se metido em alguma encrenca. Se tinha feito uma sessão de fotos explícitas e, na iminência de vê-las serem postadas na internet, estava precisando arranjar uma maneira de disfarçar a história.

Peggy se sentiu péssima por estar sendo tão cética. Ela não queria acreditar que Marie pudesse estar mentindo. No entanto, quaisquer que fossem suas dúvidas, a impressão que teve enquanto esteve no apartamento da moça – vendo o trabalho da polícia ser feito, vendo as pessoas consolarem Marie – era de que só ela estava tendo aquele tipo de pensamento.

Algo que, mais tarde, veria que não era verdade.

No caso de Shannon – a outra figura materna da garota, a "mãe divertida" na família adotiva formada na trajetória da infância de Marie – a dúvida começou assim que a notícia foi dada. "Eu me lembro do momento exato", conta ela. "Estava na sacada da minha casa, quando Marie ligou e disse: 'Fui estuprada.' Direto assim, sem emoção na voz."

Marie telefonou para Shannon na segunda-feira, logo depois que saiu do hospital. Shannon perguntou se estava tudo bem, e Marie disse que sim, e que ia passar a noite na casa de uma amiga – e meio que a conversa ficou por aí. Quando o marido de Shannon chegou em casa, ela lhe contou sobre o telefonema, e disse a ele que não sabia se acreditava em Marie. "Alguma coisa na maneira como ela contou a história me fez questionar se o estupro tinha acontecido de fato. Algo no tom da voz dela. Não tinha emoção nenhuma. Ela falou como se estivesse me contando que tinha preparado um sanduíche. 'Eu fiz um sanduíche de frango para lanchar.'"

A Marie que Shannon conhecia era uma garota emotiva, que chorava fácil. Esse autocontrole não fazia parte do seu jeito de ser. Além disso, havia outro motivo mais íntimo para Shannon duvidar de Marie.

Shannon não precisava fazer um esforço para tentar se colocar no lugar da filha adotiva. Ela havia estado nele, ou pelo menos num lugar muito parecido. "Eu fui abusada sexualmente quando era criança", ela conta. "E atacada sexualmente já na vida adulta."

Nos dois casos, quando relatou a alguém o que lhe acontecera – ela só falou sobre o abuso na infância nove anos depois de ter acontecido –, Shannon sentiu que sua postura foi qualquer coisa, menos controlada. "Eu fiquei histérica. Emocionalmente mexida. Chorando... Pois é. E com vergonha também."

Shannon e Marie eram muito parecidas. Como a garota podia estar tendo uma reação tão diferente?

Antes de Peggy ligar para Mason na terça-feira, ela e Shannon tinham conversado por telefone – na noite anterior ou na manhã do mesmo dia. Elas eram as duas figuras maternas de Marie comparando suas impressões. Peggy disse a Shannon que, não muito antes da denúncia do estupro, ela e a garota tinham tido uma discussão. Marie havia guardado uma bicicleta na casa de Peggy e queria passar lá para buscá-la. Quando Peggy disse que era melhor não fazer isso porque estava precisando de uma folga, Marie ficou irritada. Na conversa com Shannon, Peggy falou que não estava querendo pensar desse jeito, mas que talvez aquela história do estupro fosse uma forma de Marie conseguir a atenção que estava querendo antes e que lhe fora negada.

– Eu não faço ideia do que está acontecendo – disse Peggy a Shannon. – Não tem como saber...

– Peggy, você não é a única a não acreditar nela. – Foi a resposta de Shannon.

As duas conversaram também sobre como Marie parecia estar querendo espalhar para todo mundo aquela notícia horrorosa, ligando para amigo atrás de amigo para dizer que tinha sido estuprada. Alguns desses amigos eram pessoas que haviam se mostrado pouco compreensivas no passado, ou sido até cruéis com ela em certos casos. Marie não estava tratando o assunto como algo íntimo e particular, não estava sendo seletiva sobre para quem deveria contar a notícia. Nem Peggy, nem Shannon tinham a imagem de Marie como a de uma garota mentirosa – alguém que tinha o hábito de exagerar os fatos, isso com certeza ela era, e que sempre queria chamar atenção, também –, mas agora ambas sabiam que não eram as únicas a se perguntarem se ela podia estar inventando aquela história.

As dúvidas de Shannon reforçaram as que Peggy já tinha, e as de Peggy reforçaram as de Shannon.

As desconfianças de Shannon aumentaram ainda mais na terça-feira, o mesmo dia em que Peggy telefonou para a polícia. Marie e Nattlie, a menina que morava no andar de cima, foram realocadas em novos apartamentos como forma de protegê-las caso o estuprador decidisse voltar. Shannon foi ajudar Marie a embalar suas coisas para a mudança. Na cozinha, assim que entrou no apartamento, a garota não olhou nos seus olhos. "Isso me pareceu muito estranho", Shannon relata. "Nós sempre nos cumprimentamos com um abraço, e ela era do tipo que olhava nos olhos das pessoas."

Quando foram para o quarto, a atitude de Marie pareceu casual, sem nada que indicasse que ela havia sido estuprada naquele mesmo cômodo na manhã anterior. "Ela estava cuidando das coisas dela, como se nada tivesse acontecido."

Alguns amigos apareceram para uma visita, junto com o orientador dela no projeto Ladder, e depois o grupo todo foi dar uma volta. "Ela meio que estava flertando com o orientador do programa. Estava rolando na grama, dando risadinhas e gargalhando o tempo todo, num comportamento bem esquisito."

Shannon passou o dia inteiro com Marie, reparando nessas atitudes fora do comum. A gota d'água chegou à noite, quando as duas foram fazer compras juntas. Marie precisava de lençóis novos, porque sua roupa de cama havia sido apreendida pela polícia como evidência do caso. Elas entraram na mesma loja onde Marie havia comprado a roupa de cama antiga – a que estava sendo usada quando ela afirmou que tinha sido estuprada – e a garota ficou furiosa quando não conseguiu encontrar o mesmo jogo de lençóis. Esse foi o único momento do dia em que Shannon viu Marie demonstrar alguma raiva, só que de um jeito que, no seu entender, não fazia o menor sentido.

– Por que você queria lençóis iguais, que a fariam se lembrar de tudo? – perguntou a Marie.

– Porque eu gostava daqueles lençóis – respondeu a garota.

Shannon ficou tão desconcertada com esse comportamento de Marie que tentou ligar para um centro de apoio para tentar entender melhor quais eram as reações possíveis de serem vistas numa pessoa que foi vítima de estupro. Ela pesquisou o número na internet, mas ninguém atendeu à ligação.

Sentado na sala da casa de Peggy naquela terça-feira, o sargento Mason estava, na verdade, ouvindo as dúvidas das duas mães adotivas de Marie. Aos olhos de Mason, Peggy pareceu sincera. Franca. Ela expressou sua preocupação com Marie, mas estava sentindo que precisava fornecer mais informações à polícia. Ela deu sua opinião a respeito da personalidade da jovem e compartilhou as especulações que haviam lhe ocorrido sobre uma possível sessão de fotos explícitas.

Como última mãe adotiva de Marie, Peggy acreditava conhecer bem a garota, assim como o pessoal do projeto Ladder, o programa que estava auxiliando Marie a se tornar uma adulta independente. Um dos orientadores do Ladder contou a Mason que, antes da denúncia do estupro, Marie tinha pedido para trocar de apartamento. Em nenhum momento ele chegou a afirmar: "Eu acho que ela mentiu. Acho que inventou essa história para conseguir a mudança que queria." Mason nem mesmo havia tomado nota desse comentário em seu relatório, mostrando o quanto ele pareceu pouco importante na ocasião; no entanto, ele tinha guardado a informação, e agora estava fazendo uma ponte entre ela e a desconfiança de Peggy. Separados, os dois elementos não pareciam fazer tanta diferença para o caso. Juntos, eles ganhavam importância.

Quando Mason saiu da casa de Peggy, ele não sabia se Marie havia mentido em sua denúncia, mas uma interrogação havia sido plantada em sua cabeça.

"Era uma questão que precisava de uma resposta", conta ele.

Na quarta-feira, Marie voltou à delegacia de Lynnwood e entregou a Mason sua declaração por escrito. Ela havia preenchido todas as 24 linhas do formulário, escrevendo um total de cerca de quatrocentas palavras a respeito do estupro que sofrera e de tudo o que havia feito em seguida.

"Depois que ele saiu, eu peguei o telefone (que estava bem ao lado da minha cabeça) com a boca e tentei retornar a ligação de Jordan. Mas ele não atendeu", o texto dizia. Então, Marie ligou para a mãe adotiva.

"Assim que encerrei a ligação, eu tentei me desamarrar. Usei uma faca da cozinha, sem muito sucesso, então peguei a tesoura, e deu certo."

Esse trecho chamou atenção de Mason. Ele não batia com o relato que Marie havia feito para ele antes. Na delegacia, dois dias antes, ao chegar depois de ter feito o exame de corpo de delito no hospital, Marie dissera que havia cortado os cadarços primeiro e que *depois* havia ligado para Jordan e então para Peggy. O relato escrito invertia essa ordem, afirmando que as mãos ainda estavam amarradas quando ela começou a usar o telefone.

Mason registrou mentalmente essa contradição. Ele fez algumas perguntas a Marie – sobre o relacionamento com Jordan ("ex-namorado, hoje um amigo íntimo", foi a resposta dela), sobre as luvas usadas pelo estuprador ("de látex, eu acho", Marie falou) – e depois agradeceu pela colaboração e falou que manteria contato à medida que a investigação avançasse.

Na quinta-feira pela manhã, Mason conversou com Jordan na casa dele. A data era 14 de agosto, três dias depois da denúncia de estupro ter acontecido.

Jordan explicou ao sargento sobre seu relacionamento com Marie. Os dois não estavam mais namorando, mas continuavam sendo bons amigos. Ele se encontrava com ela nos grupos de estudos da igreja uma ou duas vezes por semana. Os dois telefonavam um para o outro todos os dias e conversavam sobre todo tipo de coisa. Jordan disse ao policial que não tinha acontecido nada de incomum na conversa da madrugada antes do crime.

Mason perguntou se Marie fez alguma tentativa de ligar para Jordan na manhã da segunda-feira – depois do estupro – sem que ele tivesse atendido. Jordan foi conferir o aparelho de celular, e lá estava a confirmação: uma chamada perdida de Marie às 7h43. A sequência havia sido: Marie tentou ligar para Jordan às 7h43; em seguida, telefonou para

Peggy, e depois para a vizinha. A vizinha desceu e fez a ligação para a polícia às 7h55.

Mason perguntou se Marie havia contado para Jordan sobre o que tinha acontecido naquela manhã. Jordan disse que ela relatou ter discado o número dele usando os dedos dos pés, porque ainda estava com as mãos amarradas. O policial mais tarde acrescentaria essa informação ao seu relatório. Se o relato feito por Marie na segunda-feira fosse considerado a versão 1 (cortou os cadarços, depois telefonou), e o texto entregue na quarta-feira, a versão 2 (telefonou, depois cortou os cadarços), então esta seria uma versão 2A: primeiro telefonou, para depois se desamarrar, mas agora com o detalhe de que havia feito a ligação usando os dedos dos pés.

Em nenhum momento dessa conversa Jordan disse desconfiar de que Marie estivesse mentindo sobre o estupro. E em nenhum momento Mason chegou sequer a perguntar isso.

Na tarde de quinta-feira, Mason ligou para Marie para perguntar se poderia falar pessoalmente com ela. Ele falou que poderia ir buscá-la para levá-la até a delegacia.

– Eu estou encrencada? – perguntou Marie ao policial.

Mason não foi sozinho buscar a garota. Ele levou Jerry Rittgarn, seu parceiro de trabalho.

Mason disse a Rittgarn que não estava mais acreditando em Marie. Ele contou sobre a pergunta que ela havia feito ao telefone, se estava encrencada. Na experiência de Mason, o fato de alguém fazer essa pergunta quase sempre era um sinal de que a resposta só poderia ser "sim". Mason forneceu também outros motivos para ter chegado à conclusão a que chegara, embora o relatório feito por Rittgarn a respeito dessa conversa entre os dois tenha sido de uma imprecisão exasperante: "Ele me falou que, com base nas entrevistas subsequentes com [Marie], a mãe adotiva e o amigo Jordan, com quem a vítima havia conversado ao telefone antes da denúncia, e nas inconsistências verificadas nelas, ele e outras pessoas tinham motivos para crer que [Marie] de fato tinha inventado a história."

O foco da investigação acabava de sofrer uma mudança. Naquela tarde, Mason e Rittgarn não iam mais entrevistar Marie como a vítima de um crime. Ela seria interrogada como suspeita.

Há mais de cinquenta anos, existe uma abordagem dominante para os interrogatórios policiais realizados nos Estados Unidos. Assim como o kit de estupro, essa ferramenta investigativa tem um ponto de origem determinado, a cidade de Chicago, e um criador específico, o policial John E. Reid, que ficou famoso por ser capaz de extrair confissões sem fazer uso de força. Reid procurava conseguir confissão de culpa dos suspeitos com base em escolhas de palavras, gestos reveladores e expressões de simpatia, em vez de recorrer ao cassetete ou a fios de eletricidade. Seu nome passou a ser de tal forma identificado à capacidade de fazer isso que ele deixou o cargo de agente policial em Chicago para treinar outros policiais e passar adiante o método, que ficou conhecido como Técnica Reid.

Em 1962, John E. Reid apresentou os fundamentos de sua técnica para o grande público no livro *Criminal Interrogation and Confessions*,* do qual ele foi coautor. Desse ponto em diante, a Técnica Reid começou a ganhar seguidores cada vez mais depressa, com centenas de milhares de investigadores de polícia frequentando cursos "por todo o território dos Estados Unidos, Canadá, México, Europa, América do Sul e Ásia", segundo a literatura relacionada ao método.[1] A Técnica Reid se tornou "um tipo poderoso de sabedoria popular, internalizada por gerações e gerações de agentes policiais",[2] como definiu um artigo na revista *Wire,* que acrescentava: "Apesar do verniz científico que a cerca, a técnica em si não tem quase nenhum embasamento real na ciência." Tanto Mason quanto Rittgarn haviam passado pelo treinamento da Técnica Reid – Mason foi treinado no ano de 1994, quando era agente policial no Oregon. O instrutor do curso, Louis Senese, ensinava a técnica havia muitas décadas, e durante os três dias de aulas enfatizou um princípio básico para se interrogar uma pessoa que pudesse estar mentindo: "Nunca dê chance para que eles desmintam nada. O segredo é fazer com que calem a boca."[3]

Uma entrevista conduzida pela polícia é um procedimento não acusatório, destinado apenas a coletar informações. Já um interrogatório

---

* "Interrogatório e confissões criminais", em tradução literal. (N. T.)

é acusatório, e também um ato de persuasão. "O interrogatório é realizado apenas quando o investigador está razoavelmente convencido de que o suspeito é de fato culpado", está explicado no livro *Essentials of the Reid Technique: Criminal Interrogation and Confessions.*[*][4]

Ao aplicar os preceitos de Reid, os interrogadores fazem perguntas projetadas para serem provocadoras e aprendem a avaliar as respostas. Uma das mais usadas é: "Que tipo de punição você acha que a pessoa que fez isso deveria receber?" Quanto mais evasiva for a resposta – por exemplo: "Bem, acho que isso depende" –, maior a possibilidade de existir culpa. As ferramentas utilizadas podem incluir também dissimulação ou mentiras. O policial pode afirmar que uma testemunha relatou algo que, na verdade, ela não disse ("Ele falou que viu você fazer isso"), ou dizer que as evidências físicas demonstraram algo que não estava lá ("Nós encontramos suas digitais na arma"). Uma pessoa inocente supostamente não morderá essa isca. Os interrogadores aprendem a avaliar os padrões de discurso do interrogado. Respostas definitivas? São confiáveis. Respostas incompletas, com palavras usadas para "enrolar" ou ganhar tempo, como "geralmente" e "normalmente"? Não tão confiáveis assim. Uma fala em *staccato* é um bom sinal: "NÃO-FUI-EU." Já a fala murmurada, um mau sinal – ou seja, indicativo de que o conteúdo pode ser uma mentira.

A Técnica Reid também se apoia fortemente na interpretação da linguagem corporal. Os interrogadores observam os pés, a postura e o tipo de contato visual feito pelo interrogado. "Um suspeito que esteja mentindo geralmente não vai olhar diretamente para o policial; os olhos se voltam para o chão, para os lados ou para o alto, como se ele quisesse invocar uma orientação divina para dar suas respostas", o manual ensina.[5] Se as mãos do suspeito se erguem na direção do rosto – como que para cobrir a boca, por exemplo –, isso também pode indicar um depoimento falso: "Num caso assim, o suspeito fala literalmente por meio dos próprios dedos, como se suas mãos pudessem pescar no ar qualquer coisa incriminadora que ele venha a dizer."[6]

Os policiais, uma vez convencidos de que o suspeito é culpado, aprendem a cercá-lo por todos os lados, como os vendedores fazem. Se

---

[*] "Elementos básicos da Técnica Reid: interrogatório e confissões criminais", em tradução literal. (N.T.)

o interrogado começar a negar sua culpa, o interrogador deve cortar o assunto – seja com uma das mãos erguida, no gesto universal que quer dizer "pare", ou então virando a cabeça para o lado para indicar desinteresse. "Quanto mais vezes um suspeito que seja culpado negar envolvimento com o crime, menos possibilidade ele tem de dizer a verdade", informa o manual da Técnica Reid.[7] Em seguida, o policial pode lançar a esperança de uma saída digna – "Cara, com o salário miserável que você recebe, quem é que poderia condenar um roubinho aqui ou ali?" – que possa minimizar o peso na consciência sentido pelo suspeito. No que diz respeito às possíveis ramificações legais da confissão, os policiais são treinados para evitar ao máximo esse tópico: "É psicologicamente inadequado mencionar quaisquer consequências ou efeitos negativos que o suspeito poderá enfrentar caso decida contar a verdade."[8]

E depois que o suspeito enfim confessa o crime? Então, cabe aos interrogadores obter a confissão por escrito.

Mason e Rittgarn encontraram Marie do lado de fora de seu apartamento, sentada no gramado. Era fim de tarde. Eles a levaram até a delegacia e a acompanharam até uma sala de reuniões.

De acordo com o que Mason reportou por escrito mais tarde, ele perdeu pouco tempo com preâmbulos até começar a confrontar Marie, dizendo a ela que havia encontrado inconsistências entre suas declarações e os depoimentos dados por outras testemunhas. Marie não refutou suas palavras imediatamente, ou pelo menos não da maneira como os policiais esperariam que alguém que estivesse dizendo a verdade fosse fazer. Ela não "se posicionou na hora nem afirmou com convicção que havia sido, sim, estuprada", Rittgarn escreveu posteriormente. A garota disse aos policiais que não estava sabendo de nenhuma inconsistência. Ela repassou mais uma vez a história – só que, dessa vez, de uma forma que ambos os policiais consideraram reveladora, já que ela disse "acreditar" que o estupro havia acontecido, em vez de jurar que havia ocorrido.

Chorosa, Marie revisitou o passado – o abuso sofrido na infância, as instabilidades dos lares provisórios – e falou sobre como se sentia isolada por ter que se virar sozinha agora.

Segundo o que a garota se recordaria mais tarde, o ponto de virada do interrogatório aconteceu quando a polícia alegou que duas pessoas estavam duvidando dela.

– Peggy não está acreditando na sua história – disseram os policiais para Marie. – E Jordan também não – acrescentaram.

Para Marie, foi um choque ouvir esses dois nomes. Ela não sabia o que pensar.

– Por que o Jordan falou uma coisa dessas? – quis saber ela.

Mas a resposta que recebeu dos policiais foi evasiva:

– Nós não sabemos. Diga você por quê.

Rittgarn também disse a Marie que o relato dela não estava se encaixando com o que as evidências revelavam. Ele disse que as amostras do kit de estupro não corroboravam sua versão, e também que estava achando que aquele estupro tinha sido invenção da cabeça dela – um impulso de momento, não uma mentira de caso pensado. Segundo a leitura feita pelo policial nessa hora, Marie parecia estar concordando com suas palavras. E, sendo assim, ele perguntou:

– Existe mesmo um estuprador à solta por aí que a polícia deveria estar procurando?

Marie, numa voz suave e com os olhos baixos, respondeu que não.

"Com base nas respostas e linguagem corporal, ficou claro que [Marie] estava mentindo sobre o estupro", Rittgarn escreveria mais tarde.

Sem ler para a moça seus Direitos de Miranda – informando que ela tinha direito a um advogado e o direito de permanecer calada –, os policiais pediram que ela escrevesse a história verdadeira, confessando a mentira que tinha contado e, para todos os efeitos, admitindo que havia cometido um crime. Ela concordou em fazer isso, e eles a deixaram sozinha por alguns minutos na sala para que pudesse escrever. No formulário, Marie incluiu seu nome, endereço e número do Seguro Social. E então escreveu:

Eu estava conversando com Jordan naquela noite sobre como tinha sido o dia dele e todo tipo de coisa. Depois de desligar o telefone, comecei a pensar em tudo que estava me estressando e também em como eu andava assustada com a ideia de morar sozinha. Quando fui dormir, sonhei que alguém tinha entrado no apartamento e me estuprado.

Quando os policiais retornaram, viram que Marie tinha descrito o estupro na declaração como um sonho, e não como uma mentira.

– Por que você não escreveu que inventou a história? – perguntou Rittgarn.

Marie, chorando, disse que ainda acreditava que o estupro tinha acontecido de verdade.

– Nós já falamos sobre isso – disse ele a Marie. – E você já falou que não existe nenhum estuprador que a gente precise encontrar.

Marie bateu na mesa com o punho fechado e disse que estava "praticamente certa" de que o estupro tinha acontecido.

Mason não soube o que concluir dessa cena. Punho fechado na mesa. Resposta incompleta. Dois sinais inteiramente divergentes.

– Praticamente certa ou certa mesmo? – indagou Rittgarn.

– Vai ver que o estupro aconteceu e eu bloqueei a memória – respondeu Marie.

– O que você acha que deve acontecer com uma pessoa que mente sobre um assunto desses? – perguntou Rittgarn.

– Eu deveria fazer terapia – disse Marie.

Mason voltou à questão das evidências. Ele disse à Marie que a descrição que ela havia feito do telefonema para Jordan era diferente do relato fornecido pelo rapaz. Marie, com as mãos no rosto, baixou o olhar. Depois, "seus olhos pularam de um lado para outro, como se ela estivesse pensando numa resposta", Rittgarn escreveria mais tarde.

Os policiais voltaram ao que ela havia falado mais cedo – sobre estar se sentindo ansiosa, solitária – e, por fim, Marie pareceu ficar mais relaxada. Ela parou de chorar. Chegou até a rir um pouco. Ela pediu desculpa e concordou em redigir um novo relato que não deixasse dúvida de que a história havia sido uma mentira. Escreveu:

Estou passando por diversas coisas estressantes, estava precisando da companhia de alguém, e ninguém parecia ter tempo para mim, então inventei essa história sem ter ideia de que a coisa ia chegar tão longe... Acabou virando essa situação toda... Eu não sei por que não fiz tudo de uma forma diferente. Não era para isso ter acontecido.

Essa declaração deixou os policiais satisfeitos. "Com base em nossa entrevista com [Marie] e nas inconsistências encontradas pelo sargento Mason em alguns de seus depoimentos, nós ficamos convencidos de que [Marie] agora estava dizendo a verdade, e que ela não havia sido de fato estuprada", Rittgarn anotaria depois em seu relatório.

Para Marie, parecia que o interrogatório estava se estendendo por horas. Ela fez o que sempre fazia quando se via em situações de estresse. Virou a chave, como costumava dizer, reprimindo os sentimentos com os quais não sabia lidar. Antes de confessar que tinha inventado a história, ela não estava conseguindo encarar os olhos dos dois policiais, dois homens. Depois, ela conseguiu encará-los. Depois de confessar, ela até sorriu. Marie foi ao banheiro e lavou o rosto. Virar a chave era um alívio, e era o que a faria poder sair dali.

Quanto a Mason, ele então estava de posse de uma retratação por escrito, assinada e com testemunhas. No seu entender, o caso estava encerrado.

Na sexta-feira, Marie, abalada, fez uma ligação para seu orientador no projeto Ladder. Ela falou para Wayne que tinha conversado com a polícia na véspera, e que os policiais não tinham acreditado nela, não acreditavam que ela tivesse sido estuprada. Sem querer entrar nos detalhes da história pelo telefone, disse que preferia que os dois conversassem pessoalmente, mas o deixou ciente de antemão de que ia precisar do apoio de um advogado.

Depois dessa conversa, Wayne fez contato com Jana, supervisora do Ladder. Jana aconselhou que ele procurasse o sargento Mason.

Foi isso que Wayne fez. Ele ligou para Mason, que lhe disse que as evidências não confirmavam a versão da história fornecida por Marie. O sargento informou que a garota havia assinado uma declaração por escrito em que admitia que a história toda era mesmo invenção.

Wayne passou isso tudo para Jana, sugerindo que ela falasse diretamente com Mason. Jana ligou para o sargento. Depois, ela disse para

Wayne deixar que Marie passasse o fim de semana com os amigos. Eles cuidariam da situação dela na próxima segunda-feira.

Depois de ter sido interrogada pela polícia, Marie também ligou para duas outras pessoas, querendo entender o que estava acontecendo.

– Você não acredita em mim? – perguntou ela a Jordan.

– Como assim? – retrucou Jordan. – Que história louca é essa? É claro que eu acredito em você!

– Não foi isso que os policiais me disseram na delegacia.

– É claro que eu acredito. Você sabe que sim.

Quando ligou para Peggy, Marie teve uma resposta diferente. A mãe adotiva disse que sim, que realmente andava tendo dúvidas sobre a história que Marie havia contado. Peggy falou que, quando Marie ligou para ela na manhã em que dizia ter sido atacada, suas primeiras palavras não foram "Eu fui estuprada", mas sim "Eu fui assaltada". Marie não se lembrava de ter falado desse jeito. Mas sua bolsa de fato tinha sido jogada no chão. A garota concluiu que devia ter dito algo no telefonema sobre a licença de motorista-aprendiz ou sua carteira de dinheiro. Peggy também mencionou a discussão que as duas haviam tido sobre a bicicleta e a maneira como Marie tinha ficado irritada quando Peggy disse que estava querendo um tempo para si. Talvez a história do estupro fosse uma maneira de Marie reagir.

Para Marie, foi difícil ouvir aquilo. *Ela está achando que eu inventei uma história de estupro por causa daquela discussão?*

Na segunda-feira, 18 de agosto, Jana e Wayne se encontraram com Marie em seu novo apartamento, que ficava em frente ao condomínio onde estava morando antes. Fazia uma semana que a garota havia denunciado o estupro.

Jana relatou o que o sargento Mason lhe contara sobre Marie ter voltado atrás em sua história. Marie contou a Jana que tinha sido coagida a fazer isso. Que a polícia prolongou demais o interrogatório, e ela acabou assinando a declaração só para poder sair de lá.

– Então existe um estuprador por quem os policiais deveriam estar procurando? – perguntou Jana.

– Existe – falou Marie.

– Nesse caso, você tem que dizer isso para a polícia – afirmou Jana.

Wayne já não havia acreditado em Marie desde a primeira vez, e afirmaria isso depois, nas anotações que fez a respeito do caso dela no Ladder. Após ouvir a declaração da polícia de que as evidências não corroboravam o relato, Wayne estava convencido de que Marie não havia mesmo sido atacada. Ele disse a Marie que se ela tivesse mentido para a polícia sobre ter sido estuprada isso seria uma denúncia falsa, e que prestar uma denúncia falsa é crime e seria um motivo para ela ser expulsa do projeto Ladder. Marie poderia perder o apartamento.

Mas a garota não fraquejou. Então, os três começaram a se organizar para que ela pudesse fazer uma retratação da retratação, e fosse dizer à polícia que sua denúncia inicial havia sido verdadeira.

Na delegacia, eles souberam que Mason não estaria por lá o dia todo, mas Rittgarn estava presente. Ele queria ter a presença de um segundo agente na sala e, por isso, foi atrás do sargento Rodney Cohnheim para lhe pedir que o acompanhasse. Cohnheim era supervisor dos detetives que trabalhavam na Divisão de Crimes Contra a Pessoa. Ele estava fora da cidade, num treinamento em Dallas, no dia em que Marie denunciou o estupro. Rittgarn lhe passou as informações sobre o caso e falou sobre a retratação feita pela jovem quatro dias antes. Então, os dois levaram Marie para uma sala de reuniões no andar de cima, e Jana e Wayne ficaram aguardando lá embaixo.

Marie disse para Rittgarn que tinha mesmo sido atacada, que não estava inventando a história do estupro. Ela começou a chorar, falando que não conseguia se livrar da imagem do homem em cima dela.

Rittgarn não se comoveu com isso. Mais tarde, ao reproduzir as palavras da jovem em seu relatório escrito, ele usaria aspas quando ela menciona "o homem".

O policial disse que eles já haviam conversado sobre aquele assunto, e que Marie já tinha admitido que não estava confortável por estar vivendo sozinha. Ela tinha confessado a mentira, e confessado que havia produzido ela mesma as evidências do crime.

– Então eu quero passar pelo detector de mentiras – falou Marie.

– Se o polígrafo acusar qualquer coisa, eu mando você direto para a cadeia. – Foi a resposta de Rittgarn.

Essa ameaça abalou Marie. Em choque, ela voltou atrás. Disse que talvez tivesse sido hipnotizada para acreditar que havia ocorrido um estupro.

Para Rittgarn, isso foi a gota d'água. Ele escreveria em seu relatório: "Essa foi a quarta versão ridícula da história." Marie já havia afirmado que tinha sido estuprada, que tinha bloqueado a lembrança do estupro, que tudo não passava de um sonho e, agora, que alguém a hipnotizara. O policial disse a Marie que, num teste de polígrafo da polícia, ninguém perguntaria a ela: foi um sonho seu? Você bloqueou a lembrança? Alguém a hipnotizou? A pergunta seria: você foi estuprada? Se a resposta fosse mentirosa, continuou Rittgarn, ele não só a mandaria para a cadeia como aconselharia o projeto Ladder a cortar seu subsídio de moradia.

Dessa vez, Marie recuou.

Ela disse que havia mesmo mentido.

A polícia a escoltou até o andar de baixo. Wayne e Jana estavam à sua espera.

– E então – disse um deles. – Você foi estuprada?

Mais tarde na mesma semana, o Programa de Indenização a Vítimas de Crimes do estado escreveu ao Departamento de Polícia de Lynnwood pedindo informações sobre o caso de Marie. A carta solicitava o envio do relatório sobre a denúncia inicial, os relatórios subsequentes e outros materiais que pudessem ajudar a determinar se Marie estaria apta a receber a cobertura prevista por eles. "O objetivo do Programa de Indenização é evitar dificuldades futuras para as vítimas, fornecendo os benefícios àquelas que se enquadrem nos critérios estabelecidos o mais depressa possível", dizia a carta. A cobertura abrangia desde gastos com terapia até tratamentos médicos e reposição de salários que porventura tivessem sido perdidos.

No dia 25 de agosto – duas semanas depois de Marie denunciar o estupro –, a polícia de Lynnwood telefonou para a coordenadora de arquivos policiais do Programa de Indenização a Vítimas de Crimes para dizer a ela que não precisava se preocupar. O caso tinha sido um alarme falso, os policiais explicaram. Marie não era uma vítima de estupro. Era uma mulher que havia mentido sobre ter sido estuprada.

—◎—

Para Marie, essas duas semanas tinham sido uma montanha-russa. Antes de assinar a retratação na polícia, ela havia pedido demissão do emprego na Costco por não conseguir ficar na loja olhando para as pessoas, de tão perdida que estava nos próprios pensamentos. Ela chegara a fazer uma tentativa de seguir a vida. Tinha trabalhado por um ou dois dias, oferecendo as amostras grátis dos produtos para os clientes. Até que, um dia, ela simplesmente saiu da loja e foi para casa, e informou que não voltaria mais ao trabalho.

Depois da confissão feita à polícia, as perdas de Marie só aumentaram. A vida normal que ela tanto almejava – o fim das regras impostas que marcaria a saída da adolescência para o mundo adulto – parecia cada vez mais fora de alcance. O projeto Ladder determinou que ela deveria estar em casa às nove da noite e duplicou a frequência das suas reuniões obrigatórias com os orientadores.

Jordan estava ao lado de Marie na entrada da casa dela, e ouviu os telefonemas de amigos e antigos colegas de escola que não paravam de chegar. A cada novo toque do aparelho, ela chorava mais. Marie sabia por que eles estavam ligando. Todos queriam lhe dizer que não acreditavam nela e não conseguiam entender por que ela havia agido daquela maneira.

Depois que a polícia divulgou que a jovem tinha voltado atrás na denúncia, a melhor amiga de Marie dos tempos de colégio – a amiga que havia lhe ensinado a fotografar, a mesma que fizera os retoques naquele retrato que mostrava a garota surgindo do meio da ondas – criou uma página na internet falando de Marie e de como ela tinha mentido sobre ter sido estuprada. A polícia em nenhum momento revelou o nome de Marie, mas sua amiga fez isso. Ela chegou até a postar uma foto, copiada da conta de Marie no MySpace. Quando viu o site, Marie surtou e quase colocou o apartamento abaixo. Ela falou com Peggy, e as duas foram até a casa da tal amiga.

– Por que você fez isso? – quis saber Marie.

– Eu não sei por quê. – Foi a resposta da amiga.

Ela tirou a página do ar na mesma hora, mas Marie saiu de lá tão furiosa quanto havia chegado. O mínimo que esperava era uma resposta direta, e não aquele "Não sei por quê".

"A nossa amizade acabou ali", Marie diz. "Uma amiga não faz algo assim com você."

Para a jovem, aquilo tudo estava parecendo um pesadelo sem fim. No entanto, talvez a parte mais dolorosa tenha sido o comunicado que Marie recebeu de Shannon. Por muito tempo a casa de Shannon funcionou como um esconderijo ou lugar de descanso para a jovem. Era comum as duas saírem juntas para caminhar em alguma trilha ou para nadar e, no fim do dia, voltarem para a casa de Shannon. Agora, com medo de se transformar em alvo de alguma acusação indevida, o marido de Shannon tinha decidido que seria melhor se Marie não pernoitasse mais lá. Se ela tinha sido capaz de inventar uma história de estupro uma vez, o que a impediria de fazer isso novamente?

"Quando concorda em acolher menores tutelados pelo Estado na sua casa, você fica sujeita a esse tipo de coisa", Shannon diz.

Ela ficou incumbida de transmitir a nova regra: Marie poderia frequentar a casa, mas não poderia ficar para dormir. Ter que falar isso deixou Shannon arrasada. Ter que ouvir isso arrasou Marie.

Antes do fim de agosto, a jovem recebeu uma carta em seu novo endereço. Ao abri-la, ela percebeu que seu passeio na montanha-russa ainda não tinha chegado ao fim. Depois de tudo que já havia perdido, ainda tinha mais a perder.

9
A SOMBRA INTERIOR ESPREITA

Lakewood, Colorado

Ele assinou o contrato de aluguel no dia 24 de junho de 2009. Sua nova vida com Masha começaria na rua Harlan, 65, numa casa com dois quartos e dois banheiros em Lakewood, no Colorado. A construção era atarracada e pintada de cinza, com uma cerca de tela de arame. Ficava numa rua movimentada, a meio quarteirão de um posto de gasolina, uma loja de autopeças e um açougue. Árvores altas, com as copas cheias de folhas novas trazidas pelo verão, se erguiam mais altas que o telhado, e um bairro deteriorado de casinhas pequenas e prédios compactos completava o cenário ao redor. O aluguel custava 1.150 dólares por mês.

Essa mudança talvez pudesse transformar completamente sua vida. A mãe e o padrasto moravam ali perto, e ele também ficaria próximo da casa da irmã, que trabalhava num abrigo para pessoas sem-teto em Denver. Ele começou a andar com amigos da época do colégio, que se encontravam para jogar sinuca e tocar guitarra juntos. Masha começou num emprego em tempo integral como garçonete no Olive Garden, e ele foi trabalhar numa filial da academia 24 Hour Fitness. Os dois mimavam Arias, seu cachorro da raça Shar-Pei. Eles faziam compras no King Soopers. Começaram a pensar em ter um bebê.

Mas o monstro não dava trégua. Ele tinha ritmos próprios, que o homem chamava de ciclos. Passavam-se semanas, meses, em que ele se sentia normal, levava uma vida normal. Ele dava expediente na academia. Ia jantar com os pais. Levava o cachorro ao veterinário. Só que não durava muito. O monstro ia ganhando força. O desejo de controlar e subjugar insurgia dentro dele. Suas noites se transformavam numa caça ao tesouro, em que ele passava horas ao volante de sua picape ou circulando a pé pelos bairros, espiando dentro das casas, monitorando prédios. O ciclo chegava ao seu ápice. Ele invadia a casa de alguém. Ele estuprava. "Com certeza, existe um ritmo", dizia. Existe "uma época sendo um cara normal, e a época em que sou o estuprador."

Nem sempre corria tudo bem. Uma noite, depois de semanas sentindo a coisa inchar por dentro, ele arrombou a janela da casa de uma mulher na cidade de Golden, no Colorado. A barra que travava a janela caiu no chão com um estrondo, e ele escapou enquanto ela chamava a polícia. Numa outra vez, ele exagerou na tática de reconhecimento do terreno na casa de uma mãe divorciada em Littleton, Colorado. Uma noite, ela abriu a porta dos fundos para o gato sair e o flagrou espreitando no quintal. "Saia daqui", a mulher gritou. Quando ele voltou, semanas mais tarde, ela havia mandado instalar um sistema de alarmes.

O homem era um estudioso do estupro. Ia aprendendo mais e mais com cada fracasso. Ele descobriu que podia recolher informações úteis no MySpace. Procurava por perfis de mulheres, buscando por pistas de que eram mais velhas e sozinhas. No seu entender, as que tinham esse tipo de perfil eram presas fáceis.

Foi desse jeito que encontrou Doris. O perfil na rede social informava sua idade: 65 anos. Ela era solteira. Vivia sozinha num conjunto pacato de 26 casas, transversal a uma estrada movimentada em Aurora. Atrás de sua casa, ficava um condomínio de prédios com fileiras compridas de edifícios de dois andares, com um beco passando entre elas. Ele ficava agachado por trás do muro baixo de tijolos que separava o beco dos fundos do quintal da casa de Doris. De lá, podia observá-la.

Ela não parava muito em casa, quase só nos fins de semana. Ele se esgueirou até a porta da casa uma vez e encontrou uma chave debaixo do capacho, que imaginou ter sido deixada para algum vizinho. Aquilo era tão previsível. Ele mandou fazer uma cópia, depois devolveu a original para baixo do capacho. Ela nunca desconfiaria. Ele entrou na casa. Checou se não havia nenhuma arma. *Esses imprevistos acontecem*, lembrou para si próprio. Ele descobriu como ela se chamava e em que quarto dormia.

Ele a estuprou no dia 4 de outubro de 2009. As perguntas que Doris fez sobre sua família e a súplica para que ele buscasse ajuda o deixaram incomodado. Ele encerrou o ataque mais cedo do que tinha planejado. Ao sair, levou uma de suas calcinhas, que depois escondeu atrás do amplificador Career preto de 15 watts que ficava em seu quarto na casa da rua Harlan, 65. Era seu troféu.

Masha estava começando a aborrecê-lo. Não que ela fizesse muitas perguntas quando ele voltava para casa depois de ter ficado até tarde espreitando alguém, mas ele sempre tinha que inventar histórias para explicar o que andara fazendo. Histórias sobre ter saído para beber ou para encontrar os amigos do colégio. Ele queria ser totalmente livre, e o casamento era o oposto disso. Uma noite, em fevereiro, ele comunicou a ela:

– Quero voltar a ser solteiro. Quero ficar sozinho.

Masha se empenhou para salvar o casamento. Ela lhe deu o espaço que ele dizia precisar e pegou um avião até a Geórgia para ficar com uma amiga dos tempos da Coreia do Sul. Quando voltou para casa, um mês mais tarde, achou uma calcinha de renda preta escondida entre as almofadas do sofá. Com raiva, ela o confrontou. Ele contou a verdade. Tinha feito sexo com uma mulher enquanto ela estava fora.

Ele simplesmente não podia mais ficar naquele casamento.

Masha ainda continuou em casa por mais um mês. Todo o dinheiro que ganhara como garçonete tinha ido embora para ajudar o marido. Agora era preciso juntar o suficiente para se manter sozinha. Eles entraram num acordo sobre os termos da separação. Ela ficaria com o Chrysler Sebring 2004. Ele ficaria com o cachorro, Arias, e com o segundo carro do casal: uma picape Mazda branca 1993.

O homem não ficou satisfeito com o acordo. O Sebring era um sedã de porte médio, que não levantava suspeita. Ninguém acharia nada demais se o visse estacionado numa rua residencial. Mas e sua picape velha e surrada? Ela estava com quase 300 mil quilômetros rodados. Pedaços amarelos da espuma do estofamento saltavam pelas costuras do banco da frente. O retrovisor direito estava quebrado, e a caçamba, cheia de restos de madeira velha. Seria uma visão bem fora do comum onde quer que ficasse estacionada.

A picape é um pouco mais chamativa, ele pensou consigo mesmo.

No dia 16 de abril de 2010, Masha voltou para a Geórgia dirigindo o Sebring.

Ele estava livre.

Ele se matriculou na Faculdade Comunitária Red Rocks, um centro universitário suburbano plantado numa colina baixa às margens da Rota US 6, em Lakewood. Os alunos que chegavam dos estacionamentos espalhados ao redor dos prédios baixos do campus ouviam o zumbido constante do trânsito na autoestrada de quatro pistas, que abria caminho pelo centro da cidade. Nas salas de aula – todas com paredes de blocos de concreto e lâmpadas fluorescentes – o barulho ficava abafado. Red Rocks não tinha a pretensão de ser uma universidade de elite, mas tinha muito a oferecer a um militar reformado que só tinha concluído o ensino médio. Ele se considerava um cara esperto, mas não instruído. Disse aos professores que nunca na vida havia lido algo mais extenso do que uma página de internet.

Ele mergulhou no currículo de artes liberais oferecido pela faculdade, transformando-se num calouro obcecado pelos novos horizontes do conhecimento que começava a desbravar. Ele se matriculou em aulas de história, antropologia, filosofia – qualquer matéria que pudesse ajudar a explicar a psique humana. Leu do teólogo católico Tomás de Aquino ao cético escocês David Hume, do teórico político John Stuart Mill ao eticista alemão Immanuel Kant, do existencialista francês Jean-Paul Sartre ao linguista americano Noam Chomsky. Suas anotações preencheram centenas de páginas dos cadernos de espiral que ficavam espalhados na escrivaninha do quarto dos fundos na casa da rua Harlan. Seu plano era obter uma graduação em psicologia.

Ele não acreditava em tudo que os professores da Red Rocks ensinavam. Alguns dos ensinamentos lhe pareciam impregnados de uma ignorância atroz sobre como o mundo funciona de verdade. Mas ele adorava descobrir coisas novas – sobre o universo, sobre epistemologia, sobre si mesmo. Ele deixava os professores e os colegas impressionados. Uma mulher que foi sua colega de grupo num projeto para a aula de psicologia disse que ele era "muito inteligente, provavelmente o melhor aluno da turma".

Estudar era uma oportunidade para redefinir a si mesmo, segundo disse ao professor de língua inglesa. Ele estava lutando para escrever algo importante, mas precisava de ajuda:

> Quando penso nos meus textos anteriores, fico com uma certa aflição por constatar o quão vazios e incoerentes eram. Ter sido apresentado ao trabalho de autores primorosos ultimamente me encheu de humildade, e só posso esperar que um dia consiga ter metade da maestria com as palavras que vejo nos escritores que mais admiro.

A aula de antropologia lhe deu a chance de discutir sobre sociedade e poder. Ao seu redor, por toda a parte, ele via entidades poderosas e sem rosto exercendo seu domínio sobre as massas. Numa das provas, ele fez um protesto contra o capitalismo.

> Aprendemos com a mídia, com o sistema educacional e com praticamente todas as instituições que a "riqueza" material é importante e, em muitos casos, "crucial" para nossa sobrevivência. Por tudo isso, todos os sistemas, sejam os de subsistência, os sociais, econômicos ou políticos, giram em torno do "todo-poderoso" dólar, para o bem ou para o mal.

Mas foi Melinda Wilding, sua professora de introdução à filosofia, que lhe deu um caminho para entender o maior mistério que havia em sua vida: o monstro. Ele trazia consigo uma crença semiestruturada na dualidade do homem. Todas as pessoas, pensava, tinham uma faceta pública e outra privada. Essa ideia era uma filosofia útil. Ela o ajudava a compreender – embora não justificasse – seu próprio conflito interno. Mas Wilding o apresentou aos textos de um homem que havia ido bem mais fundo em seu mergulho na psique humana: o psicanalista suíço Carl

Jung. Aí estava um homem que era capaz de realmente compreender o mundo, pensou o ávido estudante.

Jung apresentou ao mundo moderno o conceito dos arquétipos – estruturas psicológicas universais surgidas do que ele chamava de "inconsciente coletivo", partilhado por toda a humanidade. Os arquétipos eram ideias abstratas sobre pessoas, situações e conceitos que encontravam ressonância nos recônditos mais profundos da psique humana. Os mitos, por exemplo, são carregados de arquétipos: eles contam histórias sobre o guerreiro, o trapaceiro, o homem sábio. Para Jung, um dos arquétipos mais importantes era o da "sombra" – uma parte interior obscura, presente em todas as pessoas, embora muitas vezes escondida ou negada pelo eu consciente. Jung acreditava que o caminho para a realização pessoal passava pelo confronto com a própria sombra: o ato de reconhecer sua existência, sem no entanto aceitar seus objetivos sinistros.

Jung descreveu a sombra – e os efeitos potencialmente catastróficos do ato de ignorá-la – em seu clássico de 1938, *Psicologia e religião*.[1]

Infelizmente, não resta dúvida de que o homem, em sua totalidade, não é tão bom quanto imagina ou deseja ser. Todas as pessoas têm dentro de si uma sombra, e quanto menos essa sombra é incorporada à vida consciente do indivíduo, mais escura e densa ela tende a ser. Se uma inferioridade é consciente, existe a possibilidade de que a pessoa possa corrigi-la. E, além disso, ela estará em contato constante com outros interesses, de modo que seja sempre submetida a modificações. Mas, se ela for reprimida e isolada do lado consciente, jamais terá a chance de ser corrigida e se tornará propensa a emergir subitamente num momento de descuido.

A epistemologia de Jung foi como uma revelação. *É isso*, ele pensou. *Reprimida. Isolada. Propensa a emergir subitamente.*

Ele havia encontrado seu novo projeto. Ia aprender tudo que pudesse a respeito do monstro.

Wilding passou o tema de um trabalho que deveria ser feito pela turma: "O que é uma sombra na sua vida?" Ele começou explicando sua decisão de se alistar no Exército depois do 11 de Setembro, apesar das crenças políticas liberais que carregava. A vida militar havia despertado sua "mentalidade de guerreiro", ele escreveu. Mas, ao encerrar o período de serviço militar, teve uma surpresa.

> Eu me dei conta de que acionar a "mentalidade de guerreiro" era algo muito mais fácil do que desligá-la. O meu "eu antigo" diria que isso é uma lavagem cerebral feita pelo Exército, mas o "novo eu" compreende que eu continuo sendo o livre-pensador que sempre fui, talvez hoje até mais do que antes. Em muitos aspectos, sinto que a "mentalidade de guerreiro" potencializou minha personalidade, minha individualidade e inúmeros outros aspectos da minha vida. Por outro lado, começo a descobrir que essa "energia" nem sempre se manifesta de maneiras positivas.

Ele não chegou a explicar de verdade os desejos de sua sombra. O negror de sua umbra. A maneira como ela o controlava. Disse apenas que o mantinha no escuro. "Como acontece com toda sombra pessoal, sempre foi muito difícil discernir seus aspectos negativos, e, de certo modo, eu cheguei mesmo a ser levado a acreditar, por muito tempo, que esses aspectos seriam na verdade positivos", escreveu.

Ele queria deixar claro para Wilding que havia entrado numa batalha com sua sombra. Que esperava poder vencer. Mas não tinha certeza da vitória.

> Assim como Jung, eu não acredito que uma pessoa possa exterminar totalmente suas sombras. Em vez disso, o melhor é assumir total responsabilidade por aquilo que somos e integrar a sombra à nossa mente consciente. Obviamente, esse processo é complexo e não acontece da noite para o dia. Mas ele se torna muito mais factível depois que aprendemos a questionar e a rejeitar a ideia de que nossos pensamentos conscientes e o nosso ego estão sempre certos e sempre no controle. Às vezes é preciso questionar a autoridade interna.

A professora reclamou porque ele não entrou em detalhes sobre sua sombra pessoal. "Esse era o objetivo inicial do trabalho, embora eu respeite sua decisão de não querer falar tanto a respeito", ela escreveu na avaliação. Abaixo da última frase sobre questionar a "autoridade interna", ela anotou "Por quê? Quando?", querendo que ele se aprofundasse mais nesse ponto. O trabalho recebeu nota 8,7 de 10.

Wilding considerava o novo aluno interessado e ávido por aprender. Ele era mais velho do que a maioria dos colegas de turma, mas era inteligente e engajado nas aulas, participando ativamente das discussões.

Anos mais tarde, quando ficou sabendo do passado dele, Wilding refletiu sobre os ensinamentos que tinha lhe passado. Ela o considerava "brilhante e participativo" em sala de aula. Era um desses alunos – que nem sempre se vê com frequência em faculdades comunitárias – que "parecia ter vontade de aprender". Mas será que ela havia ajudado a lhe dar ferramentas para compreender quem verdadeiramente era? Ou só lhe dera desculpas embrulhadas em teorias eruditas modernas, um subterfúgio para que ele se absolvesse das ações que cometia?

"Minha percepção pessoal é que, ao recorrer ao arquétipo jungiano, ele pode ter encontrado uma maneira de transferir a culpa", ela disse. "Ou foi um contraponto para demonstrar seu conhecimento da diferença entre certo e errado, enquanto dava vazão ao desejo de agir como predador de mulheres e de se aproveitar dos medos delas, além de seus corpos."

Pagar a faculdade era fácil. O período de serviço militar lhe garantia benefícios, conforme determina a lei de acesso à educação para veteranos de guerra conhecida como "G.I. Bill". A cada semestre, a Administração de Previdência para Ex-Combatentes enviava à instituição de ensino 3.834,35 dólares para pagar o valor do curso mais as taxas. Além disso, todos os meses, a agência lhe enviava um cheque extra de 1.531 dólares para cobrir o aluguel. A quantia, baseada num cálculo de gastos médios com moradia, era mais do que ele gastava com a casa da rua Harlan. Sendo assim, o governo dos Estados Unidos também pagava por suas despesas de academia, refeições ocasionais no Hooters e sua assinatura para jogar on-line o popular *World of Warcraft*.

Quando precisava de mais dinheiro, ele recorria à sombra.

Durante anos, havia vasculhado os recantos mais obscuros da pornografia da internet em busca de alívio. Material pornográfico com imagens de *bondage* e sadomasoquismo. Com estupros. Com mulheres mais velhas. Com adolescentes. Material com mulheres em estado grave de desnutrição, os ossos saltados na pele como se fossem vítimas de lugares devastados pela fome. Ele buscava o profano, o lascivo, o obsceno. Na tela de seu computador surgiam imagens cada vez mais violentas e sem conexão com a realidade. Ele se masturbava com frequência. Essa caçada por pornografia consumia suas energias. Ele a chamava de "vício".

O hábito não servia em nada para aplacar o monstro, mas ele descobriu uma maneira de fazê-lo render dinheiro. Começou a montar seus próprios sites pornográficos.

Toda noite, se recolhia no quarto dos fundos da rua Harlan, 65, e se entregava ao trabalho. Ele tinha dito à esposa e aos amigos que era web designer. Mas na realidade passava o tempo vasculhando a internet atrás de novas imagens e de vídeos obscenos. Ele postava tudo nas páginas que tinha criado, com links para os sites de onde o material havia se originado. Sempre que um visitante de sua página clicava no link do site original, ele ganhava uma pequena comissão. Era um empreendimento baseado no marketing de afiliados, um dos modelos de negócio mais simples da internet. Todos os meses, chegavam os cheques da companhia alemã que era a intermediária entre ele e os sites afiliados. O dinheiro era transferido em euros para sua conta no banco Elevations Credit Union, localizado em Boulder. O dinheiro ia pingando, 520,57 dólares num mês, 355,78 dólares em outro.

Ele começou a sonhar mais alto. No topo de uma folha de papel em sua escrivaninha, escreveu O PLANO. A ideia era aumentar para mil dólares por mês a receita de um de seus sites mais populares, o anilos.com, que exibia imagens de mulheres mais velhas. Ele pretendia estabilizar a renda de uma de suas redes afiliadas na casa dos 2 mil dólares mensais. A estratégia seria montar cada vez mais sites de pornografia especializada, lançando em média um site novo a cada semana, para aumentar as fontes de lucro. Disponibilizando material que atendesse a buscas cada vez mais perversas e obscuras, ele poderia ganhar muito dinheiro.

No perfil do MySpace, escreveu que sua profissão era "pornógrafo". Acumulou uma coleção de mais de 1,7 milhão de imagens e vídeos, uma parte para uso pessoal e outra para ser postada nos sites. Os arquivos ficavam guardados no HD do computador, no quarto dos fundos da casa. Ele baixou um programa gratuito chamado TrueCrypt, que usou para criptografar os arquivos usando algoritmos matemáticos complexos. Os melhores hackers do mundo – incluindo os que trabalhavam para o FBI e para a Agência Nacional de Segurança dos Estados Unidos, a NSA – consideravam a tecnologia do TrueCrypt quase inviolável. Anos antes, quando fez o teste de aptidão para ingressar no Exército, ele se classificou para estudar e trabalhar com criptologia. Agora, estava fazendo justamente isso.

Ele criou dezenas de sites projetados para atrair sombras semelhantes à sua. Suas páginas campeãs de arrecadação eram skinnyteen.net, abusedteenwhores.com, grannypanties.net e hotteachersex.net. Outros de seus sites ofereciam material de estupro. Alguns forneciam imagens de incesto. Os sites mostravam as mulheres em poses grotescas – amordaçadas, humilhadas. Mulheres mais velhas, com os cabelos grisalhos, de pernas abertas sobre a cama ou fazendo sexo com homens mais jovens. Outras que pareciam perigosamente jovens. Um dos sites, o thinfetish.com, foi criado para atrair pessoas que se excitavam sexualmente com magreza extrema.

A coisa não tinha fim. Para garantir que o dinheiro entrasse, ele precisava buscar o tempo todo por imagens novas para alimentar o conjunto de sites. Material novo atraía novos usuários e fazia os antigos continuarem acessando. Ele disse para um amigo que andava cansado de pornô "cafona".

Andava querendo algo mais autêntico. Mais verdadeiro. O mais verdadeiro que pudesse conseguir.

Um mês depois da partida de Masha para a Geórgia, ele decidiu mergulhar na arena dos jogos românticos da era moderna: os sites de relacionamento. Como sempre, houve uma preparação intensa antes. Ele reservou uma prateleira do quarto dos fundos para os manuais com dicas de paquera para os tempos atuais. Estudou a fundo *O jogo: a bíblia da sedução*, de Neil Strauss, e *O método Mystery: como levar mulheres bonitas para a cama*, de Erik von Markovik. Os dois livros apresentavam descrições do processo de transformação de um CLF (cara legal frustrado) num MDC (mestre das cantadas) irresistível, capaz de pegar qualquer GSS (gata supersexy). Eles revelavam a existência de clubes secretos onde sedutores experientes se reuniam para trocar técnicas de sedução, como a manobra do Tic Tac[2] (você dá um Tic Tac para ela, depois explica que é um toma lá dá cá e que vai pegar sua retribuição, e daí beija a moça), a aproximação do fiapo na roupa (entrar num bar segurando um fiapo de tecido que você finge pegar do ombro dela, para depois poder perguntar: "Há quanto tempo isso estava aí?") e as vantagens dos colares que brilham no escuro (para se "pavonear" melhor e atrair mais atenção na balada).

No universo dos MDCs, as mulheres são "alvos".[3] Os livros apresentam roteiros prontos para ajudar na aproximação. Alguns são baseados em desarmes verbais chamados de *negs*, tática masculina que usa de desqualificadores para chamar atenção da mulher diminuindo o valor dela. Por exemplo:

Caso o seu alvo interrompa você, diga:
– Ei, eu estava falando! Caramba...
Ou então:
– Com licença, posso terminar o que eu estava dizendo?
Em seguida, você diz às outras pessoas do grupo, revirando os olhos com um ar brincalhão:
Ela sempre age desse jeito?

Em outras palavras: táticas para abalar a confiança da GSS, e que talvez acabem deixando-a confusa o suficiente para ceder à sua cantada. Pura psicologia prática.

Para encontrar as mulheres, ele recorria a sites de relacionamento como o OkCupid e checava periodicamente a seção de Encontros Casuais do Craigslist de Denver – uma sucessão interminável de fotos de pênis, pornografia amadora e pedidos diretos de sexo, na sua maioria feitos por homens. Quando uma mulher fez um post em busca de companhia para jantar, ele respondeu com um texto fazendo piada sobre sua vidinha banal.

O plano era passar a noite agarrado a um livro (pois é, que emocionante), mas decidi dar uma passada pelo Craigslist, vi seu post e pensei que podia ser divertido sair para beber alguma coisa.

Sobre mim:

32 anos.

1,88 metro 99 quilos.

Divorciado.

Leitor, viajado, confiante, divertido e bom de papo.

Não quero compromisso, só uma saída.

Não fumante, não uso drogas.

A mulher do post era fotógrafa amadora. Ele disse a ela que adoraria ter umas aulas. "Eu tenho uma Canon Rebel XTi e só faço bobagem com ela, hahaha! Quem sabe você me dá umas dicas", e encerrou a mensagem com um emoji sorridente.

Algumas mulheres o consideravam ameaçador. Ele disse a uma moça de 28 anos de Denver que preferia garotas do tipo mignon, que se vestissem de um jeito sexy e usassem bastante maquiagem. "Toda garota fantasia ser estuprada", ele escreveu para ela. Ele zombou da interlocutora de 31 anos que comentou que gostava de um clube de sadomasoquismo no centro de Denver chamado The Sanctuary. O lugar promovia festas de sexo em que homens e mulheres podiam se entregar à prática controlada de S&M, com um "Mestre da Masmorra" presente para monitorar o grau de violência. Todos os participantes precisavam escolher uma *safeword* – a palavra de segurança que, se dita, interrompia imediatamente qualquer prática desconfortável. Atos envolvendo escatologia e derramamento de sangue eram proibidos no clube. "Esse pessoal não entende nada de dominação", ele disse para ela.

Mas ele próprio entendia – e era esse entendimento que norteava sua busca por mulheres.

"Eu procurava sondar o terreno", explicou. "Agarrava a garota pela nuca, ou pelo cabelo, e, dependendo de como ela reagisse a isso, dava para saber."

Eram mulheres que ele podia dominar. Ele fazia com que fossem encontrá-lo usando saltos altos e batom chamativo. Às vezes, elas imploravam para que ele realizasse sua fantasia de ser estupradas. Ele gostava de sexo violento.

"O meu lance era com humilhação e, basicamente, degradação", declarou. Mas era sempre tudo consensual. "Eu tratava as garotas com respeito. Nunca abusei de nenhuma delas – bem, não mais do que elas me pediram para fazer."

Só que esses encontros sadomasoquistas não estavam mais sendo satisfatórios para ele. Ele acabava conhecendo as mulheres mais profundamente. Elas deixavam de ser alvos. Viravam pessoas de verdade.

"Eu podia fazer todo tipo de loucura com uma mulher, com uma que fosse bonita, sexy e inteligente e de quem eu viesse a gostar bastante, mas isso meio que virou parte do problema", ele disse. "Eram mulheres de quem eu gostava, que eu conhecia. Eu não sei por quê, mas isso estragava tudo. Eu não tinha o mesmo prazer na coisa."

Então, enquanto navegava um dia pelo OkCupid, ele achou o perfil de uma mulher chamada Amy.[4] Ela era uma garçonete de 33 anos que trabalhava num clube de suingue na zona sul de Denver. Um cabelo escuro e uma franja reta emolduravam o rosto redondo com olhos grandes e expressivos. Para servir as mesas, ela usava um uniforme de colegial ou biquíni. Em seu perfil no site, havia escolhido três adjetivos para se descrever: "desvirtuada", "curiosa" e "pervertida".

Meu tipo de garota, ele pensou. E mandou uma mensagem para ela: "Eu preciso saber. Quão pervertida?"

Ele foi buscá-la em casa para o primeiro encontro, em que os dois jogaram sinuca num bar. Ela o descreveu como "um perfeito cavalheiro", galanteador e espirituoso. Ele deixou um depoimento generoso no OkCupid dela: "Não é só uma mulher linda, mas também muito sofisticada e com uma inteligência mais do que sagaz."

"Você é uma das poucas pessoas no mundo que eu sinto que realmente me entendem", ele escreveu para ela numa mensagem.

Eles não ficaram juntos por muito tempo, mas mantiveram contato. Ela sofria de insônia. Ele trabalhava até tarde na manutenção dos sites de pornografia. Os dois trocavam e-mails e mensagens noite adentro. Ele pensava em Amy como uma amiga no meio da escuridão.

Uma vez, ela lhe contou sobre um incidente que acontecera no condomínio onde morava. Quando estava andando por um dos corredores, um homem surgiu do nada e tentou agarrá-la. Ela conseguiu se desvencilhar. "O sujeito vai voltar um dia. Ele ainda não está pronto. Vai voltar e conseguir ir até o fim", ele lhe escreveu. Em circunstâncias diferentes, o tal sujeito até poderia ter sido ele próprio. "A única coisa que me impede de ser o cara que atacou você é a minha família e a vida que eu tenho", ele disse.

Ele falou que era um sádico e que queria ter diversas parceiras sexuais. Contou vantagem sobre os sites pornôs que administrava. Descreveu suas fantasias de sexo violento e degradante. Disse que as mulheres eram masoquistas e queriam homens que as machucassem e controlassem. Algumas mulheres, ele disse a ela, gostavam de ser estupradas. "Algumas mulheres querem ficar com hematomas depois do sexo porque gostam da atenção que chamam", ele lhe escreveu.

Às vezes, ele aplicava as técnicas que havia aprendido nos manuais de paquera. Um dia, quando Amy não respondeu imediatamente ao seu contato, ele lhe mandou uma mensagem pelo Facebook: "Se você quiser conversar, vou manter a minha página on-line por mais um tempo. Se não, pode ir se foder com um vibrador gigante ligado na tomada e apoiado numa pilha de livros que você provavelmente nunca leu mesmo." Esse era um *neg* dos bons – você desestabiliza o alvo, depois finaliza com uma outra mensagem num tom mais emotivo, que revele um lado mais compreensivo: "Quando nós saímos juntos, eu lhe disse que sentia que faltava alguma coisa na minha vida. Finalmente comecei a ter uma noção vaga do que pode ser isso. E é complicado. Mas pessoas como nós são mesmo criaturas complicadas. Bem mais do que você pode imaginar", ele escreveu para Amy.

Em agosto de 2010, ele começou a sair com Carla, uma moça de 28 anos de Denver. Um dia, ele esteve com ela na Green Mountain Guns, um negócio familiar num pequeno centro comercial. Lá, ele mostrou a ela uma pistola que estava querendo comprar: uma pistola Ruger pequena, preta e prateada, calibre .380.

Dias depois, nesse mesmo mês, em 10 de agosto, ele estuprou Sarah. Depois que saiu do apartamento dela, ele penhorou as alianças do seu casamento com Masha. Em seguida, foi ao Departamento de Veículos Motores fazer uma carteira de motorista nova. Então, chegou à sua última parada: a Green Mountain Guns. Usando sua nova carteira de motorista, e pagando 328,13 dólares em dinheiro, incluindo os 200 dólares roubados de Sarah mais o dinheiro das alianças penhoradas, ele comprou a Ruger.

Quando chegou em casa, ele guardou a calcinha de Sarah no amplificador preto que ficava no quarto.

Ele enviou uma mensagem com a foto de sua arma nova para Carla.

Tinha conseguido dois troféus.

Em outubro de 2010, ele conseguiu um novo morador para ajudar a pagar as contas da casa: seu irmão mais novo, Michael. Qualquer pessoa que passasse pelos dois na rua veria logo que eram parentes. Ele estava com 32 anos, pesava 99 quilos, tinha 1,88 metro de altura, cabelo loiro e olhos castanho-claros. Michael tinha 30 anos e pesava 104 quilos, com 1,88 metro de altura, cabelos cor de areia e olhos verdes. Era comum as pessoas acharem que os dois eram a mesma pessoa.

Mas as semelhanças na aparência escondiam diferenças profundas por trás dela. Os dois eram da mesma família, mas nada próximos.

Às vezes, ele achava Michael irritante. Michael era fanático por esportes. Tinha adoração pelos Tennessee Titans, e havia pendurado uma flâmula gigante do time de futebol americano no quarto. Ia até o escritório dos fundos da casa pelo menos uma vez por dia para checar suas escalações nos *fantasy games* de futebol americano e basquete. Ele tentava alertar Michael: esporte profissional era para gente com a mente fraca. Era uma perda de tempo, algo feito para "deixar as pessoas anestesiadas".

A questão era esta: Michael era um cara comum. Tinha prestado serviço militar depois de terminar o colégio. Ao ser liberado do Exército, quis entrar para o basquete universitário e encontrou uma vaga para jogar na York College, uma pequena faculdade cristã numa cidadezinha nas planícies da região sudeste de Nebraska. Depois de formado, ele não encontrou muita serventia para o diploma de administração de empresas e resolveu voltar para o Colorado para ganhar a vida como entregador de móveis. Ele decidiu apostar seu futuro na carreira mais comum possível entre as carreiras para caras comuns: se matriculou num curso de barbearia na Escola Técnica Emily Griffith, em Denver. Era assim mesmo que Michael se via: como um sujeito normal e pronto. Namorava sério uma garota que frequentava a igreja e que ele conhecia desde os tempos de colégio. Os dois tinham um grupo grande de amigos. Gostavam de ir ao cinema e de frequentar restaurantes. Sua filosofia era bem menos complexa que a do irmão: "Eu só quero levar a vida e achar aquilo que me faz feliz."

Michael sabia que o irmão era diferente. "Um cara super, superprofundo", foi como ele o descreveu. "E inteligente pra caramba."

Seu irmão mais velho não bebia. Não fumava. Não usava drogas. "Ele não tem muitos amigos", Michael disse. "Acho que não tem nem sequer um melhor amigo."

O irmão ficava sempre muito na dele, trancado no quarto dos fundos da casa da rua Harlan, 65, com seu computador. Ele nunca deixava Michael ver o que estava fazendo. Fazia questão de que os dois mantivessem contas separadas. "Eu não olho as coisas dele, e tenho quase certeza de que ele não olha as minhas também", Michael afirmou.

Michael sempre ficou impressionado com o intelecto do irmão. Mas havia também algo de esquisito com ele. Sua estante de livros era cheia de volumes estranhos falando sobre símbolos, religiões antigas, sociedades secretas. De vez em quando, ele surgia com conversas sobre teorias de conspiração bizarras. Seu irmão, ele disse, não pensava do mesmo jeito que as pessoas comuns. "Se você considerar as coisas da sociedade normal, o modo de pensar da sociedade normal, ele é bem fora da curva."

Como exemplo, ele citou a mulher com quem o irmão havia começado a sair pouco tempo antes. Ela também era do tipo "fora da curva".

O nome da moça era Calyxa Buckley,[*] de 32 anos. Ela tinha sido criada na bacia de San Miguel, uma região de antigas cidades de garimpo falidas e pradarias desertas no sudeste do Colorado. Havia se alistado na Marinha ao completar 18 anos, mas detestou a vida militar e acabou

---

[*] Pseudônimo.

desertando um ano depois. De volta ao Colorado, foi presa sob a acusação de ter furtado uma farmácia e um posto de gasolina na minúscula cidade de Norwood, e acabou indo morar com um sujeito mais velho chamado Chuck Travers.* Os dois zanzavam por acampamentos de trailers e motéis baratos em cidades quase inexistentes salpicadas pelo deserto do território Navajo no leste do Arizona. Chuck trabalhava como mecânico. Calyxa estava concentrada em escrever um manifesto baseado na teologia do povo Hopi, que ela batizara de "Teoria de Tudo".

Calyxa e Chuck estavam juntos havia treze anos e se consideravam casados. Eles eram adeptos do poliamor, e os dois regularmente se encontravam e faziam sexo com outras pessoas. Assim, não pareceu estranho quando Calyxa se interessou por um sujeito do Colorado que fez contato com ela pelo Craigslist. No início, os dois conversaram por e-mail. Depois, passaram a usar o telefone. As ligações duravam horas. Falavam sobre filmes. Livros. Bobagens. Os dois ficaram *mais íntimos que dois irmãos*, Chuck pensou consigo mesmo.

Calyxa decidiu pegar um avião até o Colorado para se encontrar pessoalmente com seu novo cara. Chuck, que havia sido fuzileiro naval, tinha trabalhado na área de inteligência de comunicação e transmissão de dados. Ele se considerava um sujeito hábil em avaliar pessoas. Ele teve algumas conversas por telefone com o desconhecido do Craigslist e o considerou um sujeito bastante intenso e cioso da própria privacidade. Em sua avaliação final, o homem era "inteligente, culto, um sádico e um megalomaníaco". Ainda assim, não ofereceria perigo como amante de Calyxa. Em outubro de 2010, Chuck levou sua parceira até o aeroporto internacional Sky Harbor, em Phoenix, uma viagem de seis horas de carro, ida e volta, desde o quarto onde eles estavam instalados no hotel Desert Inn à beira da Rota 66 em Holbrook, Arizona, cidade com 5.053 habitantes.

O homem foi buscá-la no aeroporto de Denver para uma estadia de duas semanas em sua companhia na casa da rua Harlan. Calyxa tinha as maçãs do rosto altas e proeminentes, uma face fina e um nariz afilado. O cabelo era escuro e cacheado, com mechas longas caindo

---

* Pseudônimo.

abaixo da altura dos ombros. Os olhos, que às vezes ela maquiava com rímel escuro, eram fundos, e podiam ter um ar quase ameaçador. Ela sabia que o mundo era um lugar complexo, cheio de grupos secretos e poderosos que exerciam controle sobre as massas. Ele havia encontrado uma mulher que compreendia o mundo da mesma maneira. Sentiu a conexão entre os dois vibrar dentro de si. "Eu gostei muito dela", disse.

O irmão, Michael, teve uma reação oposta. Calyxa o irritava. A seu ver, era uma criatura "esquisita, natureba e fã de teorias da conspiração". Ela mantinha longas conversas em tom sussurrado pelo telefone, das quais ele pescava trechos, e falava sobre alquimia, arquétipos e o infinito. Ela insinuava ser membro graduado de uma sociedade secreta poderosa. Uma noite, Michael saiu na companhia de Calyxa e do irmão. O irmão o alertou de que seria preciso ter cuidado, porque Calyxa estava vivendo fora da rede. Nem o governo sabia de sua existência – ela não tinha cadastro no Seguro Social. Uma escolta de proteção muito discreta estava sempre a acompanhando, e tinha inclusive ido nessa viagem para o Colorado. Michael prometeu ao irmão que não revelaria nada: "Eu não quero acabar morto."

Pelo que Michael conseguia entender, o irmão pensava pertencer a uma elite restrita e iluminada que sabia como o mundo de fato funcionava e que usava essa verdade para dominar as instâncias mais ordinárias e cotidianas da vida. Michael sabia que parecia maluquice, mas realmente acreditou nisso tudo. "Eu estou lhe dizendo que não é bobagem", ele dizia às pessoas que reagiam com ceticismo aos diagramas delineados de forma exaltada pelo irmão mais velho a respeito das estruturas de poder ocultas na sociedade. "Eu sei que é de verdade porque convivo com ele. Não é delírio."

Michael sabia também que o irmão e Calyxa tinham em comum um interesse profundo por ocultismo. Ele costumava consultar *O Magus,* um manual do século XIX sobre Cabala, a influência dos planetas e a magia natural de unguentos, amuletos e feitiços. Ele se considerava um especialista no *Corpus Hermeticum,* uma coletânea de escritos misteriosos datando do ano 200 da era Cristã, e se orgulhava por ser um leitor criterioso desse material – não havia gostado muito de uma versão cristã neoplatônica que lera do *Hermeticum,* segundo comentou com um amigo. "Encontrei outras versões na internet que, pelo menos na minha opinião, trazem traduções melhores do grego original."

Outro de seus fascínios era a numerologia. Ele preenchia cadernos com rabiscos de símbolos pagãos e costumava viver atrás de uma série de textos raros que serviam para ampliar seus estudos: os 42 *Livros de Thoth*, que continham toda a teosofia egípcia. Tinha interesse também por toda ciência moderna que pudesse embasar suas teorias sociais, como o livro *The Superorganism*,* de Bert Hölldobler e do professor e pesquisador de Harvard E.O. Wilson, que traz uma descrição da organização hierárquica das sociedades de insetos. Além disso, as técnicas de hipnose também despertavam sua curiosidade.

Ele andava pensando em registrar suas reflexões num blog, e começou a cogitar nomes possíveis: HiveTheory, ThatWhichIs, PrimalMind, TribeTwoZero. O tema, segundo escreveu para um amigo, seria "espiritualidade, ocultismo, filosofia etc. Um blog comum, basicamente, para expor meus pensamentos".

Calyxa visitou a casa da rua Harlan, 65, novamente em novembro. Dessa vez, a estadia durou um mês. Ele queria transformar o relacionamento dos dois em algo mais permanente. Pela primeira vez, desde que conhecera Masha, estava sentindo uma conexão emocional com alguém. E ainda continuava com a ideia de ter filhos. "Já fazia muito, muito tempo que eu não me envolvia tanto assim com uma mulher", era o que dizia aos amigos. Ele era uma pessoa diferente quando estava com ela. Isso o impressionava. Não havia a busca constante por pornografia nem as caçadas noturnas nas ruas. Ela o deixava calmo: o monstro parava de se remexer.

"A compatibilidade entre nós dois era tanta, e eu me sentia tão à vontade com ela, que nem pensava no assunto", ele disse. "Não tinha motivo para pensar em mais nada."

Calyxa, entretanto, via as coisas de outra maneira. Ela lhe disse que não tinha interesse num relacionamento mais profundo. Havia um livro que precisava escrever. O marido estava num deserto solitário. Estava na hora de partir para outra. E, assim, ela se transformou – de repente, sem aviso – numa ex-namorada. Ela foi embora no dia 15 de dezembro.

---

* "O superorganismo", em tradução literal. (N.T.)

Ele se viu sozinho outra vez.

Ela podia ter me ajudado, pensou consigo mesmo. Em vez disso, tinha feito como a mulher da música que ele costumava tocar para sua mãe quando era jovem, "Little Wing".

That's all she ever thinks about,
Riding with the wind. [*]

No dia 5 de janeiro, ele estuprou Amber.

Mais uma calcinha foi escondida na parte de trás do amplificador de sua guitarra. O ciclo começava novamente.

---

[*] "Ela só quer saber disso / de viajar com o vento." (N.T.)

10
BONS VIZINHOS

25 de janeiro de 2011

Westminster, Colorado

Hendershot e Ellis eram parceiras de trabalho havia muito tempo, e tinham criado uma piada interna. Caso uma das duas estivesse presa numa reunião especialmente chata – e não faltavam reuniões chatas no dia a dia da rotina policial –, bastaria mandar um pedido de socorro para a outra: "Mande uma mensagem solicitando que eu saia da reunião, com um '911' para fazer parecer mais urgente." Esse plano de fuga valeria para qualquer uma das partes, embora nunca tivesse sido usado de fato por nenhuma delas.

Assim, quando a mensagem de Ellis chegou para Hendershot, incluindo até o "911" para dar a sensação de urgência, Ed pensou que se tratasse da velha piada interna entre as duas. Ela havia passado a manhã numa reunião na Prefeitura de Westminster que era parte obrigatória de um treinamento. *Que estranho*, pensou. Mas, no instante seguinte, percebeu que não se tratava de uma brincadeira.

Ellis tinha novidades importantes. Ela contou a Hendershot que recebera as fotos das marcas das luvas e pegadas colhidas no local da tentativa de estupro registrada em Lakewood. A criminalista responsável pela perícia era uma amiga sua, Sheri Shimamoto. As duas haviam ficado bem próximas durante um curso de duas semanas que fizeram na sede do FBI em Quantico, na Virgínia. Shimamoto fazia parte da "malha azul" – a rede não muito unida de analistas técnicos a serviço da polícia na região de Denver.

Fazia todo o sentido que ela tivesse encontrado aquelas pegadas. Shimamoto era louca por sapatos. Seu closet exibia cinquenta pares, incluindo cinco Adidas Superstars, o modelo de tênis da marca das três listras mais cobiçados por aficionados do mundo inteiro. Antes de ingressar na carreira policial, seu emprego preferido tinha sido como vendedora na rede de sapatarias femininas Lady Foot Locker. Shimamoto tinha um diploma de graduação em matemática, mas sua fixação por sapatos a levara a se especializar em identificação de pegadas quando começou a carreira em criminologia.

Marcas de pegadas não eram tão valiosas quanto impressões digitais, certamente. Elas não estavam ligadas diretamente à identidade das pessoas. Mas, com um pouco de sorte, podiam contar histórias sobre os criminosos que ajudavam na sua identificação. A impressão da sola de um sapato podia levar a uma marca específica, como Nike ou Merrell. E certas peculiaridades, como um corte no calcanhar, um certo padrão de desgaste ou a pisada de um pé cavo, podiam deixar marcas que um perito criminal seria capaz de ligar a um par específico de sapatos. A fim de determinar a origem de uma pegada colhida numa cena de crime, Shimamoto podia passar horas navegando na Zappos. com, uma loja varejista on-line de sapatos famosa por publicar imagens detalhadas do cabedal, das solas e laterais de milhares de modelos, ou então ela saía para uma ronda pelas sapatarias do shopping mais próximo. Tudo fazia parte de sua pesquisa para fechar o cerco sobre o criminoso.

Shimamoto tinha feito uma busca por pegadas assim que chegou à cena do crime de Lakewood, espalhando pelo chão do quarto e da cozinha um pó bicromático capaz de revelar vestígios de óleo ou terra deixados por dedos ou solas de sapatos. Ela encontrou quatro marcas distintas que pareciam ter sido deixadas por um tênis, e detectou mais uma pegada semelhante na terra molhada do lado de fora da janela do quarto. Quando examinou a janela em busca de marcas de digitais, o que encontrou foram marcas deixadas por uma luva.

Uma luva que tinha um padrão de colmeia na palma.

Assim que Ellis baixou as imagens enviadas por Shimamoto, ela reconheceu o padrão. Ele era compatível em formato e tamanho com as marcas estranhas que ela havia encontrado na balaustrada atrás do apartamento de Sarah. No dia em que esteve lá, ela não teve certeza do que poderia ter deixado as tais marcas. Agora, conforme comunicou a Shimamoto, já podia saber. Shimamoto ficou tão empolgada que correu até uma filial da loja de material esportivo Dick's Sporting Goods, onde descobriu um par de luvas macias e pretas da marca Under Armour contendo, na parte interna dos dedos e na palma, um padrão saliente em formato de colmeia.

Passo seguinte: os sapatos. Ellis examinou a foto que a colega Kali Gipson havia tirado depois de aplicar tinta spray sobre a pegada deixada atrás do apartamento de Amber em Golden. As marcas pareciam quase idênticas às que Shimamoto encontrara na lama embaixo da janela de Lakewood. Matt Cole, parceiro de Galbraith, enviou uma imagem das pegadas para um site de identificação de sapatos para fins de perícia policial. O resultado chegou logo: aquelas eram pegadas de um par de Adidas de *mesh* modelo ZX700, tênis lançado no varejo em março de 2005.

Quando Hendershot viu todos os pontos ligados pelas duas policiais, ela soube: o homem que atacou a mulher de Lakewood em 6 de julho de 2010 tinha que ser a mesma pessoa que estuprou Doris e Sarah.

Imediatamente, ela fez um telefonema para o Departamento de Polícia de Lakewood.

Aquele era o caso mais estranho que já tinha parado nas mãos do detetive Aaron Hassell, da polícia de Lakewood. Ele havia sido chamado por conta de uma tentativa de estupro numa casa de um bairro de classe média alta. A pessoa que fez a ligação, uma mulher chamada Lilly, informou que um homem usando uma máscara preta a tinha atacado enquanto ela estava dormindo. Quando gritou por socorro, o homem foi para outro cômodo ver se havia mais gente em casa. Lilly aproveitou a chance para escapar, saltando pela janela acima de sua cama. Por ter se jogado de cabeça de uma altura de dois metros, ela fissurou as costelas e quebrou uma vértebra. Mesmo com fortes dores, conseguiu cambalear até a casa vizinha e esmurrar a porta até acordar alguém.

Quando os policiais chegaram, no entanto, não encontraram qualquer sinal de arrombamento na casa dela. Não havia marcas nas molduras das portas nem vidraças quebradas. As portas estavam todas trancadas, assim como as janelas. Hassell falou com quatro vizinhos e nenhum havia visto nem ouvido nada de diferente. Os peritos não encontraram amostras de DNA. *Não tem evidência nenhuma*, Hassell pensou.

Mas isso não era bem verdade. Shimamoto havia conseguido encontrar as marcas de pegada e das luvas. Elas não eram compatíveis com nada que pertencesse a Lilly, mas também não apontavam para qualquer suspeito que fosse – ou sequer podiam confirmar a ocorrência de um ataque. Havia um jardineiro que tomava conta do quintal, e profissionais de serviços gerais do sexo masculino eram chamados de tempos em tempos até a casa. Lilly tinha também um amigo idoso que ocasionalmente pernoitava ali. As marcas podiam ter sido deixadas por qualquer um desses homens.

A própria Lilly era um enigma. Uma mulher com espírito livre, que havia feito toda sorte de pedidos incomuns aos investigadores. Ela telefonou para Hassell para dizer que desde a tentativa de estupro seu gato passara a arranhar pessoas que estivessem usando botas pretas, e que talvez a polícia devesse ir atrás de um suspeito que usasse botas pretas. "Ela considerou que essa informação poderia ser útil para a investigação", Hassell escreveu. Lilly também pediu a uma artista russa amiga sua que fizesse um retrato falado do invasor com base em sua descrição, e quis que Hassell o distribuísse para a imprensa. O desenho mostrava um homem com o rosto coberto por uma máscara preta com apenas uma fenda que mostrava um par de olhos azuis e sobrancelhas loiras. Não havia qualquer outra característica que pudesse auxiliar no reconhecimento do homem no retrato. Hassell não atendeu ao pedido. Em outra ocasião, ela lhe pediu que fizesse uma busca pelas academias da região de Denver atrás de um homem branco e musculoso, com 1,80 metro de altura e olhos azuis. "Muitos caras vão se encaixar nessa descrição", ele lhe respondeu.

Mais de dois meses depois de ter chamado a polícia, Lilly de repente lembrou que uma rede wi-fi desconhecida havia aparecido em seu computador pouco antes do ataque. O nome da rede era Pure Evil,[*] ela disse.

---

[*] Puro Mal, em tradução literal. (N. T.)

Por fim, ela quis que Hassell conseguisse um especialista em hipnose para entrevistá-la num estado de transe. O detetive fez contato com um investigador que trabalhava para a promotoria do Condado de Jefferson e era hipnoterapeuta registrado. Os três se encontraram num dia de outubro em que ventava muito, na delegacia de Lakewood, cerca de três meses depois do crime. O investigador iniciou a sessão com uma técnica bastante usada para induzir a hipnose.

– Imagine que está num elevador – disse ele a Lilly. – Você está descendo, descendo, descendo cada vez mais.

Ela o interrompeu.

– Não estou, não – falou. Lilly tinha uma técnica própria. – Estou caminhando num campo – emendou.

Ela pediu que o investigador permitisse que ela funcionasse como um canal de comunicação que falaria em nome dos gatos, esquilos e árvores que haviam testemunhado o ataque. Sob o efeito da hipnose, Lilly descreveu cenas que não tinha relatado anteriormente e que não poderia ter testemunhado em primeira mão. Ela relatou ter visto como o criminoso entrara em sua casa, esgueirando-se pela garagem, e como ele havia observado a movimentação dela espiando pelas janelas.

As informações fornecidas por Lilly durante o transe não impressionaram Hassell nem o investigador. O investigador "disse não ter considerado a sessão produtiva", Hassell escreveu em seu relatório. Lilly não estava exatamente prejudicando o andamento da investigação, mas, no entender de Hassell, ela certamente também não estava ajudando.

Lilly também se sentiu frustrada. Ela não nutria grande confiança pela polícia de modo geral. Alguns meses antes de ser atacada, tinha tido uma experiência ruim com os policiais de Lakewood. Ela costumava fazer preces diante de uma grande árvore que ficava num quintal vizinho. Quando a casa foi vendida, os novos donos chamaram a polícia ao se deparar com uma desconhecida entoando cânticos e dançando em seu terreno. Os policiais mandaram que Lilly se retirasse do local. Ela entrou com uma reclamação formal alegando ter sofrido assédio policial.

Em outra ocasião, depois do dia da invasão, ela ouviu um barulho às três e meia da manhã na casa onde estava ficando e decidiu chamar a polícia. Um agente de Denver atendeu ao chamado. Quando bateu na porta, ele ergueu sua lanterna até a altura do ombro. Lilly achou que ele estava segurando o facho de luz da mesma maneira que o criminoso que a atacara segurava sua faca. Ela se recusou a permitir que ele entrasse. No dia seguinte, pediu que Hassell investigasse o agente como possível suspeito do crime. Hassell se recusou a fazê-lo.

Lilly estava frustrada com Hassell. Ele vivia lhe dizendo "não". Quando pediu que o retrato falado fosse feito por um desenhista da polícia, ele se recusou – por isso, ela recorreu à amiga russa. Os policiais não a levavam a sério. "Não é tão importante. Isso não faz diferença", era o que ela se lembrava de ouvir deles.

"É importante, sim", Lilly então protestou. "Eu sei como é a aparência do sujeito. Sei como ele se movimenta. Sei muita coisa sobre ele. Pude ver os olhos, o feitio do corpo. Sou uma artista, posso ajudar vocês."

Cerca de um mês depois de ter tido a casa invadida, Lilly estava cuidando do jardim e viu uma faca com cabo de madeira fincada no chão, perto da cerca dos fundos. Ela a reconheceu como sendo uma das facas de sua cozinha, a que geralmente usava para abrir melancias. Devia ser a utilizada pelo estuprador. Ele devia tê-la fincado ali quando estava fugindo. Por que a polícia não tinha encontrado aquela faca antes? Por que ela teria que ligar e alertá-los sobre uma pista tão importante? Lilly reclamou sobre a "falta de interesse" de Hassell.

Os pais dela também não estavam satisfeitos com o trabalho de Hassell. Eles contrataram um detetive particular para dar uma olhada na cena do crime. O detetive, um agente aposentado da polícia de Denver, encontrou o que parecia ser uma marca de sola de sapato raspada no alto da cerca de 1,80 metro de altura que envolvia o quintal dos fundos da casa de Lilly, mas não mais do que isso. Ainda assim, o achado pareceu um sinal claro para Lilly e os pais dela: Hassell não estava fazendo seu trabalho. Um dia, a mãe de Lilly foi até a delegacia. Ela confrontou o policial.

– Diga a verdade – falou. – Você acredita na minha filha?

Essa era uma questão difícil de responder.

Hassell tinha recebido uma educação cristã conservadora e crescido numa família de militares. O pai, veterano da Força Aérea, consertava eletrodomésticos. A mãe dava aulas numa escola. Ele completara os estudos na Cedarville College, uma pequena faculdade batista nos arredores de Dayton, Ohio.[1] Todos os alunos tinham estudos bíblicos como disciplina obrigatória, e o criacionismo era ensinado pelos professores. O lema do lugar não deixava dúvida quanto à sua missão: "Pela glória e aliança com Cristo." No campus, não havia muito espaço para pessoas que acreditavam em telepatia e que árvores tivessem espíritos.

Hassell também sabia que mulheres podiam mentir a respeito de terem sido estupradas. No início da carreira, ele respondeu ao chamado de uma mulher que alegava ter sido atacada no próprio apartamento. Para se desvencilhar do homem, ela disse que havia usado spray de pimenta. Hassell encontrou vestígios de spray de pimenta por todo o quarto dela. Mas outros detalhes o incomodaram. A mulher disse que o homem tinha rasgado sua calça, mas ele encontrou os jeans embolados numa pilha no chão, como se alguém tivesse baixado o cós e se despido dele. Ele achou também um recibo que mostrava que o spray havia sido comprado no dia anterior. Quando questionada a respeito desses achados, a mulher voltou atrás na denúncia. Ela admitiu que tinha forjado o incidente. Hassell também descobriu que ela havia reclamado com os vizinhos sobre um suposto ataque de outro homem algumas semanas antes. O detetive concluiu que a mulher sofria de uma "necessidade insaciável de atrair atenção", e lhe aplicou uma multa por ter feito uma denúncia falsa à polícia.

Mesmo assim, Hassell tinha discernimento para aceitar que ele nem sempre sabia de tudo. A poucos quilômetros de Cedarville, havia outra faculdade particular que parecia existir numa realidade paralela. A Antioch College era o exemplo clássico de escola de artes liberais de pequeno porte, onde o foco principal era posto nos preceitos da democracia, governança estudantil e justiça social.[2] A prestação de serviços à comunidade era obrigatória para todos os alunos, que não recebiam dos professores apenas notas, mas avaliações dissertativas. O lema da Antioch? "Tenha vergonha de morrer antes de ter conquistado alguma vitória para a humanidade." Não faltaram a Hassell oportunidades de conviver com os alunos da Antioch. Ele percebeu que era possível ser diferente sem ser alucinado. Isso o fazia hesitar diante da ideia de julgar o comportamento de Lilly. "Muita gente com quem eu trabalhava dizia: 'Ela é doida.' Eu não achava isso. Só achava que as crenças dela eram incomuns."

Com a experiência, ele também aprendera sobre os perigos de taxar de mentirosa a possível vítima de um crime. Ele não se arrependia das decisões tomadas no início da carreira – denúncias falsas consumiam muito em termos de tempo e energia policial. Mas, agora que estava no posto de detetive, Hassell entendia também que informantes poderiam não se sentir confortáveis em partilhar o que sabiam caso tivessem medo de ser presos por estar mentindo. O alto escalão da polícia de Lakewood, inclusive, desencorajava que fossem feitas prisões por denúncia falsa, salvo em casos extremos.

E havia também os riscos específicos dos casos envolvendo crimes sexuais. O estupro já é, em si, um crime subnotificado. Acusar uma pessoa que tenha denunciado – e desacreditar a denúncia feita por ela – pode fazer crescer mais ainda as taxas de subnotificação e permitir que os estupradores continuem à solta, para talvez voltar a estuprar outras pessoas. Além disso, uma atitude assim serviria para alimentar o mito de que muitas mulheres mentem sobre terem sido estupradas. Em seu material de treinamento dirigido a agentes policiais, o End Violence Against Women International ressalta que denúncias falsas de estupro muitas vezes se originam de "graves problemas emocionais e psicológicos… Provavelmente, a melhor abordagem em ocorrências assim seja encaminhar a pessoa aos serviços sociais adequados em vez de indiciá-la por denúncia falsa".[3]

Hassell havia desenvolvido uma teoria particular sobre o que aconteceu no caso de Lilly. A mulher lhe disse que havia tomado um chá de ervas antes de ir se deitar na noite do crime. Em pesquisas na internet, o detetive encontrou informações que indicavam que doses mais fortes do chá tomado por ela estariam ligadas à ocorrência de sonhos vívidos. Para ele, era possível que Lilly tivesse acordado de uma visão impactante e se jogado pela janela de casa antes de se dar conta do que realmente estava acontecendo. Isso seria uma forma de explicar a falta de evidências que corroborassem as alegações sem chamar Lilly de mentirosa.

Mesmo assim, havia pontos obscuros na história. As marcas misteriosas de pegadas e de mãos enluvadas não podiam ser justificadas tão facilmente. Além disso, Lilly saiu muito ferida do episódio. Talvez um monstro tivesse mesmo entrado na casa dela. Talvez o criminoso ainda continuasse à solta. Hessell não conseguia chegar a uma conclusão definitiva.

Porém, sem ter mais evidências em que se apoiar, o detetive sentia que já havia feito todo o possível. Em outubro de 2010, ele suspendeu as ações de investigação, sem, no entanto, arquivar oficialmente o caso, para a eventualidade de alguma nova informação aparecer mais adiante.

Sua última anotação dizia: SEM PISTAS VIÁVEIS.

Sharon Whelan era uma boa vizinha. Ela e o marido, Gary, já viviam no bairro de Applewood, em Lakewood, havia quinze anos. Ela dava aulas de artes e teatro em escolas da região, e ele trabalhava como geólogo. Os dois haviam criado três filhos em sua casa ampla de cinco quartos a uma quadra do lago da cidade. Conheciam praticamente todo mundo ali. Quando um restaurante próximo tentara ampliar suas instalações, o casal ajudou a comandar os protestos que frustraram a empreitada.

"É uma turma fechada", era como Sharon descrevia a comunidade.

Ela dedicava um cuidado especial à vizinha que morava bem em frente à sua casa, a viúva Kathleen Estes, de 89 anos. Já tarde da noite do dia 14 de junho de 2010, uma segunda-feira de verão, Sharon passou os olhos pela rua e viu uma picape branca estacionada junto à calçada em frente à casa de Kathleen. Ela estranhou um pouco. Não era mais horário para nenhum serviço ou instalação ser realizado, e as pessoas do bairro costumavam parar os carros na entrada das próprias casas ou dentro das garagens.

Sharon telefonou para a vizinha.

– Tem uma picape aí em frente. Você está recebendo visitas?

Kathleen não havia reparado no carro. Será que era alguém que fora visitar a casa ao lado da sua? Eles tinham filhos adolescentes, com amigos entrando e saindo o tempo todo.

– Eu vou ficar de olho também – disse ela a Sharon.

Cerca de meia hora mais tarde, Sharon estava se preparando para se deitar. Ela deu uma olhada para o relógio. Eram 22h49. A picape continuava parada em frente à casa de Kathleen Estes, mas, agora, ela viu um homem dentro da cabine. O sujeito parecia estar só sentado lá, sem fazer nada. Seu marido anotou o número da placa. Quando Sharon ligou uma segunda vez para falar do assunto, Kathleen decidiu avisar à polícia. Ela passou para o atendente o número que o marido de Sharon havia anotado: 935-VHX.

Quando um policial de Lakewood chegou ao local, alguns minutos mais tarde, a picape continuava no mesmo lugar, mas o homem havia desaparecido. O policial contornou o carro, um Mazda branco sem nada que parecesse incomum. Ele checou o número da placa no sistema e não encontrou ocorrências. O policial bateu na porta de Kathleen Estes. Não tinha encontrado nada de estranho, ele lhe informou. De volta à delegacia, produziu um texto rápido sobre a ocorrência, chamado formalmente de relatório de entrevista de campo. No campo reservado para o título, escreveu VEÍCULO SUSPEITO.

Bem cedo na manhã seguinte, Sharon Whelan olhou por acaso para fora de sua janela e reparou que a picape não estava mais no lugar de antes. Ela deixou o assunto de lado, e Kathleen fez o mesmo.

Estava tudo de volta ao normal na vizinhança, e Sharon não voltaria a pensar na picape branca até um dia em que estava assistindo ao noticiário local na TV, oito meses mais tarde.

No início de fevereiro de 2011, um detetive da polícia de Lakewood se dirigiu para a mesa de trabalho de Danelle DiGiosio, uma das analistas criminais do departamento. Esse detetive havia sido chamado para trabalhar no caso e apurar mais ligações entre o ataque sofrido por Lilly e os outros casos de estupro. Pelo resumo que lhe passaram, ele ficara sabendo que o estuprador havia espionado as mulheres antes de atacar e que levara peças de lingerie ao escapar de suas casas. Ele sabia que DiGiosio tinha acesso a bases de dados policiais variadas que poderiam ser úteis. Ele perguntou se ela poderia fazer uma busca por arrombamentos a residências em que as vítimas houvessem dado queixa do roubo de peças íntimas, e se teria como entregar o resultado no dia seguinte. A força-tarefa destacada para o caso faria uma reunião geral para discutir as evidências levantadas até então.

DiGiosio quase soltou uma gargalhada. Havia muitas coisas que era possível levantar nos arquivos policiais, mas isso estava fora de questão. "Se eu desse falta da minha calcinha preferida, ia achar que tinha ficado presa na perna de alguma calça ou sumido dentro da máquina de lavar. Nunca teria a ideia de denunciar esse tipo de coisa para a polícia", foi o que ela respondeu para o detetive.

A analista estava habituada a lidar com demandas impossíveis. Ela havia sido criada numa cidadezinha encravada no meio das lavouras ondulantes da região de Greeley, no Colorado. Um lugar tranquilo e seguro. Tinha participado das equipes de vôlei, basquete e atletismo no time dos Vikings da Valley High School de Gilcrest, Colorado. Mas seu sonho sempre fora entrar para o FBI. Ela se matriculou na Universidade de Denver na esperança de conseguir um diploma em justiça penal, mas um professor lhe disse que seria preciso apresentar um diferencial caso quisesse ser selecionada como agente federal, e lhe sugeriu que cursasse uma especialização em estatística. Naquela época, o FBI começava a investir maciçamente em análise de dados.

A matemática não era um dos pontos fortes de DiGiosio. "Eu era muito boa em inglês, e adorava música", conta ela. Mas seu sonho era se tornar agente da lei. Se era preciso estudar estatística para conseguir isso, então ela estudaria estatística.

"Eu me convenci a gostar de matemática", ela diz. E ficou impressionada com o poder da estatística para resolver problemas do mundo real – aquilo que passou a chamar de "matemática com um propósito". Danelle DiGiosio se formou em 1999, mas acabou nunca chegando a se candidatar a uma vaga no FBI. Em vez disso, ela conseguiu um emprego treinando outros policiais para aprender a usar mapas na análise criminológica. Com o tempo, vieram o casamento e os filhos, e ela concluiu que preferia apostar numa vida mais estável em vez das viagens constantes para ensinar nos cursos de treinamento. Em 2008, se estabeleceu em Lakewood como uma das poucas analistas criminais de todo o Colorado a ter um diploma de estatística.

Na sede da polícia local, ela encheu sua mesa com monitores de computador, retratos dos filhos e um bule elétrico de café. Logo em frente, ficava uma impressora gigantesca que produzia mapas da cidade em rolos que poderiam passar por papel de embrulhar carne. Essa impressora era a arma que DiGiosio escolhera para combater o crime. Com ela, a analista montava diagramas com ocorrências de arrombamentos a carros e de assaltos a lojas de conveniência, ajudando os policiais a criarem estratégias para combatê-las. Talvez não houvesse dados sobre calcinhas roubadas, Danelle DiGiosio disse ao detetive que fora até a sua mesa naquele dia, mas ela podia usar o software de mapeamento para localizar todas as denúncias de veículos ou indivíduos com atitude suspeita registradas num raio de oitocentos metros do local onde Lilly morava. "Vai ser como procurar por uma agulha no palheiro", ela concluiu. "Mas isso é algo que eu posso fazer."

No fim do expediente, a analista tinha encontrado a agulha: um registro da ligação feita por Kathleen Estes oito meses antes, quando a viúva fizera a queixa sobre a picape branca suspeita estacionada em frente à sua casa. A localização e o horário do registro chamaram atenção de DiGiosio. A data da ligação, 14 de junho, era apenas três semanas antes do dia em que a casa de Lilly fora invadida, e Estes morava a umas poucas quadras do endereço de Lilly.

Hummm, ela pensou consigo mesma. *O que você está fazendo aí, a essa hora da noite? Esse não é o seu lugar.*

Na manhã seguinte, dia 9 de fevereiro de 2011, Hassell e DiGiosio foram de carro até o Departamento de Polícia de Westminster. Quando entraram na sala, a analista criminal ficou surpresa: havia cerca de vinte policiais e agentes do FBI reunidos em volta de uma mesa de reuniões comprida no segundo andar do edifício. Hendershot e Galbraith estavam entre os presentes. Burgess e Grusing também. Haviam se passado 35 dias desde o estupro de Amber.

As notícias não eram animadoras. Galbraith tinha consultado os registros das chamadas de celular feitas pelo seu suspeito principal, Frank Tucker, o estudante universitário com uma acusação prévia de assédio sexual. Havia provas de que ele estava esquiando em Vail na ocasião do estupro de Amber. E, ao ser convocado para depor, ele mostrou a mancha na perna que Amber achara que podia ser a marca de nascença que ela tinha visto no estuprador: na verdade, era o desenho de uma chama circular tatuada em tinta azul.

O programa ViCAP, do FBI, também não havia ajudado. Grusing e Galbraith conversaram com os detetives de polícia de Lawrence, no Kansas, os responsáveis por investigar a série de estupros na cidade universitária. A possibilidade de que houvesse uma ligação entre os crimes era uma hipótese tentadora. Mas a investigação do Kansas havia se deparado com o mesmo problema que agora se apresentava diante dos policiais reunidos no Colorado: eles tinham conseguido estabelecer uma conexão entre os estupros, mas não identificar um suspeito.

Lewis, o analista da Agência de Investigação do Colorado, apresentou os resultados do teste que fora solicitado por Hendershot, comparando as amostras de DNA colhidas em Westminster às de Aurora e de Golden. Eles haviam conseguido fazer uma única tentativa, pois o processo de testagem destruíra as poucas células colhidas pela perícia. Mas constataram que as amostras de DNA apresentavam, de fato, ligações entre si. Essa evidência não serviria para identificar um indivíduo em especial, mas, agora, os detetives tinham uma prova concreta do que todos os presentes já vinham suspeitando: um único homem – ou um grupo de homens de uma mesma família – havia estuprado Doris, Sarah e Amber.

O sargento Trevor Materasso, policial de Westminster responsável por fazer a ponte com a imprensa, se deu conta de que precisaria informar uma multidão de repórteres que havia um estuprador em série à solta nos subúrbios de Denver. E que teria que admitir para eles que a polícia não tinha qualquer pista sobre a identidade do sujeito. Um turbilhão de pensamentos girava em sua cabeça. Como a polícia deveria passar essa informação para o público? Que pistas poderiam ser reveladas de um modo que ajudasse a apontar um suspeito? E o que ele diria aos jornalistas quando fizessem a pergunta inevitável: a polícia achava que o estuprador voltaria a atacar?

DiGiosio ficou ouvindo enquanto cada policial apresentava as evidências de que dispunha até então. Ela ainda não sabia se ia revelar a informação que levara. Afinal, era só o registro de uma picape branca parada perto da casa de Lilly. A analista não se dera ao trabalho nem de comentar isso com Hassell enquanto os dois estavam a caminho da reunião. Ela tinha medo de fazer papel de boba. Talvez os investigadores da reunião fossem fazer pouco dela por ser uma analista criminal e não trabalhar nas ruas. Alguns talvez a olhassem torto pelo fato de ser mulher. O universo policial era um mundo masculino. Apesar de Hendershot e Galbraith estarem na sala, a maioria dos presentes eram sujeitos altos e brancos com o cabelo cortado bem curto. "Você tem que ser uma mulher diferente para conseguir se manter nesse meio", explica ela. "Tem que ser forte o suficiente para encarar o tranco, mas não forte demais a ponto de ser considerada uma megera pelos caras. Tem que ir cavando seu espaço. Sem deixar de lado a sua essência."

Antes de chegar à reunião, DiGiosio não fazia ideia da violência dos ataques nem de quantas mulheres haviam sido atacadas. "Foi uma novidade para mim."

Agora, o encontro estava chegando ao fim. Alguns policiais estavam de pé, agrupados em rodinhas de conversa. Outros tinham começado a sair da sala.

DiGiosio decidiu que ia falar.

– Eu dei uma olhada nos chamados sobre veículos e indivíduos com atitude suspeita – falou ela, dirigindo-se aos policiais na mesa comprida. – Não sei se isso vai ser importante ou não, mas achei um chamado sobre uma pessoa numa picape branca.

Galbraith estava conversando com outro colega. Ela parou de falar no meio da frase. O que DiGiosio tinha acabado de dizer?

– Uma picape branca.

Galbraith teve uma lembrança de relance da imagem da picape branca, na gravação da câmera de segurança, rondando o prédio de Amber na noite do estupro.

– Você tem mais algum detalhe? – indagou ela, levantando-se.

DiGiosio levou o laptop até Galbraith. O número da placa apontava para um Mazda branco 1993.

A picape registrada no vídeo era um Mazda.

– Quem consta como proprietário? – perguntou Galbraith, os olhos correndo pela tela em busca da resposta.

DiGiosio tinha levantado essa informação também. Ela abriu um novo arquivo, com a imagem da carteira de motorista do homem que era o dono da picape branca.

No alto, havia um nome escrito.

11

UM DELITO GRAVE

A última semana de agosto de 2008

Lynnwood, Washington

A aparência era de uma multa de trânsito. Era, inclusive, do mesmo formato usado para as infrações desse tipo – uma única página com uma lacuna para a descrição do delito e dois quadrados para serem assinalados no alto, identificados com as inscrições TRÂNSITO e OUTROS. Na folha de papel que estava na mão de Marie, o quadrado identificado como OUTROS estava marcado com um X.

O envelope chegou pelo correio no fim de agosto, menos de três semanas depois de ela ter feito a denúncia do estupro. Quando o abriu, Marie descobriu que estava sendo acusada de um crime. FALSA COMUNICAÇÃO DE CRIME, dizia a descrição do delito, com as quatro palavras grafadas à mão em maiúsculas. O formulário não informava a classificação do delito – contravenção ou crime doloso? – nem que tipo de pena ele poderia acarretar. Mas o texto apresentava o número da lei estadual que ela era acusada de ter violado, a RCW 9A.84.040. De posse desse número, no Google, Marie conseguiu as respostas. Tratava-se de um delito grave, o grau mais alto de contravenção antes de um crime doloso. Caso fosse condenada, ela poderia pegar um ano de prisão.

O texto da lei diz:

O indivíduo será culpado por fazer uma falsa comunicação de crime se, tendo conhecimento de que a informação relatada, transmitida ou circulada é falsa, ele ou ela emitir ou divulgar um alerta da ocorrência ou iminência de um incêndio, explosão, crime, catástrofe ou emergência, estando o tempo todo ciente de que a denúncia falsa terá a possibilidade de levar à evacuação de um edifício, local de convívio ou estrutura de transporte, ou de gerar transtorno ou apreensão para a população.

Em resumo: Marie estava sendo acusada de provocar pânico infundado ao alegar que havia sido estuprada, quando, na verdade, tinha ciência de que o estupro não acontecera.

A notificação a deixou arrasada. Ela havia fornecido aos policiais o que eles queriam: uma declaração por escrito, com a desistência da sua solicitação para que fosse usado o detector de mentiras. E o resultado era este: agora, qualquer esperança que ela pudesse ter de tocar a vida, de esquecer o que tinha acontecido, estava aniquilada. Marie não sabia muito sobre o funcionamento dos tribunais; não tinha ideia de quanto tempo ia levar para o processo ser julgado, ou qual poderia ser o desfecho. Mas sabia que provavelmente ia descobrir isso tudo sozinha. Os amigos que lhe restavam eram bem poucos, e eles não iam querer estar do lado dela para comparecer diante de um juiz.

Marie teria que comparecer ao Fórum Municipal de Lynnwood para a abertura do processo. Se não estivesse presente na data da audiência, ela poderia ir para a cadeia.

Um formulário preenchido à mão e entregue pelo correio parece um jeito meio casual de informar que a pessoa está correndo risco de passar um ano na prisão. Mas o estilo da notificação combinava com a maneira pela qual havia chegado a ela. Não tinha existido qualquer complicação para que a polícia formalizasse a acusação contra Marie – nenhuma reavaliação obrigatória da conduta adotada na delegacia, nenhum termo de aprovação assinado por um promotor de justiça. O sargento Mason havia preenchido e assinado ele mesmo o termo de infração. Fora uma decisão pessoal dele acusar Marie – e uma decisão bem fácil de ser tomada.

Mason não tinha dúvidas de que Marie havia mentido. Segundo a lei, a mentira dela constituía um crime. E, sempre que existe um crime e um culpado, emite-se uma acusação formal. "Era uma lógica simples", Mason diz.

As penalidades para comunicações falsas de crime, as denúncias falsas, podem ser severas. Uma pesquisa feita por Lisa Avalos, professora de direito da Universidade do Arkansas, mostra que enquanto 42 estados americanos, incluindo Washington, consideram denúncias falsas contravenções, em oito deles esses atos são julgados como crimes dolosos.[1] Em Illinois e no Wyoming, é um crime que pode levar a até cinco anos de prisão. No Arkansas, seis. Falsa comunicação de crime também é considerado um crime em âmbito federal, sujeito a uma pena de até cinco anos de prisão e multa máxima de 250 mil dólares. E a legislação americana é bastante liberal a esse respeito se comparada à do Reino Unido. Lá, o crime, descrito como "corromper o curso da Justiça", tem como pena máxima a prisão perpétua.[2]

Do ponto de vista da polícia, uma pena mais rígida faz sentido. Denúncias falsas consomem recursos. No caso específico de Marie, patrulheiros, peritos criminais, detetives, um chefe de polícia, uma equipe de paramédicos e uma ambulância foram até seu apartamento e deixaram, nesse meio-tempo, de atender a outros chamados. Depois, no hospital, houve ainda o médico e a enfermeira especializada que fizeram o demorado exame de corpo de delito, deixando de atender a outros pacientes. Mason e seus colegas haviam dedicado ainda mais tempo ao caso nos dias que se seguiram, e era preciso levar em consideração também a repercussão da história junto ao público geral. O estupro sofrido por Marie foi manchete em toda a Grande Seattle: um desconhecido havia invadido a casa de uma mulher e a atacado armado com uma faca. A notícia certamente tinha deixado as pessoas alarmadas, especialmente os vizinhos do condomínio de Marie e seus companheiros atendidos pelo projeto Ladder.

A investigação da denúncia feita por Marie não chegou a apontar um suspeito, mas, caso isso tivesse acontecido, uma pessoa inocente teria passado pelo périplo de um interrogatório policial. Talvez membros de sua família acabassem sendo interrogados também. E vizinhos. Colegas de trabalho. Ou, pior do que isso, havia a chance de uma pessoa inocente ser acusada e, quem sabe, condenada judicialmente. Acusações falsas são o estopim para circos midiáticos, pondo reputações em risco. Em 2006, três jogadores de lacrosse da Universidade Duke foram acusados de terem estuprado uma stripper. Eles só foram eximidos da acusação um ano mais tarde, e o promotor responsável pelo caso – que, segundo foi descoberto, ocultou evidências baseadas em amostras de DNA que inocentavam os atletas – acabou sendo impedido de atuar profissionalmente e ficou preso por um dia. Em 2014, a revista *Rolling Stone* publicaria uma matéria bombástica com uma estudante que afirmava ter sido estuprada por um grupo de membros de uma fraternidade estudantil da Universidade da Virgínia. O relato logo foi desmentido por outros veículos de imprensa e também pela polícia – e, no ano seguinte, a revista se retratou e retirou formalmente tudo o que havia publicado a respeito. Um instituto de jornalismo chamou a matéria de "O erro do ano".[3] A *Rolling Stone* negociou acordos para se livrar de dois processos por difamação movidos pela fraternidade estudantil[4] e por uma funcionária da universidade, que alegou que o caso a transformou erroneamente "no rosto da indiferença institucional".[5]

O caso de Lynnwood, protagonizado por Marie, tivera um equivalente ocorrido algum tempo antes, poucos quilômetros ao sul da cidade. Em março de 2008, cinco meses antes de Marie denunciar o estupro, uma mulher no Condado de King, também no estado de Washington, havia se declarado culpada por ter feito uma denúncia falsa de estupro e foi condenada a oito dias de prisão.[6] Mas a história dela causou mais prejuízos do que a de Marie. A acusação havia sido feita contra uma pessoa específica, um professor do seu curso na universidade, e a mulher tinha chegado a adulterar mensagens enviadas por ele por e-mail para dar a impressão de que havia um interesse romântico de sua parte e uma promessa de notas maiores caso ela cumprisse "certas condições". O acusado chegou a ser preso e a passar nove dias na cadeia antes de a polícia enfim liberá-lo.

Para os agentes de Lynnwood, o reconhecimento formal de que Marie havia feito uma denúncia falsa significava o fim da investigação do estupro: não havia mais crime a ser desvendado. Nenhuma evidência precisava ser recolhida. A verificação da vizinhança ficaria pela metade.

Nos apartamentos onde ninguém atendera à porta – seis no prédio onde Marie morava na ocasião e mais sete no condomínio vizinho – nenhum policial voltaria outra vez para tentar conversar. As evidências já recolhidas seriam descartadas de acordo com o protocolo seguido pelo departamento. Quando se passasse o tempo determinado, as roupas de cama de Marie seriam destruídas, assim como os fios de cabelo e as fibras colhidos de sua cama e as amostras de DNA colhidas da porta de vidro. Esse também seria o destino do material do kit de estupro.

Até mesmo o relato feito por Marie – contendo a história em si – estava destinado a desaparecer dos registros oficiais. Todos os anos, o FBI recolhe informações sobre crimes provenientes de departamentos de polícia espalhados por todo o país. Autoridades policiais utilizam esses dados para planejar seu orçamento; os pesquisadores, para mapear tendências; e o Poder Legislativo, para elaborar leis. No lote anual de envios para o FBI, a polícia de Lynnwood classificou a denúncia de estupro feita por Marie como improcedente – a classificação genérica usada para qualquer alegação de crime que se mostre sem fundamento ou falsa. Ao todo, dez estupros foram denunciados à polícia de Lynnwood em 2008. Quatro deles foram classificados como improcedentes.

Em 11 de setembro, a data marcada para a audiência, Marie não compareceu ao Fórum. Como o não comparecimento configura um crime, o promotor solicitou que o juiz emitisse um mandado de prisão contra a moça. O juiz atendeu à solicitação. A partir de então, Marie poderia enfrentar duas acusações e a possibilidade de ser presa, algemada e encaminhada para a cadeia na próxima vez que cruzasse com um policial.

O Fórum Municipal de Lynnwood pode ser um lugar confuso. Por causa do grande movimento nos corredores, para dizer o mínimo. Em 2008, o caso de Marie foi uma entre 4.859 contravenções julgadas. O tribunal também julgou 13.450 infrações, a maioria relacionadas ao trânsito. Para aqueles que são acusados ou multados, o Fórum parece uma colmeia vertiginosa, com sua multidão de corpos trajando ternos zanzando por todos os lados. Algumas atribuições cruciais do dia a dia ali são terceirizadas pelo município. Um escritório particular de advocacia, o Zachor & Thomas, é encarregado de conduzir os processos, e outra firma contratada, a nCourt, lida com os pagamentos feitos on-line ou pelo telefone, cobrando uma taxa extra pela conveniência. À medida que um caso vai avançando pelo sistema, o valor das multas, taxas e outras obrigações legais atreladas a ele pode se multiplicar. Réus como Marie em geral são convocados a estarem presentes em todas as audiências, mesmo que a audiência em questão vá tratar apenas de um adiamento e da marcação de uma nova data para dar prosseguimento ao julgamento, na qual talvez o réu volte a comparecer apenas para descobrir que haverá um novo reagendamento.

Numa mensagem publicada na internet, o juiz Stephen E. Moore declara que a meta do Fórum é "corrigir comportamentos, tornando Lynnwood um lugar melhor, mais seguro e saudável para viver, trabalhar, fazer compras e visitar". O "valor maior" que norteia os procedimentos ali é o "serviço ao consumidor. Pode ser difícil que uma pessoa que recebeu uma multa de trânsito ou está sendo acusada de um crime se veja como 'consumidor', mas é isso o que ela é". Todos os usuários do Fórum – sejam vítimas, testemunhas, jurados ou réus – "podem esperar um tratamento profissional e respeitoso", escreve ainda o juiz.

No dia 12 de setembro, Marie foi à recepção do Fórum Municipal de Lynnwood querendo informações sobre o andamento do processo. Ela não sabia de nada a respeito da audiência que estava marcada para a véspera e não fazia ideia da existência de um mandado de prisão em seu nome. Um atendente vasculhou a papelada e descobriu que, por algum motivo, a notificação da audiência tinha sido enviada para um endereço em Seattle, e não para a casa de Marie em Lynnwood. Sendo assim, o tribunal remarcou a audiência e anulou o mandado de prisão. Se não fosse pela postura responsável de Marie de ir ao Fórum para se informar, ela talvez tivesse acabado passando uma noite na prisão.

Quando a nova audiência aconteceu, em 25 de setembro, Marie foi representada pelo defensor público James Feldman. Assim como o promotor responsável, Feldman trabalhava em meio período para o Fórum em regime de contrato terceirizado. Ele tocava também um pequeno escritório particular que trabalhava com casos das varas cível e criminal, atendendo desde ocorrências de violência doméstica e acusações por dirigir alcoolizado até processos por mordidas de cachorro e acidentes pessoais envolvendo a queda de indivíduos em vias públicas, estabelecimentos comerciais e propriedades de terceiros.

Ao examinar o caso de Marie, Feldman, um advogado com 34 anos de experiência, reagiu com surpresa ao fato de ela ter sido indiciada. A história não havia prejudicado ninguém: nenhum suspeito chegara a ser preso, ou mesmo chamado para depor. Sua suspeita era de que os policiais haviam se sentido usados – a polícia não gosta de desperdiçar tempo.

Na audiência, Marie se declarou inocente. A etapa seguinte do processo foi marcada para seis semanas mais tarde, em 10 de novembro.

No dia 6 de outubro de 2008, uma mulher de 63 anos de Kirkland, Washington, procurou a polícia afirmando ter sofrido agressão sexual.

Kirkland, que fica logo a leste de Seattle, é um subúrbio às margens do Lago Washington cheio de galerias de arte, esculturas de bronze ao ar livre e marinas. A vítima era uma avó que vivia sozinha num apartamento térreo de um prédio de dois andares. A área externa do lugar era um recanto ensolarado com um bosque de árvores altas, canteiros de flores roxas e cor-de-rosa e alamedas cobertas de folhas secas, pedaços de cascas de árvores e pequenas pinhas caídas dos galhos. Ela relatou à polícia que fora acordada às quatro da manhã por um homem com o rosto coberto por um pano preto e uma das mãos enluvada tapando sua boca. Com a outra mão, ele segurava uma faca encostada no pescoço dela. "Não grite", ele lhe disse. Ele amarrou suas mãos usando os cadarços de um dos pés de seu par de tênis cor-de-rosa. Ele apalpou suas partes íntimas. Tirou fotografias. Encostou a ponta da faca debaixo de um dos olhos dela e falou que poderia arrancá-lo fora. Quando ela se debateu, a faca cortou sua mão na parte entre o polegar e o indicador. Quando ela perguntou por que ele estava fazendo aquilo, o homem riu. Ele lhe falou para não chamar a polícia, e disse que ficaria sabendo caso ela o fizesse.

A mulher descreveu o sujeito como tendo a pele "bem, bem branca", ombro caídos, mãos macias e mau hálito. A idade, ela não saberia dizer. "Podia ser 40 anos. Ou 15. Eu não sei", ela falou para a polícia. Ela tampouco conseguiu especificar a altura. "Era um sujeito de estatura média", relatou. "Não era grande nem musculoso. E também não era baixinho ou franzino."

O Departamento de Polícia de Kirkland pôs dois detetives para cuidar do caso, o cabo Jack Keesee e Audra Weber. Os dois consideraram o crime bastante inusitado, a começar pelo grau de crueldade e pelo fato de ter sido tão meticulosamente calculado. "Aqui é Kirkland, afinal de contas. Você não espera se deparar com esse tipo de coisa", diz Keesee. "Muitas vezes, nós costumamos chamar a cidade de a 'Beverly Hills do Norte.'"

Para Weber, o caso trazia elementos de histórias de mistério como as escritas por Edgar Allan Poe ou Ellery Queen. A senhora atacada tinha adotado medidas de segurança para proteger sua casa. Uma barra de metal prendia a porta principal. Ela travava com varetas os trilhos da porta de correr dos fundos e da janela de seu quarto. *Como o agressor podia ter entrado?*, a detetive se perguntou. A vítima levantou uma hipótese: ela estava tão cansada na noite anterior que havia caído no sono em frente à TV. Quando acordou para desligar o aparelho e ir para a cama, talvez não tenha se lembrado de travar a porta de correr.

Ela contou à polícia que, durante dois ou três meses antes do crime, vinha tendo a sensação de estar sendo seguida. Depois que o agressor foi embora, havia tomado um susto ao ligar para a polícia, achando que a voz do atendente se parecia com a do criminoso. *Pode ser que ele tenha interceptado a ligação*, ela pensou consigo mesma. Devia estar dizendo a verdade quando lhe falou que ficaria sabendo de qualquer denúncia. Ela estava tão convencida disso que se recusou a responder às perguntas feitas pelo tal atendente.

Keesee fez uma entrevista demorada com a vítima. Algumas vezes, as respostas dela enveredavam por caminhos inesperados.

– A senhora costuma ter sensações estranhas com relação a alguém? – perguntou ele.

– Costumo.

– Pode me descrever como são?

– Hum, tem esses guaxinins.

– Sei.

– E as pessoas que deixam os cachorros soltos. Esses que ficam zanzando por aí.

– Sei.

– E também esses bichinhos menores, e os esquilos. Hum, algumas vezes me senti amedrontada.

Na delegacia, Keesee enfrentou reações de ceticismo da parte de alguns colegas. Eles não podiam acreditar que um crime daqueles – tão ardiloso e malévolo quanto esses que são tema de programas de TV – pudesse ter sido cometido em sua cidadezinha tranquila. "Várias pessoas foram até a minha mesa dizer: 'Qual é? Isso não pode ser verdade.' E a minha resposta sempre era: 'Nós não sabemos se não pode mesmo.' [...] Acho que esse tipo de reação faz parte da natureza humana, pelo visto. Ou talvez seja só o que acontece no universo policial. Todo mundo vive mentindo. Todo mundo mente para a polícia." Mas em nenhum momento pediram a ele que suspendesse a investigação do caso. "Eram só comentários ocasionais de escritório."

Os dois detetives também tinham suas próprias dúvidas sobre o caso. Mas, em última instância, as idiossincrasias da senhora atacada não desencorajaram Keesee, que tinha vasta experiência com vítimas traumatizadas depois dos anos que havia passado trabalhando com casos de violência doméstica e como negociador em crimes envolvendo reféns.

"Ninguém age da mesma maneira", ele diz. "Eu já tive que fazer comunicados de mortes inúmeras vezes, e já vi todas as reações que você possa imaginar. A mesma coisa vale para vítimas de estupro e crimes sexuais."

Ele também não se deixou abalar pelas inconsistências na descrição feita por ela. "A maior parte das vítimas vai... Sobre a essência do ocorrido, elas permanecem firmes, mas acontecem deslizes com relação a outros detalhes envolvidos. Isso não é incomum."

"Eu continuaria acreditando nela até encontrar algum motivo para não acreditar", diz Keesee.

Shannon, sentada ao lado do marido em sua casa, soube pelo noticiário da TV do crime acontecido em Kirkland.

Meu Deus do céu, pensou ela. *Eu me enganei. A polícia estava errada. Marie deve ter sido estuprada de verdade.*

O crime em Kirkland aconteceu dois meses depois da denúncia de Marie e a vinte quilômetros de distância de Lynnwood, onde a queixa foi prestada. A atenção de Shannon foi captada pelos pontos em comum: a invasão do apartamento, as mãos amarradas, as fotografias. Ela não perdeu tempo. Seu pai havia sido chefe de polícia em Kent, ao sul de Seattle. Ela cresceu entre policiais, confiava na polícia, sabia como a polícia funcionava. Ela foi até o computador, fez uma busca pelo número do telefone e ligou imediatamente para o Departamento de Polícia de Kirkland para alertar sobre o caso de Marie e todas as semelhanças que havia entre os crimes. O detetive que a atendeu disse que eles fariam uma verificação.

Em seguida, Shannon telefonou para Marie. Ela lhe contou sobre o que vira no noticiário e sugeriu que entrasse em contato com a polícia de Kirkland pessoalmente, para relatar sobre a denúncia feita em Lynnwood e garantir que todas as conexões possíveis fossem investigadas.

Marie se recusou a fazer isso. Ela já tinha sofrido bastante por causa dessa história, e, com o processo por falsa comunicação de crime ainda em curso, teria mais a enfrentar. Não tinha forças para se convencer a fazer contato com a polícia de onde quer que fosse, para dizer mais nada. Entretanto, ela entrou na internet para saber o que havia acontecido com a senhora de Kirkland. Quando leu a história, começou a chorar.

Para um detetive de polícia, conseguir conectar um crime não solucionado a outro pode dar um novo fôlego à investigação. As evidências se multiplicam. Padrões se revelam. A detetive Weber fez contato com a polícia de Lynnwood não apenas uma, mas duas vezes, para saber se eles teriam registro de algum crime relacionado à sua investigação. Nas duas vezes, o que ouviu de Lynnwood foi: "Nós não temos nenhum caso que se ligue ao seu. A vítima daqui não era uma vítima. Ela confessou ter inventado a história." E, sendo assim, Weber deixou a história de lado: "Eu meio que confiei no parecer que ouvi de Lynnwood, já que o caso havia ocorrido em sua jurisdição e eles conheciam os detalhes, e eu não." Ainda assim, ela ficou "meio chocada" quando soube que haviam indiciado Marie por denúncia falsa. Ao desligar o telefone, pensou: *Certo, tomara que essa ideia funcione para vocês.*

"É uma medida extrema para se tomar", diz Weber. Ela imaginou que devia haver alguma história por trás da decisão. Talvez a mulher da denúncia em Lynnwood tivesse um histórico de mentir para a polícia e fazer os policiais perderem tempo. Keesee, seu parceiro na investigação, também telefonou para a polícia de Lynnwood e também recebeu a mesma resposta. Ele teve a mesma reação que a colega. *Opa, isso é um mau sinal,* pensou, ao ficar sabendo da acusação por denúncia falsa. "Só porque uma coisa está prevista na lei não quer dizer que você precise acusar uma pessoa dessa maneira", ele diz.

Um dos detetives de Kirkland procurou Shannon para relatar o que seu departamento havia apurado a respeito da pista passada por ela: como o caso de Lynnwood estava encerrado, a informação oferecida por ela não seria utilizada. Shannon sugeriu que os policiais de Kirkland fossem pessoalmente falar com Marie, mas isso não chegou a acontecer. "E esse foi o fim da história", Shannon diz.

Nesse momento, ela estava se sentindo mais confusa do que nunca. A maneira como havia ficado abalada com a matéria sobre o caso de Kirkland a fez se dar conta de que talvez não estivesse tão certa assim de que Marie era uma mentirosa. "Eu queria acreditar em Marie", Shannon diz. "Por amor a ela."

Mas a relutância da moça em levar a história adiante e aproveitar a chance de reafirmar sua inocência acabou trazendo a dúvida de volta. O caso de Kirkland lhe dava uma segunda oportunidade de conversar com a polícia – com policiais diferentes, não mais os investigadores de Lynnwood – e insistir que tinha acontecido de fato um estupro e que o caso precisava ser reaberto e ligado ao da cidade vizinha. A recusa de Marie em fazer isso deixou Shannon convicta outra vez: era mesmo uma mentira. Ela não tinha sido estuprada. Mais uma vez, Shannon se perguntava o que havia ocorrido de verdade no apartamento de Marie.

Em novembro, Marie voltou ao tribunal. Sentada na sala de espera da audiência, ela não fazia ideia de quais acusações pesavam sobre os ombros das pessoas que aguardavam ao redor. Talvez tivessem sido indiciadas por dirigir acima dos limites de velocidade ou praticar furtos em lojas. Podiam estar sendo acusadas de atropelar alguém sem prestar socorro ou por violência doméstica. Quando o caso de Marie foi chamado, Feldman, seu defensor público, informou ao juiz que a defesa não tinha petições preliminares a apresentar. E basicamente foi só isso que aconteceu antes de dizerem a Marie que ela deveria retornar no mês seguinte.

Quando ela voltou, em dezembro, o caso foi empurrado para janeiro. Em janeiro, lhe disseram que tinha havido um adiamento para fevereiro. E, em fevereiro, reagendaram a decisão para março.

Por fim, a promotoria lhe fez uma proposta. Chamado de "acordo pré-julgamento", o texto dizia que se Marie concordasse em cumprir certas condições durante um ano a acusação por denúncia falsa seria retirada. A moça teria que frequentar sessões de terapia por ter mentido e ficaria sob liberdade condicional monitorada. Ela não poderia infringir mais nenhuma lei nesse período, e precisaria pagar 500 dólares para cobrir os custos do processo.

Feldman considerou essa uma boa proposta. Caso cumprisse todas as condições do acordo, Marie sairia daquele episódio sem uma ficha criminal.

Marie só queria se ver livre da história toda.

Assim, em março, ela compareceu ao tribunal acompanhada apenas por seu defensor público para o que seria a sexta audiência do caso, e aceitou a proposta feita pela promotoria.

Em Kirkland, o cabo Keesee continuou a investigação. Ele foi de apartamento em apartamento no condomínio da vítima e em outro prédio vizinho, para perguntar se alguém tinha visto ou ouvido qualquer coisa diferente na área. Ele fez um levantamento dos prestadores de serviço que haviam trabalhado ali, e interrogou todos. Conversou com um vizinho que estivera dentro do apartamento da senhora agredida para ajudá-la a fazer a instalação de um aparelho de TV dois ou três meses antes do crime, e também com uma vizinha que havia denunciado uma tentativa de invasão em seu apartamento. Ele fez uma ronda pelo comércio próximo – uma mercearia, um posto de gasolina e uma farmácia – para examinar as imagens feitas pelas câmeras de segurança na manhã do crime. Ele levantou também informações sobre outros crimes – na cidade de Seattle e nos subúrbios próximos de Shoreline, Kenmore e SeaTac – para ver se havia algum indício de uma possível conexão.

Mas depois de dois meses de trabalho e esgotadas todas as possibilidades, Keesee teve que abrir mão do caso. Ele foi designado para voltar à rotina de patrulheiro, e qualquer desdobramento futuro que aparecesse ficaria sob a responsabilidade de Audra Weber. Entre o Natal e o Ano-Novo, os dois se encontraram para repassar juntos as informações apuradas pela investigação antes que o caso fosse oficialmente entregue a Weber. Nessa reunião, concluíram que lhes restava apenas uma última esperança de desvendá-lo: um teste de DNA.

A investigação havia apontado para um possível suspeito. Na manhã em que a senhora denunciou o crime, um guarda que respondeu ao chamado chegou ao endereço por volta das cinco e meia da manhã e, no estacionamento, viu um homem no banco do carona de um Toyota que estava parado com o motor ligado. Quando o policial foi até o carro e bateu na janela, o homem informou seu nome e sua data de nascimento. A informação foi repassada à Central para que fizessem a checagem nos arquivos da polícia.

O homem dissera ao guarda que dividia um dos apartamentos do condomínio com um amigo, e que era mecânico numa oficina onde os dois trabalhavam. Ele informou que tinha decidido fumar um cigarro no carro enquanto aguardava o amigo para os dois irem juntos para o trabalho. O policial havia agradecido pelos esclarecimentos e começado a se afastar quando recebeu o retorno do levantamento feito pela Central. Aquele mecânico tinha um mandado de prisão em seu nome, emitido no mês de junho daquele ano, por uma acusação de atentado ao pudor.

Ou seja, o mecânico flagrado nas cercanias do local do crime tinha um histórico de crime sexual. E, além disso, o suéter que ele vestia na ocasião se encaixava na descrição do suspeito procurado pela polícia.

Mas ele negava ter cometido o crime, e afirmava ter permanecido dentro de seu apartamento desde as duas horas da tarde anterior. E, quando a polícia levou a vítima para fazer o reconhecimento, ela disse que não devia ser ele, embora não pudesse afirmar com certeza – até porque, com seu 1,93 metro de altura e mais de 100 quilos, o mecânico não podia ser descrito como alguém de estatura média. Ainda assim, seu nome seria mantido na lista de suspeitos até que houvesse evidências provando sua inocência.

No laboratório de criminologia da Patrulha Estadual de Washington, um perito examinou o cadarço de tênis usado para amarrar a senhora de Kirkland e detectou sinais de DNA masculino. A amostra não foi suficiente para levantar um perfil completo, mas ela permitiria uma análise Y-STR para determinar a linhagem familiar paterna. O estado não dispunha de equipamento para esse tipo de testagem, mas ela poderia ser feita num laboratório particular.

Audra Weber indagou se o mecânico concordava em fornecer uma amostra de DNA para ser usada na investigação. Ele concordou em fazer isso e permitiu que a detetive colhesse uma amostra da mucosa de sua boca.

Em julho de 2009, a detetive Weber enviou a amostra e os cadarços dos tênis para um laboratório particular e ficou aguardando o resultado.

Em vista das limitações técnicas, o laboratório que fez o teste informou que não seria possível determinar com certeza se o DNA do mecânico era compatível com o dos cadarços, mas que poderia atestar a incompatibilidade, se fosse esse o caso.

Seis semanas mais tarde, no último dia de agosto, Weber recebeu o resultado. O mecânico estava inocentado. O DNA da cena do crime pertencia a outra pessoa.

Para a detetive, esse era o fim da linha. Não havia mais nada a ser feito por aquela investigação. No dia 2 de setembro, ela classificou o caso como inativo e foi cuidar de outras atribuições.

O acordo extrajudicial assinado por Marie eliminou a ameaça da cadeia, mas a sensação de perda continuava. Os meses e anos que se seguiram àquela manhã em Lynnwood cobraram um preço alto.

A moça deixou de frequentar a igreja. "Eu estava brava com Deus", ela diz. Por causa desse afastamento, a relação com Jordan também acabou esfriando. "Nós permanecemos amigos, mas já não conversávamos como antes."

Ela perdeu o interesse pela fotografia. Passou a ficar enfurnada no apartamento, vendo TV o dia todo.

A ideia de fazer uma faculdade foi afastada. Ela passou a aceitar empregos que exigissem pouca dedicação. "Era muita dor naquele buraco escuro em que eu havia me metido. Não tinha como me dedicar a nada." Ela trabalhou numa loja de roupas cuidando do caixa, das etiquetas de preço, da manutenção do estoque. Trabalhou numa agência de cobrança fazendo triagem de mensagens e processamento de dados. Foi vendedora de uma loja de artigos para festas com desconto.

A carteira de motorista-aprendiz que a polícia havia encontrado em sua casa era uma licença temporária – um dos passos do caminho que antes estava trilhando rumo à vida adulta e independente. Mas Marie não deu o passo seguinte, não chegou a tirar a carteira definitiva. Ela adotou o ônibus como transporte para ir ao trabalho.

A autoestima deu lugar ao autodesprezo. Marie começou a fumar, a beber e a ganhar peso, e fez escolhas insensatas, se associando a pessoas desonestas que acabavam ficando com seu dinheiro.

Ela se sentia abandonada por todos, e não era a única a ter essa percepção. Shannon via a mesma coisa: "As pessoas que formavam seu círculo de amigos e sua rede de apoio não queriam mais saber dela".

Marie estava sofrendo de depressão e distúrbio de estresse pós-traumático. Esse foi o diagnóstico que recebeu na terapia que frequentou como parte de seu acordo com a Justiça. Em alguns dias, ela decidia ficar o mais feliz possível. Em outros, era tomada pela exaustão, sentindo-se morta por dentro e tomada pelo pensamento de que havia perdido tudo, e parecia que a normalidade que tanto desejou nunca faria parte de sua vida.

Conforme o tribunal havia determinado, ela frequentou a terapia durante um ano. No início, a ideia a deixou apavorada. Depois, ela foi se acostumando. "Na terapia, ninguém julga você. Era bom ter um lugar para contar minha história sem ser censurada." A ideia era que a garota repassasse os acontecimentos de sua vida até chegar à mentira que havia contado à polícia. Mas "um ano não era tempo suficiente", Marie comenta. Depois de já ter discutido todos os outros aspectos de seu passado, houve uma única sessão em que Marie pôde falar do que lhe aconteceu naquela manhã de verão em Lynnwood.

"Eu contei a história toda para ela", conta Marie.

A moça não teve certeza se a terapeuta acreditou ou não no relato.

12
MARCAS

11 de fevereiro de 2011

Lakewood, Colorado

Marc Patrick O'Leary.

Esse era o nome na carteira de motorista exibida na tela do laptop diante de Stacy Galbraith. O'Leary tinha pouco mais de 1,80 metro de altura. Pesava 99 quilos, tinha o cabelo loiro e olhos castanho-claros. O rosto parecia quadrado, pesado, como o de um boneco de argila. Os lábios eram cheios, o corte de cabelo bem curto. Ele tinha a testa proeminente. Morava na rua Harlan, 65, em Lakewood. Data de nascimento: 22 de junho de 1978. Galbraith fez a conta. O homem estava com 32 anos de idade.

É ele, foi o pensamento que lhe ocorreu.

Galbraith sentiu uma pontada de remorso. Ela não havia falado com os outros investigadores sobre a picape branca porque, na ocasião, não considerou a pista importante. Por um golpe de sorte DiGiosio tinha encontrado o carro. Mas às vezes isso é o que basta. Galbraith deu uma explicação rápida sobre a picape aos outros policiais ao redor da mesa de reuniões em Westminster.

Um Mazda branco que foi visto nos arredores dos endereços de duas das vítimas.

As descrições fornecidas pelas vítimas eram compatíveis com os dados da carteira de motorista de O'Leary.

Os policiais presentes – Hendershot, Galbraith, Burgess e Hassell – tinham passado por poucas e boas naquele mês transcorrido desde o estupro sofrido por Amber. Eles haviam vasculhado latões de lixo e valas, interrogado estudantes e instaladores de TV a cabo, criado uma força-tarefa às pressas e colaborado com os peritos criminais e analistas de todas as equipes envolvidas. Eles tinham esgotado os esforços na certeza de que havia um estuprador em série à solta. Agora que finalmente um suspeito tinha sido identificado, eles teriam que trabalhar com ainda mais afinco. A sala de reuniões do Departamento de Polícia de Westminster ficou deserta na mesma hora. Todos os policiais correram de volta para suas mesas de trabalho para se debruçar sobre uma nova questão.

Quem era esse cara?

Galbraith checou o nome no Centro Nacional de Informações Criminais, que não mostrou qualquer registro – nem mesmo de infrações de trânsito. Ela pediu a ajuda do marido, David, para fazer uma busca na internet. Mais uma vez, os dois se sentaram um diante do outro nos sofás da sala de estar, cada um munido de seu laptop. Foi David quem achou a primeira pista. Marc P. O'Leary tinha registrado um site pornô chamado teensexhub.net. Os depoimentos das vítimas diziam que o estuprador havia feito ameaças de que postaria fotos delas na internet. Assim que encontrou o link, David se deu conta de que não veria muito a esposa nos próximos dias. "Stacy fica completamente focada no trabalho quando está cuidando de um caso importante. Ela é capaz de passar trinta ou quarenta horas direto mergulhada na investigação."

Grusing acionou colegas do setor investigativo do Ministério da Defesa para apurar se O'Leary tinha passagem pelo serviço militar – uma suspeita que havia passado pela cabeça tanto de Amber quanto de Lilly. A resposta chegou rapidamente, mas com poucos detalhes. O'Leary tinha se alistado no Exército. Ele subiu até o posto de sargento e foi dispensado da ativa com honras.

DiGiosio continuou com seu trabalho de apuração. A polícia de Lakewood, assim como mais de 70% das agências de combate ao crime nos Estados Unidos, havia investido numa ferramenta de varredura de placas de veículos chamada de LPR, que conta com pequenas câmeras de alta velocidade capazes de tirar 1.800 fotos por minuto e são afixadas na parte da frente dos carros de polícia. Quando os patrulheiros fazem suas rondas, as câmeras registram todas as placas pelas quais passam, e as informações delas – com data, horário e localização da foto – são automaticamente armazenadas numa base de dados. Essa base de dados, com o tempo, se provaria mais útil do que qualquer registro que pudesse existir sobre calcinhas roubadas.

Um dos carros de patrulha equipados com as câmeras LPR era utilizado por um policial que costumava passar pela rua Harlan a caminho do trabalho. Assim, quando DiGiosio digitou o número da placa, o sistema rastreou três imagens. Uma delas mostrava O'Leary de pé ao lado da picape Mazda na entrada de sua casa. Em outra, se via o retrovisor do lado do carona quebrado, do mesmo jeito que o retrovisor da picape Mazda branca nas imagens gravadas pela câmera de segurança em Golden.

Mais tarde, Hendershot investigou mais a fundo as descobertas de DiGiosio sentada em sua estação de trabalho em Westminster. Uma das fotos do LPR mostrava o Mazda passando pelas ruas de Lakewood no dia 10 de agosto de 2010. Essa era a data do estupro sofrido por Sarah, a detetive lembrou. Ela checou o horário preciso da foto: 8h49min05s. Apenas duas horas depois que o estuprador havia deixado o apartamento da vítima. Em seguida, Hendershot encontrou algo ainda mais impressionante. Os registros do Departamento de Trânsito do Colorado mostravam que O'Leary havia tirado uma foto para sua nova carteira de motorista às 11h13 desse mesmo dia. No retrato, ele estava usando uma camiseta branca. Na descrição que fez do agressor, Sarah disse que ele usava uma camiseta branca. A série de coincidências parecia surpreendente, mas Hendershot manteve uma postura cautelosa. Quem poderia saber o que mais eles ainda iam descobrir?

"Eu quero que o cara que fez isso fique na cadeia para sempre, você está me entendendo? Só que não se pode estreitar demais o foco. É bom sentir que está no caminho certo, mas ainda há muito a fazer. Eu nem consigo imaginar o horror que seria tirar uma conclusão precipitada e condenar a pessoa errada. Estou empolgada... Mas nós ainda temos muito trabalho a fazer", ela disse.

— ◉ —

FALSA ACUSAÇÃO

Tinha sido uma manhã gelada para os dois agentes do FBI encarregados de vigiar o suspeito. Eles haviam ficado dentro do carro estacionado perto da casa de O'Leary, na rua Harlan, 65. O trânsito estava intenso por ali. A temperatura era quase congelante sob um céu claro. Era uma sexta-feira, dia 11 de fevereiro de 2011.

Às 12h13, um homem e uma mulher saíram da casa. Ele tinha por volta de 1,85 metro de altura e o cabelo loiro, pesando algo em torno de 90 quilos. Ela aparentava estar na casa dos 20 anos e tinha o cabelo escuro. O'Leary e mais quem? Uma namorada? Os dois entraram num Toyota Corolla e saíram. Os agentes foram atrás, na esperança de que O'Leary estivesse a fim de suar numa malhação pesada, ou que cuspisse no chão pelo caminho, ou decidisse fazer qualquer coisa que pudesse resultar numa amostra de fluido corporal deixada num local público. Amostras assim eram consideradas "DNA abandonado"[1] – material genético deixado exposto. Embora a Quarta Emenda da Constituição Americana determine a necessidade de um mandado para colher material genético do corpo ou da residência de um suspeito, os tribunais liberaram o acesso da polícia ao DNA abandonado. Os agentes, então, podiam coletar uma amostra, e o laboratório de criminologia do estado podia analisá-la. Se o DNA de O'Leary se encaixasse no perfil parcial já levantado do estuprador, eles saberiam que os dois homens pelo menos eram parentes – isso se não fossem a mesma pessoa.

O'Leary e a mulher dirigiram por oitocentos metros até o Lookin' Good Restaurant and Lounge, especializado em culinária grega, americana e mexicana. Os agentes ficaram esperando do lado de fora por uma hora e meia enquanto o casal comia. Assim que o casal saiu do local, um dos agentes foi até o restaurante e interceptou o ajudante de garçom que estava recolhendo os pratos da mesa. Depois de uma conversa rápida com o gerente, o agente saiu levando a xícara em que O'Leary havia bebido café. Ela certamente teria bastante DNA abandonado na borda.

Enquanto a dupla do FBI vigiava O'Leary, Grusing e um agente policial local foram até a entrada da casa da rua Harlan, 65. Eles estavam à paisana, trajando calças e camisas comuns. O plano era instalar uma câmera de segurança para vigiar a casa, e eles precisavam antes se certificar de que não havia ninguém lá dentro. Mas, quando Grusing bateu à porta, um homem atendeu. Grusing o reconheceu na mesma hora.

Era Marc O'Leary.

Cacete.

Grusing estava preparado para a possibilidade de haver alguém na casa, mas não esperava dar de cara com o suspeito, que ele imaginava ter acabado de sair na companhia de uma mulher. Ele recorreu então ao disfarce que tinha planejado. Seu parceiro explicou que os dois eram da polícia, e Grusing sacou um retrato falado do bolso para mostrar a O'Leary.

– Nós temos registrado muitas denúncias de roubo aqui pelo bairro – disse ele. – Você por acaso viu um sujeito parecido com este aqui?

Aquele retrato era, na verdade, parte do material de um caso de assassinato investigado pelo FBI. Grusing ficou atento às reações de O'Leary. Ele estaria desconfiando de algo? O'Leary pegou o desenho e o observou. Se aquele ali era de fato o estuprador, Grusing pensou consigo, certamente não demonstrava isso. A expressão em seu rosto era de quem estava refletindo, mas não aparentava sinais de pânico.

– Não, eu nunca vi esse cara – falou O'Leary para Grusing, e lhe devolveu o papel.

– Pode informar seu nome e data de nascimento? – pediu Grusing.

O'Leary forneceu as informações. Ainda sem sinal de pânico.

– Mais alguém mora na casa? – perguntou Grusing.

– Somos só eu e meu irmão Michael – respondeu O'Leary, e prometeu que avisaria a Michael sobre o tal ladrão.

Ao se afastar, Grusing achou que o disfarce tinha sido um sucesso. Ele estudava a mente dos bandidos. Sabia como era o raciocínio dos caras. Cada policial que eles viam, cada carro de polícia que passava, era um gatilho para a paranoia. "Eles sempre acham que estão sendo perseguidos", explica.

Ele conhecia também os mecanismos de compensação. Já era um processo automático. O'Leary ficaria desconfiado daquela visita, mas seria o mesmo tipo de desconfiança que reservava para todo policial que parasse para olhar sua cara por mais de um segundo. Ele acabaria convencendo a si mesmo de que mais uma vez tinha conseguido escapar por pouco. O sujeito só não fazia ideia de por quão pouco.

Não demorou para a polícia encaixar as peças. Os agentes da vigilância na verdade tinham seguido Michael O'Leary e a namorada dele. Era o DNA de Michael que estava na xícara do restaurante. Seria possível usá-lo para comparar com o perfil genético do estuprador? Grusing telefonou para o diretor do Laboratório de Criminologia. Sim, não fazia diferença qual parente do sexo masculino forneceria a amostra para comparar os perfis usando aquele método de testagem. A análise ficaria pronta no dia seguinte, pelo que o diretor disse a Grusing.

No dia seguinte, às 14h15 de 12 de fevereiro, Galbraith recebeu o laudo. O DNA do estuprador – as poucas dezenas de células encontradas no urso de pelúcia de Doris, no timer de cozinha branco de Sarah e no rosto de Amber – era compatível com a amostra colhida da borda da xícara de café usada por Michael O'Leary. A chance de um resultado semelhante num teste randômico era de 1 para 4.114 no caso de homens brancos. Seria uma aposta segura afirmar que o estuprador era mesmo um homem da família O'Leary.

Ao longo da investigação, Grusing e Galbraith haviam se encontrado regularmente no escritório dele, localizado num prédio de tijolos aparentes da virada do século no meio do bairro de armazéns de gado de Denver. O prédio fora a sede da Denver Union Stockyard Company e tinha ares de uma instituição bancária, com suas colunas jônicas, escadarias largas e revestimentos de madeira envelhecida. Localizado na cobertura, o escritório do FBI se parecia mais com um clube de lazer para homens. Os agentes haviam decorado o lugar com animais empalhados apreendidos em operações do Ministério da Pesca e Vida Selvagem contra a caça ilegal – um javali aqui, uma cabeça de alce ali. O banheiro masculino tinha um urinol de porcelana branca do tamanho de um frigobar. A persiana de metal da janela atrás da mesa de Grusing estava empenada por conta de uma partida de futebol americano entre escritórios improvisada.

Agora, os dois policiais tinham novas informações para destrinchar. Um dia antes, ninguém fazia ideia da existência de Michael O'Leary. Agora, sabiam que ele era praticamente um gêmeo de Marc. Os dois homens eram muito parecidos – tinham quase a mesma altura, e a diferença no peso não chegava a cinco quilos. Considerando que o estuprador usava uma máscara para atacar suas vítimas, elas teriam dificuldade para escolher entre um e outro se chamadas para fazer um reconhecimento. Michael também fizera carreira como militar. Ele tinha servido o Exército. E se Michael tivesse usado a picape do irmão para cometer os estupros? E se eles fossem cúmplices, revezando-se nos ataques?

Grusing e Galbraith continuavam acreditando que Marc O'Leary era o estuprador, mas eles sabiam que um bom advogado de defesa não teria problemas em alegar que havia dúvida razoável. *Senhoras e senhores do júri. Nenhuma das vítimas é capaz de apontar com certeza qual dos homens a atacou. Nem as mais modernas análises científicas definiram isso com precisão. O nosso sistema jurídico se baseia na premissa de que é melhor deixar dez culpados à solta do que condenar um homem inocente. É seu dever votar pela absolvição do réu.*

Era preciso que eles conseguissem mais provas.

Nessa noite, Galbraith redigiu uma declaração solicitando a um juiz um mandado de busca para a casa da rua Harlan, 65. Ela listou todas as evidências que apontavam Marc O'Leary como suspeito: sua aparência física, o tempo passado no Exército, a compatibilidade do DNA. Fez uma descrição dos crimes cometidos e das vidas que haviam sido abaladas por eles. Recorrendo à linguagem seca da documentação legal, ela listou tudo o que esperava encontrar na casa para comprovar que o suspeito era de fato o culpado:

- Itens que haviam sido furtados das residências das vítimas mencionadas: câmera Sony Cybershot cor-de-rosa, camisola com estampa floral azul e amarela, peça de roupa íntima feminina, fronhas de cetim verde, lençóis verdes, um lençol cor-de-rosa com elástico e um par de fronhas do mesmo jogo, uma "calçola" branca feminina, um lençol rosa-shocking, um pijama estampado com flocos de neve, fitas de tecido sedoso preto.
- Camiseta branca (possivelmente com uma estampa na parte da frente), uma calça de moletom cinza com buracos nos joelhos, uma calça cáqui esverdeada, um casaco de capuz cinza, máscara ou boné pretos ou item assemelhado, um par de luvas ou outro acessório com padronagem em forma de colmeia, um par de tênis Adidas pretos com listras brancas.

- Uma mochila ou sacola com zíper, pedaços de corda, barbante ou outro material que possa ser usado para amarraduras; um consolo, gel lubrificante de uso íntimo, garrafa para água, lenços umedecidos, meias de nylon ou assemelhado do tipo sete-oitavos, vibrador, uma câmera preta.

Galbraith terminou a requisição bem tarde nessa mesma noite. O juiz de plantão não quis receber o documento por e-mail, insistindo que deveria ser mandado via fax. Galbraith rodou pela cidade até encontrar uma loja aberta até mais tarde, uma Safeway, que dispunha de um aparelho de fax. O juiz assinou o mandado às dez horas de uma noite de sábado. A operação foi marcada para a manhã seguinte.

Galbraith sabia que encontrar as evidências na casa de O'Leary ajudaria a promotoria a estruturar o caso para levá-lo aos tribunais. Mas, pessoalmente, só lhe faltava uma coisa para ter certeza de que Marc O'Leary era de fato o estuprador.

Ela enviou um e-mail para uma analista criminal de outro Departamento de Polícia: "Eu preciso dar uma checada na perna desse cara. URGENTE!"

Às 8h15 de domingo, 13 de fevereiro, Galbraith bateu na porta lateral da casa da rua Harlan, 65. Era uma manhã clara e fria. Havia neve cobrindo o pátio, e as árvores em volta estavam desfolhadas por causa do inverno.

– Polícia! Temos um mandado de busca! Abram a porta! – gritou ela.

Grusing e mais seis policiais de Golden e Lakewood estavam posicionados atrás dela, os corpos perfilados contra o lado sul da casa. Todos estavam usando coletes à prova de balas e calças cáqui, e tinham armas em punho.

Galbraith ouviu barulhos dentro da casa. A porta se abriu. Marc O'Leary surgiu sob o batente. Seu cachorro, Arias, e o pit-bull de Michael correram para fora à sua frente. Ao ver os policiais, O'Leary começou a se ajoelhar.

– Para fora, para fora! – ordenou Galbraith.

Ele pareceu atordoado quando saiu à luz enviesada do sol de inverno. Estava usando casaco de capuz cinza, uma calça de moletom cinza e chinelos de andar em casa, e disse a Galbraith que o irmão, Michael, tinha saído na noite anterior e não voltara ainda. Ele estava sozinho.

Galbraith o puxou para o lado e apalpou suas roupas para revistá-lo. Ela se ajoelhou e levantou a perna da calça.

Ali estava, na panturrilha esquerda de O'Leary: uma marca de nascença escura, do tamanho de um ovo grande.

Era ele. Marc era o estuprador.

Galbraith se virou para Grusing, fazendo um sinal de positivo.

– Nós temos um mandado para revistar a casa – explicou Grusing a O'Leary.

O'Leary falou que queria um advogado. Nesse momento, Galbraith se posicionou por trás dele.

– Você está preso por crimes de invasão de domicílio e agressão sexual cometidos na cidade de Golden em 5 de janeiro de 2011 – disse ela.

Às 8h35, Galbraith algemou O'Leary. Ela observou enquanto outro policial o levou de carro para dar entrada na cadeia do Condado de Jefferson. O'Leary teve as impressões digitais recolhidas. Um perito usou hastes de algodão nas mucosas de sua boca para colher a amostra que geraria um perfil genético completo. Na sala de fotografias, ele tirou toda a roupa para que o fotógrafo da polícia fizesse registros de todas as partes de seu corpo. No primeiro comparecimento ao tribunal, em 14 de fevereiro de 2011, Marc O'Leary foi acusado de agressão sexual, sequestro, roubo e ameaça. A fiança foi estabelecida em 5 milhões de dólares. O juiz demonstrou preocupação pelo "risco extremo à sociedade" representado por O'Leary.

Galbraith estava usando um par de botas novas na manhã da prisão. Depois desse dia, em todas as vezes que olhasse para aquelas botas ela se lembraria do momento em que capturou O'Leary. Ela quis conduzir pessoalmente a operação. "Eu queria olhar bem na cara dele... E queria que ele soubesse que nós tínhamos descoberto seus crimes."

A perita criminal de Golden Amanda Montano liderou a equipe de onze policiais, agentes do FBI e criminalistas que fez a revista na casa. Katherine Ellis, de Westminster, se ofereceu para ajudar no trabalho. O detetive Aaron Hassell, de Lakewood, fez o mesmo, assim como o detetive Marcus Williams e a perita criminal Kali Gipson, de Golden. Todos estavam vestindo macacões brancos de capuz, luvas cirúrgicas azuis e botas de proteção brancas. Pareciam uma equipe especializada em risco biológico entrando numa zona de contaminação.

Cômodo por cômodo, a casa foi vasculhada. O quarto de Marc O'Leary ficava na extremidade nordeste, com cortinas pretas tapando as janelas. A cama ficava encostada numa parede, com lençóis beges embolados no meio. O chão estava limpo. Havia uma cômoda com um aparelho de TV em cima. Dentro das gavetas tudo parecia organizado, cada coisa em seu lugar. As camisetas e calças estavam dobradas e empilhadas, três pilhas por gaveta. No chão do closet, havia diversos pares de sapatos dispostos lado a lado. Montano viu que um deles era de tênis pretos decorados com três listras brancas chamativas. Os Adidas modelo ZX700. *Exatamente como o site informou*, pensou Montano.

Ela foi ao escritório, nos fundos da casa. Cortinas na cor bordô cobriam uma janela que, se aberta, daria vista para as Montanhas Rochosas. Uma escrivaninha marrom em L ficava num dos cantos, com um computador, cadernos de espiral e um iPhone em cima dela. Pendurado na parede, acima do computador, havia um relógio emoldurado com um brasão militar, tendo na parte de baixo uma mensagem de agradecimento ao soldado de primeira classe Marc Patrick O'Leary pela dedicação a serviço nos "Galos" do 3º Pelotão, Companhia-A do 503º Regimento de Infantaria Aérea – uma das unidades pelas quais ele havia passado em sua temporada na Coreia do Sul. *Um militar, como as vítimas desconfiaram*, pensou Montano.

Acima da escrivaninha, havia prateleiras com livros. Montano tomou nota dos títulos: *Uma breve história do tempo*, de Stephen Hawking; *Ética*, de Baruch Spinoza; *The Ethical Slut*,* de Dossie Easton e Janet Hardy; uma biografia de Sigmund Freud; *The Only Astrology Book You'll Ever Need*;** a bíblia; e *Sexy Origins And Intimate Things*.***

Outra das prateleiras continha uma pilha de CD-ROMs em estojos de plástico azul e, em cima, uma câmera Sony Cybershot cor-de-rosa.

Isso quase está parecendo perfeito demais, Montano pensou.

Ao longo do dia, Montano e o resto da equipe vasculharam a vida de O'Leary. No cesto do banheiro, eles encontraram um pedaço de tecido

---

* "Ética promíscua", em tradução literal. (N. T.)

** "O único livro de astrologia de que você vai precisar", em tradução literal. (N. T.)

*** "Origens sensuais e intimidades", em tradução literal. (N. T.)

preto amarrado para formar uma espécie de máscara. Na cozinha, dentro de uma cesta, acharam um par de luvas Under Armour com padronagem em forma de colmeia. Debaixo do colchão, encontraram uma pistola Ruger preta calibre .380. O pente estava carregado com seis cartuchos de munição. Uma mochila Eagle Creek preta e verde estava pendurada no armário do escritório, cheia de sacos dentro. Num deles havia um par de sapatos de salto alto de plástico transparente com fitas cor-de-rosa. Outro era um saco hermético com uma inscrição feita com marcador preto, em letras maiúsculas perfeitas, listando o conteúdo: MEIA-CALÇA, GRAMPOS, CONSOLO, MORDAÇA.

No fundo do armário, Williams viu um pequeno amplificador de guitarra preto. Ao virá-lo, dois sacos herméticos surgiram por trás dele, e William os puxou de lá. Montano dispôs os sacos no chão. Dentro deles havia peças íntimas femininas. Listradas em malva e branco, rosa--shocking, branca, rosa-claro, marrom, de seda azul-clara e branca com flores coloridas. Eram dez calcinhas ao todo.

Os troféus do estuprador.

A profusão de evidências impressionou todos os policiais presentes. Aquilo era como completar um quebra-cabeça cuja figura formada anunciava claramente: Marc O'Leary.

"Como detetive de polícia, você cumpre mandados de busca o tempo todo. Às vezes, faz bons achados. Às vezes, encontra umas poucas coisas. Mas não é comum dar de cara com todos os itens que vão ligar seu caso a todos os outros", fala Hassell. "Havia tanta coisa lá que nem dava para acreditar."

Depois de feita a prisão, Galbraith foi de carro até o novo endereço de Amber. Tinham passado 39 dias desde o estupro. Ela queria dar a notícia.

Amber foi se encontrar com ela do lado de fora, no estacionamento. Galbraith lhe disse que o nome do homem era Marc O'Leary. Que ele havia estuprado outras mulheres antes de atacá-la, e que Amber ajudara a solucionar o caso. Que sua atenção aos detalhes e sua capacidade de fazer o sujeito conversar tinham sido importantes, assim como sua impressão sobre o passado dele e sua ligação para a polícia. Galbraith não era emotiva, mas começou a se sentir prestes a transbordar – de alívio, de satisfação, de felicidade. Seus olhos se encheram de lágrimas. *Eu fiz isso tudo por você,* pensou.

Amber não demonstrou emoção. Ela agradeceu a Galbraith e lhe deu um abraço ligeiro. Depois, voltou para dentro do apartamento. A detetive tinha esperado uma reação mais intensa, mesmo sabendo que não deveria. Não era ela quem poderia determinar que emoção Amber sentiria. A maneira como cada vítima passa pela experiência do estupro é estritamente pessoal.

Hendershot telefonou para Sarah e disse que elas precisavam se encontrar. Sarah respondeu que estava ocupada com afazeres pessoais, que não sabia se teria tempo para vê-la.

– Bem, é um assunto muito importante – disse Hendershot. – Eu posso ir encontrá-la onde for melhor para você. Pode ser o lugar que for, por mim não faz diferença.

Nessa mesma noite, a detetive foi se encontrar com Sarah num restaurante da rede Denny's. Hendershot a viu ocupando uma mesa de canto bem no fundo, jantando sozinha. Sarah não tinha família morando por perto. O marido havia morrido. Era uma mulher sofrida.

Hendershot se sentou à mesa para lhe dar a notícia.

– Acabou. Está tudo acabado. Nós prendemos o homem – disse ela.

As duas mulheres se encararam, com lágrimas escorrendo dos olhos.

"Esse foi o meu momento de alegria, por assim dizer; quando eu pude sentar diante dela e dizer que, depois de tudo, depois de todas as coisas que ela havia passado, não teria mais que se preocupar com o sujeito", Hendershot diz.

Michael O'Leary não conseguia entender o que estava acontecendo. Ao chegar de carro em casa, na rua Harlan, ele havia encontrado vários policiais. Uma multidão estava reunida junto às faixas de isolamento que a polícia estendera. Havia equipes de TV em frente à casa, com repórteres falando para câmeras. Ele saltou do carro e se identificou para um dos guardas. Foi algemado e levado para o banco de trás de um dos carros de patrulha.

Agora, estava sentado numa sala da sede da Agência de Investigação do Colorado. Havia dois detetives de polícia à sua frente. Um se identificara como Scott Burgess, e a mulher havia se apresentado como Edna Hendershot.

– Você faz alguma ideia do que está acontecendo aqui? – perguntou Burgess.

– Não mesmo. Não sei de nada. – Foi a resposta de Michael.

Ele sabia que o irmão tinha sido preso, mas não sabia o motivo. Tinha visto uma matéria na TV sobre um cara preso no Arizona por ter atirado num bando de gente, e o tal cara o fizera pensar no irmão: um sujeito solitário, excêntrico. Será que Marc estava construindo uma bomba em casa ou algo parecido?

– Ninguém arma esse circo todo por causa de uma infração de trânsito – disse Burgess para ele.

Os dois detetives não paravam de fazer perguntas.

– Como é sua rotina?

Ele disse que as aulas do curso de barbeiro começavam todos os dias às 8h, e à tarde havia o trabalho como entregador de móveis.

– Foi a algum lugar usando a picape de Marc?

Sim, uma vez. Ele havia levado um rack de TV na caçamba da picape para um endereço num dos subúrbios de Denver.

– Você usa o computador do quarto dos fundos?

Claro. Mas tinha sua conta pessoal, com senha própria. Dava uma olhada nos resultados do *fantasy game* de futebol americano. Às vezes, navegava num site de encontros chamado Plenty Of Fish.

– Alguma vez esteve em Aurora? Ou Westminster? Ou Golden?

– Não. Sim. Não.

– Você tem primos morando na região de Denver, primos homens? – questionou Hendershot.

– Não. Só meu pai, que vive no Arizona.

Burgess fez uma última pergunta, se ele poderia erguer as pernas da calça.

Michael mostrou uma cicatriz na panturrilha. Era de uma queda de bicicleta da época de garoto. O que isso tinha a ver com qualquer coisa?

– Vocês vão me contar por que ele foi preso ou não vão? – perguntou Michael.

Burgess hesitou por um instante. Seria um momento e tanto fazer essa revelação. O cara à sua frente literalmente não fazia a menor ideia da história.

Diversas mulheres tinham sido estupradas, o policial começou a dizer. Elas descreveram o agressor como sendo um cara de mais de 1,80 metro e pesando cerca de 100 quilos. As análises de DNA apontavam para um homem da família O'Leary. E uma das mulheres tinha visto uma marca de nascença na perna do estuprador.

– Eu lamento ter que lhe dar esta notícia, e lamento dizer que provavelmente será o tipo de coisa difícil para sua família lidar – disse ele a Michael. – Mas nós estamos bastante convencidos de que, infelizmente, Marc é o suspeito que procuramos.

Michael não disse nada. Burgess e Hendershot continuaram a fazer perguntas, mas ele parou de respondê-las. Minutos silenciosos se passaram enquanto a dupla de policiais esperou que ele falasse.

Por fim, o rapaz recobrou a voz.

– A minha mãe vai morrer quando souber disso – disse. – Ela não vai conseguir lidar com essa notícia, escrevam o que estou dizendo. A vida dela acabou. Isso vai devorá-la por dentro, todos os dias. E não tem nada que eu ou qualquer outra pessoa possa fazer para impedir isso – afirmou Michael.

Ele pressionou Burgess. Tinham mesmo certeza de que era o cara certo? Não podia ter havido alguma armação?

Burgess falou que não. Tinham encontrado muitas evidências na casa.

– No meu entender, provas conclusivas – respondeu a Michael.

Michael não queria ser desleal com o irmão. Família é família, como costumam dizer. Mas aquilo... Aquela notícia era demais.

– Eu tinha admiração por ele, achava que estava com uma vida legal. Agora já não sei mais o que pensar. Eu só... estou com vergonha. Com vergonha de mostrar a cara. Para mim, ele morreu. Está morto para sempre – disse Michael. – Eu mesmo queria poder acabar com ele.

Ele contou aos policiais que o irmão estava envolvido com ocultismo. Astrologia. Alquimia. Sociedades secretas. O irmão e seus amigos tinham crenças esquisitas sobre a ordem social do mundo, pelo que ele contou aos detetives. Achavam que só existiam dois tipos de pessoas: as que estão no comando e o resto, a massa de escravos.

– No mundo deles, tudo se divide, tipo, entre os alfas e os bravos – falou Michael.

Essas palavras fizeram soar um alarme na cabeça de Burgess. O estuprador tinha se referido enigmaticamente para Amber a algo sobre lobos e bravos. Agora, o irmão do suspeito usava termos parecidos. Imagine expor a coincidência diante de um júri. *Poderia haver dois caras diferentes com a mesma filosofia secreta? Quais seriam as chances de isso acontecer?* Ele estava diante da oportunidade de encaixar mais uma peça do quebra-cabeça no lugar.

Burgess perguntou:

– Você já ouviu a expressão "lobos e bravos"?

– Claro, lobos e bravos – respondeu Michael.

– O que são os lobos e os bravos?

– Os lobos são basicamente os alfas, e os bravos são a massa, a maioria de pessoas comuns. Os bravos não são aptos fisicamente nem mentalmente, eles não são nada. Estão no degrau de baixo e pronto. É assim que eles dividem as coisas, do mesmo jeito que os lobos fazem. É assim que os lobos veem a vida.

– É assim que ele vê a si mesmo? Era esse tipo de coisa que seu irmão estudava?

– Ele basicamente era classificado como um alfa, e, nessa visão de sociedade, os machos-alfa podem fazer sexo com muitas mulheres. Eles não precisam se amarrar a ninguém – explicou Michael. – Eu não entendo como isso pode estar ligado a sair de casa e estuprar e fazer essas coisas, mas a história toda é profunda e complicada demais para sequer começar a entender, não é mesmo? O cara é uma porra de um psicopata.

Enquanto fazia a varredura pela casa de O'Leary, Amanda Montano foi acompanhada por mais um homem: John Evans, um especialista em computadores de 50 anos de idade. Investigador civil ligado à Agência de Investigação do Colorado, Evans sabia que o estuprador havia ameaçado postar fotos das vítimas na internet e que O'Leary administrava sites de pornografia. Sua missão era vasculhar todos os computadores,

HDs e telefones celulares que houvesse na casa. Montano estava atrás de evidências físicas de que O'Leary era o culpado. Evans buscaria as evidências digitais.

Evans tinha um longo histórico com computadores. Na juventude, ele havia comprado uma das primeiras máquinas criadas para uso doméstico, o Commodore 64. Isso foi na década de 1980. O aparelho não fazia muita coisa. Sabia somar números. Exibia um HELLO na tela. Mostrava grafismos rudimentares. Mas Evans se apaixonou pela máquina, com seu teclado marrom grandalhão e a tela brilhante. Na época, ela lhe pareceu um objeto mágico.

O hobby acabou se transformando em carreira. Depois de um tempo servindo a Marinha – ele havia passado três anos na Antártida, fascinado pelas longas noites polares e depois pelo sol que passava meses sem se pôr – Evans se estabeleceu no Colorado. Ele arrumou um emprego num centro de controle de animais – como homem da carrocinha, como era chamado na época – e depois foi trabalhar para a polícia de Golden como encarregado de catalogação de evidências e perito criminal. Era uma rotina solitária. Num escritório com paredes cobertas de prateleiras, ele organizava cartões de impressões digitais e amostras de DNA, pistolas e fotografias, roupas de cama e peças rasgadas de vestuário. O fascínio por eletrônicos o levou a fazer cursos de perícia digital e de vídeos, o campo responsável por analisar toda a mídia eletrônica que possa vir a ser usada nos tribunais. Foi assim que John Evans se tornou um especialista forense em computadores – o primeiro de Golden e um dos únicos na região de Denver.

Sua fama como mago da informática logo se alastrou. Outros departamentos de polícia começaram a procurá-lo com casos que de alguma forma tinham a ver com computadores. Primeiro, foi só na região de Golden, mas, logo, agentes policiais de todo o Colorado passaram a procurá-lo. O caso envolvia imagens borradas de uma câmera de segurança? Evans saberia limpá-las. Precisava hackear um HD? Evans podia ajudar também. E-mails criptografados? Era só chamar o Evans.

E foi trilhando esse caminho que o perito descobriu que a magia dos computadores também podia ter tons mais soturnos. Muitos dos casos nos quais ele trabalhava envolviam pornografia infantil. Isso significava ter que passar horas de trabalho olhando para as imagens mais perturbadoras que poderiam existir. Ele se tornou um conhecedor do cânone – o conjunto habitual de dezenas de milhares de fotos e vídeos de crianças abusadas sexualmente que circulava pela internet entre pervertidos do mundo todo. Nunca era fácil. Nunca era normal. Mas ele se acostumou, como os policiais se acostumam a ver gente morta. "Você cria uma resistência, depois de algum tempo. Mas sempre é difícil. Às vezes, eu precisava me levantar e dar um tempo para a mente", ele conta. Evans ficava atento para notar imagens novas. Fotos que ele nunca tivesse visto antes. Aquelas eram crianças que ele talvez ainda conseguisse salvar.

No quarto dos fundos da casa, o perito catalogou todos os componentes da estação de trabalho de O'Leary. Havia dois computadores, um instalado na mesa e outro guardado no armário, junto com a mochila e o amplificador de guitarra. Havia um iPhone. Dois pen drives nas prateleiras. Os CD-ROMs. E dois cartões de memória SSD que estavam nas duas câmeras – a Sony Cybershot cor-de-rosa roubada e a Canon Rebel XTi, o modelo que havia sido mencionado em sua conversa com a mulher que O'Leary conhecera no Craigslist.

Evans levou todos os itens para o Laboratório Regional de Informática Forense das Montanhas Rochosas, localizado num centro empresarial sem graça em Centennial, um dos subúrbios mais ao sul de Denver. Custeado pelo FBI, o laboratório reunia agentes federais e investigadores do Colorado para servir como central local de criminologia para todos os assuntos ligados à perícia de informática. Era a ele que agentes policiais de todo o estado recorriam quando tinham arquivos criptografados, registros contábeis parcialmente deletados e históricos de navegação de IPs que esperavam poder usar como evidências de crimes. Evans, cedido permanentemente pelo Departamento de Polícia de Golden para fazer parte desse projeto do FBI, gostava de poder estabelecer parcerias. "Você tenta ajudar todo mundo que aparece", ele explica.

Sua mesa, localizada num corredor comprido cheio de estações de trabalho, tinha sete computadores – entre PCs e Macs –, cada um com dois monitores. Todos zumbindo o tempo todo enquanto trabalhavam para desenterrar segredos digitais. Evans se parecia com esses corretores da bolsa de valores em Wall Street, com a diferença de que suas catorze telas só mostravam perdas, nunca ganhos. "Nós passamos o tempo todo olhando coisas bem ruins, todos os dias."

O computador apreendido de O'Leary começou a produzir evidências quase imediatamente. Evans encontrou um *backup* do iPhone utilizado por ele contendo as anotações feitas no período que ficara planejando o ataque a Amber. As notas começavam em 28 de setembro – mais de três meses antes do estupro. Nesse dia, havia diversos registros ao longo de cinco horas passadas espiando o apartamento. Na última nota, às duas e meia da manhã, ele diz que Amber "chega em casa, fica só de calcinha, passa um tempo enorme no banheiro e se senta à escrivaninha para começar a escrever". No dia 10 de novembro, O'Leary descreve o que observou de Amber com o namorado: ela "chega em casa com namorado branco, entre 10h30 e 10h45, namorado de pijama, *game over*". No dia 3 de janeiro, ele se mostrou preocupado com a possibilidade de uma mudança. Tinha visto caixas sendo arrumadas. Essa foi a data em que ele arrombou a fechadura, já se preparando para invadir o apartamento. "Chegou por volta de uma hora da manhã em casa, sozinha", ele escrevera na véspera do estupro.

No mesmo iPhone, os investigadores encontraram evidências de que O'Leary andava espionando outra mulher – uma divorciada moradora de Littleton. Não havia sinais de que a agressão tivesse acontecido, só de que ela fora planejada.

O iPhone também forneceu a lista de contatos de O'Leary. Não havia muita gente. Estava lá o nome do irmão, Michael. A mãe e o padrasto. Alguns amigos na cidade. E um número com o código de área 602, que pertencia a uma mulher no Arizona. Ela se chamava Calyxa.

Evans foi encaminhando tudo que encontrava para Galbraith ou Hendershot. Cada remessa seguia com um bilhete rápido, informal: "Alguns achados interessantes de hoje." O melhor amigo do perito era Mike Hendershot, marido de Edna. Eles tinham se conhecido no Departamento de Polícia de Golden – de onde Evans também conhecia Galbraith. Ele também era parte da malha azul.

Entre os arquivos que O'Leary havia baixado da internet, Evans encontrou a versão eletrônica de um manual de técnicas policiais para investigação de estupros chamado de *Rape Investigation Handbook*. O texto era obra de uma dupla de policiais experientes no trabalho das ruas que passaram décadas investigando crimes sexuais: John O. Savino, ex-patrulheiro de Nova York, e Brent E. Turvey, analista de perfis criminais. Era um livro com uma linguagem simples, recheado de curiosidades sobre os perfis dos estupradores e seus crimes, mas que também trazia uma descrição das técnicas de investigação mais empregadas: as análises de DNA de toque, o uso do ViCAP, as características de estupradores em série. Evans concluiu que O'Leary devia ter estudado o manual.

Ele era um estudioso do estupro.

Um dia, o perito encontrou uma pasta incomum armazenada no HD do computador que ficava na mesa de O'Leary. O nome parecia bastante sugestivo: "Canalha." Ela guardava um conteúdo enorme – quase 75 gigabytes, espaço que seria suficiente para armazenar todos os livros de um andar inteiro de biblioteca ou dezenas de milhares de fotos e vídeos em alta resolução. A pasta estava totalmente lacrada. Evans descobriu que O'Leary havia usado o programa TrueCrypt para proteger o conteúdo de olhos curiosos – como os seus.

O perito se viu obcecado com a ideia de descobrir os segredos da "Canalha".

Mesmo criptografada, a pasta "Canalha" revelou algumas pistas. O'Leary havia transferido imagens para serem armazenadas dentro dela. Esse ato, de mover uma pasta com fotos para dentro de outra, deixa sempre um registro. Evans descobriu que O'Leary havia nomeado uma das pastas movidas como "Garotas". Dentro dela havia outras subpastas – cada uma com um nome de mulher. O perito encontrou os nomes de Amber e de Sarah. Encontrou 1.422 menções ao nome de Doris em 211 arquivos diferentes.

Também foram encontrados outros oito nomes, que Evans não reconheceu. Ele guardou essa informação. Talvez ajudassem os investigadores a localizarem outras vítimas.

"Se você visse o sujeito meticuloso que ele era até para arrumar a própria gaveta de cuecas, era fácil entender aquilo", diz Evans, explicando por que as pastas foram identificadas com os nomes das mulheres. "O cara era cuidadoso com tudo que fazia."

Evans dedicou um dos seus computadores de trabalho inteiramente à tarefa de hackear a pasta "Canalha". Enquanto esperava pelos resultados, ele foi aplicando suas ferramentas aos itens menores que haviam sido apreendidos na casa da rua Harlan, 65: os dois cartões de memória das câmeras de O'Leary, cada um do tamanho de um selo postal.

Neles, estavam as evidências que o perito queria encontrar.

As fotos das vítimas.

O'Leary tinha feito um esforço para escondê-las. Pelo que Evans pôde perceber, o sujeito havia movido as fotos das câmeras para a pasta "Canalha". Depois, com as imagens copiadas e armazenadas em segurança, O'Leary deletara todo o conteúdo dos cartões. Mas essa operação não tinha sido bem-sucedida. Os nomes dos arquivos de imagem haviam mesmo desaparecido, mas os bits eletrônicos que as formavam ficariam no cartão até serem sobrepostos permanentemente por novas fotografias. O mais cuidadoso dos estupradores havia novamente deixado alguns rastros para trás – dessa vez, rastros digitais.

Usando um software próprio para recuperação de imagens, Evans resgatou mais de quatrocentas fotos de Amber nas poses que havia sido instruída a fazer, o rosto transformado numa máscara de pavor. Havia mais de cem imagens de Sarah, forçada a deitar com as pernas abertas na própria cama, as mãos amarradas atrás das costas. Não havia possibilidade de engano. O homem naquelas fotografias era O'Leary. E ele estava estuprando as mulheres exatamente da maneira como elas descreveram.

Enquanto navegava pelas imagens, o perito de vez em quando precisava fazer uma pausa e ia fumar um cigarro do lado de fora do escritório. Ele estimava já ter visto milhões de imagens pornográficas – muitas violentas, muitas envolvendo crianças – em seus 25 anos de serviços prestados à polícia. Mas as pessoas mostradas nas imagens eram sempre rostos anônimos, desconhecidos. Agora, Evans sabia o nome dos rostos que o fitavam apavorados na tela do computador. "Eu não teria como ficar sentado lá, impassível, passando todas as fotos", ele diz. "Mexe demais com a cabeça. Aquilo tudo é de verdade, você sabe que a vítima existe em algum lugar lá fora."

Quando Evans telefonou para Hendershot e Galbraith para contar o que achara, as duas correram até o laboratório para examinar os arquivos e identificaram imediatamente as vítimas de seus respectivos casos.

A reação de Hendershot foi sucinta: "Eu não posso imaginar um ser humano mais cruel."

A detetive reparou que, numa das fotos, Sarah estava usando um par de sandálias vermelhas grandalhonas, e se lembrou de tê-las visto dentro de uma caixa de sapatos quando inspecionou o apartamento após o crime. Sarah havia afirmado que o estuprador calçara sapatos em seus pés, mas que não se lembrava de quais eram. Hendershot então decidiu fazer uma nova tentativa. Ela telefonou para Sarah. Depois de alguns minutos de conversa, a detetive repetiu a pergunta mais uma vez. Por acaso Sarah se lembrava dos sapatos?

Para falar a verdade, ela havia lembrado, sim. Sarah contou que, enquanto folheava um álbum de fotografias semanas antes, tinha dado de cara com um retrato seu usando as sandálias vermelhas. Ao olhar para a foto, a lembrança voltou num estalo: aquelas eram as sandálias que o estuprador calçou em seus pés.

Hendershot ficou impressionada. Seis meses depois do estupro, o cérebro traumatizado de Sarah conseguiu recuperar uma imagem perdida. A memória dela continuava buscando as peças do quebra-cabeça e continuava trabalhando para encaixá-las no lugar.

Evans continuou resgatando arquivos que O'Leary pensava ter apagado. Ele encontrou oito fotos feitas anos antes. Elas eram parte de um conjunto maior, mas esse lote tivera a maior parte das imagens sobrescritas à medida que O'Leary estuprou mais mulheres e tirou novas fotos. Se tivesse havido apenas mais um crime, essas oito imagens teriam tido o mesmo destino das outras e desapareceriam para sempre. Só que, em vez disso, Evans conseguiu recuperá-las. Ele examinou-as junto com Galbraith. Eram fotografias de uma mulher bem jovem. Ela estava usando uma camiseta cor-de-rosa e tinha a mesma expressão de pavor vista nas mulheres das outras fotos.

A detetive Galbraith sentiu um peso no peito. Aquela era mais uma das vítimas de O'Leary, mas como eles poderiam localizá-la?

A resposta veio com a última fotografia. Marc O'Leary tinha posto a carteira de motorista da mulher em cima de seu corpo. Clique.

A imagem mostrava claramente o nome e o endereço da jovem. Na cidade de Lynnwood, Washington.

13

OLHANDO PARA DENTRO DO AQUÁRIO

Segunda-feira, 11 de agosto de 2008 – Antes das 7h55

Lynnwood, Washington

Ele chegou antes de o sol nascer e ficou esperando do lado de fora do apartamento, perto da janela do quarto, ouvindo enquanto ela conversava ao telefone. A noite estava seca, deixando tudo mais confortável, e, pela parede fina, era possível ouvir a voz dela.

Ele gostava de árvores e da cobertura que elas lhe davam, e nesse condomínio havia muitas. Apartamentos não ofereciam a mesma privacidade de uma casa, mas, ainda assim, tinham lá suas vantagens. As portas de vidro de correr, por exemplo, tão comuns e tão ridiculamente fáceis de terem as fechaduras abertas – isso quando já não eram deixadas destrancadas pelas próprias moradoras, o que muitas vezes acontecia. E havia as janelas também. Às vezes, ele se esgueirava pela escuridão e passava os olhos pela fachada de um prédio, com todas as persianas abertas, todas as luzes acesas. Era como olhar para dentro de um aquário.

Ele tinha feito sua escolha semanas antes. Havia saído de carro para espreitar condomínios, procurando aqueles que se encaixassem melhor em seus critérios. O prédio precisava oferecer bons esconderijos. Se a área externa fosse toda aberta e clara, ele ficaria muito exposto. Ele buscava janelas de quartos que lhe oferecessem uma boa visão para a parte interna. E apartamentos com opções variadas de rotas de fuga. Ele não queria ficar encurralado. Às vezes, como parte da avaliação, ele entrava num apartamento vazio ou num protótipo decorado para estudar a planta e memorizar exatamente que cômodo ficava onde.

Ele também buscava endereços que ficassem a pelo menos um quilômetro e meio de sua casa. Você não caga perto de onde come, essa era sua filosofia. O condomínio dela ficava a seis quilômetros e meio de distância, a dez minutos de carro. E ele costumava ir bastante a Lynnwood – para fazer compras, como todo mundo, para ver as novidades na Circuit City, Fred Meyer, Best Buy e para passar no Walmart. Ele comia no Olive Garden e no Taco Bell, ou se sentava no salão enfumaçado e escuro do Secret Garden, um restaurante local de churrasco coreano. Na semana anterior mesmo ele tinha dado uma passada no Alderwood Mall para comprar livros na Barnes & Noble.

Não faltavam em Lynnwood bairros praticamente só de casas. E as casas tinham seu atrativo. Além de oferecer maior privacidade, elas eram vantajosas em termos de previsibilidade. Numa casa, geralmente o entra e sai de pessoas era menor, e havia menos gente para se prestar atenção. Mas os prédios de apartamentos eram mais fáceis para espionar; você podia dirigir ou andar perto dos condomínios ou ficar parado em frente à entrada sem dar tanto na vista. Num condomínio, era fácil passar despercebido. Mesmo assim, ele sabia que não podia ficar parado num lugar muito tempo, mesmo num condomínio como aquele. Por isso, algumas vezes deixava o posto junto à janela do quarto para dar uma volta – uma caminhada rápida, só para disfarçar um pouco.

Ao voltar da última saída, tratou de manter os ouvidos atentos. Ele sabia que a conversa que escutou só podia ser ao telefone, porque não havia uma segunda voz falando. Ficou esperando até que a moça dormisse.

Ela tinha 18 anos. Sua preferência era algo entre 18 e por volta dos 30. Por mais monstruosos que fossem seus atos, havia um limite para sua depravação – ou pelo menos era isso que ele dizia a si mesmo. Dezoito anos era a menor idade que admitia explorar. Além disso, procurava evitar casas onde houvesse crianças, porque não queria envolvê-las no que fazia. Sua escolha pendia para mulheres solteiras que morassem sozinhas. Ele também evitava residências com cachorros, por causa do barulho dos latidos. Cachorros eram piores do que alarmes de segurança.

Tirando a idade, essa moça não fazia seu tipo, de jeito nenhum. Ele se dera conta disso mais cedo, enquanto espiava o quarto dela. Mas eram tantas horas passadas nessa fase da caça (era assim que ele chamava: a caça), centenas, talvez milhares de horas, que o homem havia se condicionado a incorporar os tipos físicos femininos mais variados a suas fantasias.

Já fazia dois anos e meio que estava morando em Washington. Ao voltar da Coreia, se mudou para o estado para fazer parte da reserva do Exército e atuar no treinamento de cadetes recém-recrutados. Sua unidade era Fort Lewis, mas ele estava morando em Mountlake Terrace, ao norte de Seattle.

Em Washington, algumas das suas primeiras investidas acabaram de maneiras tão desastrosas quanto as duas tentativas feitas na Coreia. Ele nem saberia dizer ao certo quantos fracassos tivera que amargar.

"Eu sei lá", seria a sua resposta.

"Foi um bom número", ele diria.

"Pelo menos umas sete ou oito vezes", confessaria, por fim, caso se visse pressionado a fazer isso.

Numa dessas vezes, ele entrou no quarto de uma mulher com a faca em punho e, assim que o viu, ela deu um jeito de desviar e fugiu correndo. Assim, sem mais nem menos. E ele a deixou escapar. Se fosse agarrá-la, era capaz de deixá-la ferida, e não queria fazer isso. Então, todo o trabalho que havia feito, todos os preparativos, correram junto com ela porta afora, embrenhando-se na noite escura. Foi uma reação idiota de se ter, mas, em parte, ele respeitou a atitude daquela mulher.

Em outra ocasião, ao avaliar um condomínio, ele viu uma mulher que parecia ter por volta de 60 anos, mas não conseguiu enxergá-la muito de perto. Como seu quintal era todo aberto, ele ficou espiando por detrás de uma cerca, no meio de uma moita a pouco mais de dez metros de distância. Depois de um tempo, entrou na casa. Havia uma televisão ligada. Ele foi até o quarto e viu a mulher adormecida. De perto, ela era bem velha, tão velha que o fez hesitar por um instante. *Não sei, não*, ele pensou consigo mesmo. Passou quinze ou vinte minutos pensando. Depois, foi até a cama e tapou-lhe a boca para que não gritasse. Ela fez uma cara tão apavorada que ele ficou com medo de que ela tivesse um infarto. Ao puxar as cobertas, viu que não ia conseguir seguir adiante. Ela era velha demais. Ele voltou a cobri-la. Falou que tinha sido um erro ir até lá. "Eu não vou roubar nada. Não vou lhe fazer mal. Desculpe pelo susto. Por favor, não chame a polícia. Eu vou embora pela porta dos fundos."

E foi isso o que fez.

Mas, depois, ficou remoendo o assunto. Por dias e semanas após o acontecido, ele se repreendeu: "Você está desperdiçando sua vida – passa noites e mais noites espionando, preparando tudo e, na hora, se a mulher não se encaixa na sua fantasia, vai embora e pronto." Foi a partir daí que ficou determinado a ampliar as fronteiras de suas fantasias. Passou a buscar pornografia com mulheres mais velhas e assistiu compulsivamente. Ele queria ter certeza de que, na próxima vez, sua mentalidade estaria diferente. Na próxima vez, seu trabalho não seria desperdiçado.

A conversa da garota ao telefone não acabava nunca.

Enquanto falava com Jordan, Marie viu algo se mexendo no escuro, mas não deu muita atenção.

"Era uma coisa na minha janela. Só uma sombra."

Ela pensou que podia ter sido alguém passando. A sombra surgiu e logo depois já não estava mais lá.

Quando a voz dela se calou, faltavam quinze minutos para amanhecer o dia. Ele subiu na balaustrada dos fundos do apartamento, raspando a madeira. Na varanda havia um armário de depósito. Ele passou direto, indo na direção da porta de correr. Estava destrancada. O homem entrou na sala de estar.

Ele conhecia bem os 60 metros quadrados do apartamento, com a sala de estar que se abria para uma pequena área de jantar antes de chegar à porta do quarto. Depois de avistar a moça pela primeira vez, duas semanas antes, ele entrou no apartamento em algumas oportunidades para estudar o lugar. Tinha vasculhado os documentos e as gavetas do quarto para garantir que não haveria nenhuma arma por perto.

Havia uma curva de aprendizado no que ele fazia. Em suas próprias palavras: "À medida que ganha competência, você vai errando menos."

Era essa a palavra que usava: "competência". Ele tinha todo um vocabulário próprio para falar de estupro, com termos desumanizantes e que muitas vezes imitavam o jargão militar. Uma quadra com muitos prédios residenciais era "uma área repleta de alvos". Quando fazia sua "ronda", ele gostava de ter "muitas metas potenciais". Ele chamava os preparativos finais – feitos na noite do crime, quando já estava rondando o local e checava máscara, cordas e luvas – de "inspeção pré-combate".

Nessa altura, ele estava aproximadamente na metade da curva de aprendizado. Já havia cometido deslizes que chamaram atenção da polícia. Em abril de 2007, um guarda de Mountlake Terrace o parou às cinco da madrugada. Ele não chegou a ser preso, mas o guarda anotou seu nome e fez um registro: "Indivíduo rondando área residencial, observando casas e apartamentos e usando roupas escuras." Ele inventou uma lorota sobre ter tido um problema no motor do carro e disse que estava batendo às portas e pedindo para usar um telefone. Mas, nas semanas seguintes, reparou em carros de patrulha passando em frente à sua casa e reduzindo a velocidade, dando a impressão de que estavam observando o lugar. *Merda*, foi o que pensou. *Eu entrei no radar deles*. Com isso, resolveu dar um tempo nas rondas.

O homem também sabia que suas obsessões e ausências estavam plantando a desconfiança entre pessoas do seu convívio. Ele chegava em casa de manhã para se encontrar com Masha usando roupas sujas e parecendo que havia rastejado pelo chão em algum lugar. Quando tinha aulas no Instituto de Artes de Seattle, ele pagou um colega de curso, fotógrafo, para produzir imagens para um de seus sites. O estudante chegou ao estúdio e o viu repleto de objetos usados em encenações de fetiches, incluindo uma jaula de metal equipada com trinco e cadeado. Três mulheres posaram nuas para as fotos. Elas eram, nas palavras desse fotógrafo, "perigosamente magras". Além disso, seu casamento estava desandando. As coisas estavam indo tão mal que ele pediu para abrir a relação. E, porque estavam mesmo muito mal, Masha concordou com a ideia. Ela havia trabalhado para sustentar o casal enquanto ele passava horas diante do computador fingindo ser um web designer, quando, na verdade, iniciava sua incursão no negócio da pornografia.

Com os sites e as caças noturnas, seu compromisso com o Exército ficou prejudicado. As ausências se acumulavam nos treinamentos mensais da reserva, e fazia um ano desde o último contato que tinha feito com seus comandantes.

Na sala do apartamento, assim que passou das portas de vidro de correr, ele viu um par de tênis pretos dela. Depois de pegá-los para tirar os cadarços, ele os colocou de volta no lugar. Mais tarde, um dos detetives de polícia ia reparar na precisão com que os tênis sem cadarços haviam sido ajeitados, como se tanto zelo de alguma forma não combinasse com a situação.

Para ele, era só uma questão de fazer tudo direito, como sempre fazia.

Trançou um dos cadarços numa das calcinhas da garota. O outro, estava pensando em usar para amarrá-la.

O equipamento que costumava levar era sempre variável. Às vezes, incluía algemas ou vendas na mochila; outras, improvisava com o que encontrasse no local. Às vezes, saía de casa já levando uma arma. Dessa vez, ele usaria uma arma que tinha detectado numa das inspeções prévias feitas no apartamento. À medida que suas fantasias foram evoluindo, o mesmo aconteceu com o conteúdo da mochila. Para essa noite, ele havia planejado uma novidade. Estava levando, pela primeira vez, uma câmera.

Já dentro do apartamento, ele passou cerca de meia hora se preparando, talvez mais do que isso. Uma parte dessa preparação era mental – "para conseguir superar os limites", nas palavras que ele próprio utilizava.

Na cozinha, foi até o suporte das facas e pegou uma com cabo preto que ficava na fileira mais acima, no canto esquerdo.

Depois, entrou no quarto.

Por volta das sete da manhã, talvez às 6h45, ele parou na entrada do quarto dela com a faca em riste na mão esquerda.

Ele ficou olhando enquanto a garota acordava.

– Olhe para o outro lado – disse para Marie, e ela obedeceu. – Vire de barriga para baixo – mandou.

Depois que Marie virou, ele montou nela, levando a faca para perto do rosto da garota.

– Ponha as mãos atrás das costas – falou. Ele amarrou seus pulsos e vendou seus olhos. Depois, enfiou um pano em sua boca para abafar qualquer barulho. – Bem interessante a conversa que você estava tendo ao telefone – ele lhe disse, para mostrar que já estava lá desde antes, ouvindo e vendo tudo. – Você devia se lembrar de trancar a porta.

E o homem continuou:

– Vire de frente outra vez.

Ela fez isso. Ele a estuprou, e ficou passando as mãos enluvadas por seu corpo enquanto cometia o ato.

Ele achou a bolsa da garota, esvaziou o conteúdo, pegou a carteira de motorista-aprendiz e a apoiou no peito dela para tirar algumas fotos.

Marie ouviu a movimentação, mas não conseguiu entender o que estava acontecendo. Ela reconheceu um clique de câmera fotográfica, porque era um barulho muito familiar. Sem poder falar nem gritar, ela rezava em silêncio. Ficou rezando para sair viva daquilo.

Quando o homem terminou, ele disse que se ela chamasse a polícia suas fotos iam parar na internet, para que seus filhos, quando ela os tivesse, vissem tudo.

Ele tirou a mordaça e a venda, mandando que ela desviasse o olhar e ficasse com a cabeça enterrada no travesseiro.

Uma das últimas coisas que ele fez foi pedir desculpa. Disse que estava se sentindo um idiota, que tudo aquilo parecia melhor em sua cabeça.

E então saiu do quarto, passou pela porta da frente do apartamento e foi embora.

No dia 14 de agosto de 2008 – a mesma data em que Marie foi levada até a delegacia de Lynnwood e interrogada, sofrendo pressão da polícia para declarar que tinha inventado a história toda – Marc O'Leary foi até a Lynnwood Gun & Ammunition, uma loja de armas na Highway 99. Ele comprou quatro caixas de munição e um rifle.

No mês seguinte, registrou mais cinco sites de pornografia, incluindo os endereços teensexhub.net e porninjector.com. Um mês mais tarde, ele esteve em Kirkland, a leste de Seattle, e estuprou outra mulher de 63 anos com métodos quase idênticos aos do estupro em Lynnwood, incluindo o fato de usar cadarços dos tênis da própria vítima para amarrá-la.

No ano seguinte, ele foi dispensado da reserva do Exército. Se, ao ser afastado da ativa, havia sido condecorado com honras, na ocasião em que saiu da reserva sua conduta foi descrita como "tudo, menos honrosa". Numa lista de valores militares que admitia apenas respostas binárias, sim ou não, ele foi avaliado com um "não" em todos os quesitos: lealdade, senso de dever, respeito, dedicação ao serviço, honra, integridade, coragem pessoal. No relatório de avaliação final estava escrito: "Não se pode contar com sua ajuda para realizar nenhuma tarefa, nem mesmo aquelas destinadas a soldados menos qualificados." Ele estava ausente do serviço de reserva havia cerca de dois anos.

Em meados de 2009, O'Leary enveredou pela Interstate 90 e saiu do oeste do estado de Washington. Ele rumou para o leste e para o sul, cruzando as montanhas para chegar a Yakima. De lá, pegou a Interstate 84 e passou por Baker City, no Oregon; Burley, em Idaho; e Ogden, em Utah, e passou para a I-80 para chegar a Rock Springs, no Wyoming. Ele continuou rumo ao leste, atravessando o Wyoming quase até chegar a Nebraska, e então virou para o sul – e foi para casa, no Colorado, estabelecendo-se nos arredores de Denver para começar vida nova.

14

UM CHEQUE DE 500 DÓLARES

Março de 2011

Lynnwood, Washington

Para a detetive Galbraith, aquela era uma ligação ansiosamente aguardada. Ela prestaria ajuda para que outro departamento de polícia solucionasse um caso importante, estendendo a mão a quatro estados de distância: *Ei, olhem só o que eu tenho para vocês.* Ou pelo menos foi assim que achou que aconteceria.

Quando telefonou para a polícia de Lynnwood – numa quinta--feira, dia 3 de março –, Galbraith se identificou, disse o nome de Marie e perguntou se havia algum relatório de caso mencionando a jovem. Ao receber a resposta positiva, ela solicitou que lhe enviassem uma cópia.

"Precisamos do requerimento por fax em papel timbrado", disseram de Lynnwood. Eles queriam confirmar que Galbraith era mesmo da polícia. Sendo assim, a detetive pegou um papel com o brasão de seu departamento de polícia e datilografou: "Por favor, solicito que enviem o referido relatório de caso para que eu possa examiná-lo o quanto antes. Tivemos quatro ocorrências similares, e um suspeito está preso. Obrigada desde já! – Stacy."

Cerca de vinte minutos depois, Galbraith recebeu um fax do setor de registros de Lynnwood. Ela deu uma olhada na folha de rosto – e logo voltou a olhar, fisgada por uma inscrição no pé da página. Lá embaixo, escritas à mão, estavam as últimas palavras com que esperava se deparar: "A vítima foi acusada de falsa comunicação de crime no caso daqui."

Falsa comunicação de crime. A mulher da fotografia. "A vítima foi acusada." Galbraith ficou espantada com essas palavras.

Seu coração afundou dentro do peito. Em seguida, ela xingou em voz alta, tendo a noção exata de como aquela acusação estava errada.

Galbraith disse aos policiais que estavam ao seu redor nessa hora: "Ei, escutem só essa." Depois, foi lendo o arquivo que tinha em mãos. A investigação do Colorado havia gerado milhares de páginas entre relatórios, documentação sobre pistas, análises feitas em laboratório, inspeções de cena do crime. O fax enviado de Lynnwood tinha apenas 44 páginas. Galbraith destrinchou todo o pouco material que recebeu. Ela leu o que Marie havia declarado à polícia no primeiro dia a respeito do ataque e soube – por causa das fotos encontradas com O'Leary – que era tudo verdade. As imagens dele confirmavam o relato de Marie.

Galbraith se deu conta, então, de que o que ela teria a fazer não era ajudar colegas investigadores a solucionarem um caso ativo. Sua missão seria notificá-los de um erro terrível, um dos piores que um detetive de polícia pode cometer na carreira. Ao examinar o histórico da investigação em Lynnwood – vendo o ponto em que as dúvidas começaram, a maneira como elas se alastraram e a forma como Marie cedera ao ser confrontada pelos detetives, chegando até mesmo a concordar com a proposta de assinar um acordo extrajudicial –, Galbraith mal pôde imaginar o sofrimento pelo qual a mulher da fotografia teve que passar. Ela mal podia imaginar, também, os dias que a polícia de Lynnwood teria pela frente quando soubesse da verdade.

O sargento Mason estava a caminho do trabalho quando recebeu o telefonema com o comunicado.

Dois meses antes, ele havia sido transferido da Divisão de Investigações Criminais para a Força-Tarefa de Combate a Narcóticos, uma área que conhecia melhor. E continuava estudando fora do horário de serviço. Nessa época, estava concluindo um curso sobre procedimentos da justiça penal na Skagit Valley College, angariando mais um A para a fileira de As que formava seu histórico acadêmico.

Fazia dois anos e meio que ele havia encerrado o caso de Marie, e durante todo esse tempo não questionou nem uma vez a decisão tomada: "Eu não tive qualquer indício de que a maneira como a investigação havia sido concluída pudesse não estar 100% correta."

O rumo da investigação liderada por Mason havia mudado a partir de um telefonema feito por Peggy para lhe falar de sua desconfiança de que Marie pudesse estar mentindo. Agora, um novo telefonema, do também sargento e seu colega de departamento Rodney Cohnheim, chegava para lhe informar que Marie tinha dito a verdade o tempo todo. Ela havia sido, sim, estuprada. O homem que cometera o estupro tinha sido preso enfim. Os policiais que o prenderam tinham encontrado fotografias que confirmavam o relato de Marie.

Aquele relato inacreditável de Marie.

Mason havia confrontado uma mulher que foi atacada e ameaçada com uma faca, a convencido a voltar atrás em seu relato e a acusado de ter cometido um crime. Dentro de seu carro, sozinho, ele tentava absorver o impacto da notícia. O choque foi tão grande que transformou a lembrança dos detalhes do momento do telefonema num borrão. Quase com certeza, ele parou o carro no acostamento, embora não consiga se recordar se de fato o fez: "É o que manda a lei. Com certeza eu parei." Quase com certeza, Cohnheim ofereceu seu apoio do outro lado da linha: "Eu tenho certeza de que sim. Mas não guardei na memória."

Chegando à delegacia, Mason foi falar com seus superiores. Todo mundo ali só falava em reabrir caso, extraditar O'Leary, comunicar o fato a Marie, reembolsá-la pelos gastos que ela tivera com o processo e anular sua ficha criminal. Porém, para Mason, tudo isso não passava de um burburinho indistinto, enquanto todos ao seu redor se sentiam péssimos e sem saber o que dizer ao detetive que era o pivô da história toda.

À medida que os colegas foram voltando ao trabalho, Mason começou a pensar sobre o caso, repassando as atitudes que havia tomado e tentando perceber em que ponto ele tinha se perdido. O telefonema de Peggy. A informação do projeto Ladder de que Marie andava querendo trocar de apartamento. A pergunta da própria Marie, quando chamada à delegacia: "Eu estou encrencada?" Nenhum desses fatores, sozinho, dizia muita coisa. Mas, na ocasião, eles pareceram se complementar de alguma maneira. Jeffrey Mason estava na polícia havia mais de vinte anos e, pela primeira vez, se questionou se tinha mesmo competência para continuar naquela carreira. Como todo policial, ele passara por episódios traumáticos: tinha encarado a morte de perto, corrido perigo. E também havia tido que perdoar a si mesmo. Aprendido a juntar os pedaços e a seguir em frente. Mas isso agora era diferente. E, embora no momento ele estivesse pensando em si mesmo e em todas as explicações que precisaria dar, o foco maior de seu pensamento era Marie. Se ele podia ter errado tão feio com relação a uma coisa daquelas, será que deveria mesmo continuar a trabalhar na polícia? Talvez estivesse na hora de parar.

Os responsáveis pela investigação no Colorado não apenas ajudaram a solucionar o caso de Lynnwood a mais de dois mil quilômetros de distância, como também ajudaram a fechar o caso de Kirkland, Washington – com o auxílio do Serviço de Investigação Criminal da Marinha, conhecido pela sigla NCIS.

Em 2004, o NCIS havia criado o LInX, um programa para troca de informações entre agências de combate ao crime do país.[1] Visando a proteger o patrimônio da Marinha, o LInX pretendia reunir registros de investigações conduzidas em âmbito federal e estadual, e também nos condados e municípios. As buscas nessa base de dados poderiam revelar padrões de atuação comuns ou conexões entre ocorrências em jurisdições diferentes. Em 2011, pelo menos 275 agências já estavam ligadas ao programa somente no Noroeste do país, compartilhando mais de 13 milhões de relatórios de investigações criminais. O entusiasmo nas adesões permitiu que o LInX alcançasse um poder que o ViCAP do FBI jamais havia atingido.

Depois de estabelecer a ligação entre O'Leary e o estupro de Lynnwood, Galbraith usou a base de dados do LInX para procurar outros casos não solucionados no estado de Washington que apresentassem características similares. Foi assim que se deparou com a ocorrência de Kirkland, em que uma avó de 63 anos foi atacada sexualmente dois meses depois de Marie. A partir daí, tudo começou a se encaixar. Uma busca no computador de O'Leary revelou uma menção ao nome da vítima de Kirkland. O DNA dele foi comparado ao perfil genético da amostra colhida do cadarço do tênis da vítima, e se revelou compatível.

Antes de formalizar a acusação para o caso de Kirkland, um promotor do Condado de King, Washington, escreveu a Galbraith pedindo a ela que revisasse o resumo que havia preparado com as evidências apuradas até ali. Ela fez suas marcações no documento e escreveu de volta para ele: "Vamos em frente!!! Esse cara é perigoso DE VERDADE! Tenha um ótimo fim de semana."

No Departamento de Polícia de Lynnwood, a tarefa de corrigir o erro cometido coube ao comandante Steve Rider e a Cohnheim, o sargento que havia acompanhado a última tentativa inútil de Marie de convencer a polícia de que o estuprador era real. Eles precisariam se encontrar com os colegas do Colorado para uma conversa que poderia ser bem humilhante, e também teriam que localizar Marie para informá-la sobre a prisão de O'Leary.

"Uma das piores coisas que teríamos que fazer na vida", Rider diz.

Eles viajaram até o Colorado primeiro. No dia 14 de março, os dois homens se apresentaram às detetives que haviam feito a prisão do estuprador. Embora eles estivessem chocados pelo erro cometido por seu departamento na investigação, a maneira como os policiais lidaram com a retomada do caso deixou uma boa impressão em Galbraith. "Eles foram corretos. Muito corretos. Dava para ver que estavam preocupados com a vítima, que queriam consertar aquilo por causa dela. Não tiveram uma postura arrogante. Não ficou uma barreira entre nós, nenhuma sensação de que eles pudessem estar na defensiva. A postura era como se dissessem: 'A coisa aconteceu desse jeito, agora vamos fazer o que tem que ser feito.'" Galbraith e Hendershot passaram as informações das investigações que elas haviam feito e providenciaram uma cópia das digitais de O'Leary, colhidas no momento da prisão.

Em Kirkland, as evidências físicas tinham sido preservadas, incluindo a amostra de DNA que se provou compatível com o perfil genético de O'Leary. Mas, em Lynnwood, quando os policiais concluíram que Marie havia mentido, as roupas de cama recolhidas do apartamento dela, os fios de cabelo e as fibras foram destruídos – assim como o material do kit de estupro, coletado no hospital onde Marie se submetera a todos os procedimentos médicos excruciantes para ajudar a polícia a encontrar o homem que a ameaçara com uma faca. Qualquer esperança de determinar a compatibilidade do DNA estava perdida. Quando foram verificar o que havia restado, tudo que os policiais encontraram em Lynnwood foi um único cartão com algumas marcas parciais de digitais colhidas da porta de vidro de correr. Aquele cartão, que seria comparado à cópia das digitais de O'Leary que eles agora tinham em mãos, era a única esperança de provar a culpa do suspeito por meio de um vestígio físico deixado por ele na cena do crime.

No mesmo dia em que se encontraram com a dupla de detetives do Colorado, Rider e Cohnheim foram até o presídio do Condado de Jefferson para ver se poderiam obter uma confissão do próprio O'Leary. Mas, assim que soube quem estava lá e o que eles queriam, o preso exigiu a presença de um advogado, eliminando a possibilidade de que fosse feito um interrogatório.

No dia seguinte, os dois policiais seguiram para Lakewood, até o CBI. Juntos numa mesma sala, investigadores de todas as instituições que haviam sido responsáveis pela captura de O'Leary no Colorado – as polícias de Golden, Westminster, Aurora e Lakewood, o CBI e o FBI – receberam os agentes de Lynnwood, do departamento que poderia ter evitado os crimes do Colorado caso os detetives responsáveis tivessem se concentrado em fazer sua investigação em vez de considerar o caso sem fundamento. Não foi uma reunião confortável.

"Nós estávamos lá com um grupo de investigadores extraordinários que fizeram um trabalho excelente e solucionaram o caso para nós, e ficamos olhando um para a cara do outro, como se nem merecêssemos estar ali, depois da bobagem que o nosso departamento havia feito", diz

Rider. "Eles só podiam estar pensando: *Como esses caras foram deixar isso acontecer?*"

A sintonia entre os agentes do Colorado impressionou os policiais de Lynnwood. "Era o mais puro espírito de cooperação", Cohnheim comentou. Eles compartilharam informações. Encontraram-se para ter reuniões regulares. "Todos se conheciam bem", Cohnheim prossegue. "Dava para ver que não era uma comunicação forçada ou um contato recente."

No estado de Washington, os policiais de Lynnwood haviam arruinado os esforços de Kirkland para tentar estabelecer uma parceria, embora as duas cidades ficassem a 25 quilômetros de distância uma da outra. Apesar da pista passada por Shannon – e da insistência dela de que seria descoberta uma conexão entre os dois casos, caso esta fosse apurada –, os investigadores dos dois departamentos de polícia nunca chegaram a se encontrar pessoalmente, nem registraram e arquivaram qualquer informação que tenha sido passada por telefone. Nos registros de ambas as investigações, não se vê qualquer menção a algum contato que tenha sido realizado entre as duas jurisdições.

No Colorado, Rider e Cohnheim tiveram uma demonstração do poder que uma boa rede de relacionamentos pode ter. Eles também constataram que os policiais daquele estado tinham ferramentas investigativas que não estavam disponíveis em Lynnwood. Assim que retornaram a Washington, solicitaram ao departamento a compra dos leitores automáticos de placas de veículos.

Concluída a primeira parte da missão, Rider se preparou para a seguinte, aquela que ele mais temia. Era preciso contar tudo a Marie.

Por mais extraordinário que o caso de Marie possa parecer – uma vítima que passou de agredida a acusada –, há registros de outras ocorrências semelhantes por todo o território americano, e elas refletem, em alguns departamentos de polícia, uma negligência com relação às denúncias de violência sexual que, por vezes, beira a hostilidade.

Para Marie, a reparação chegou por meio de uma fotografia – uma imagem capturada e gravada pelo estuprador que comprovava a veracidade do relato feito pela moça. No caso de uma garota de 13 anos de

White Bear Lake, Minnesota, foi preciso um vídeo. Em 2001, a menor denunciou que havia sido raptada e molestada sexualmente, e depois largada num shopping center. "Você nunca esteve nesse shopping. Não foi deixada lá", um detetive de polícia disse a ela.[2] Ele argumentou que havia examinado imagens das câmeras de segurança do shopping e que elas não davam respaldo ao relato da menina. "Você só sabe mentir e mentir e mentir", ele lhe falou.

Mais de uma semana depois, os pais da garota examinaram por si mesmos as imagens das câmeras de segurança e descobriram trechos de vídeo que comprovavam que a filha estava mesmo dizendo a verdade.

Em Vallejo, na Califórnia, a fisioterapeuta Denise Huskins desapareceu da própria casa em 2015. Quando ela reapareceu, dois dias mais tarde, policiais se recusaram a acreditar no seu relato de que havia sido raptada e violentada, alegando que a narrativa estava parecida demais com a trama do best-seller *Garota exemplar*. A polícia declarou que a denúncia era falsa, e um tenente chegou a dizer que Huskins "devia um pedido de desculpa à sua comunidade".[3] Vários meses depois, os policiais descobriram que a história era verdadeira. Eles encontraram imagens em vídeo do estupro, junto com outras evidências. Um advogado formado em Harvard, que havia sido banido da Ordem, confessou ter raptado Huskins e acabou condenado a quarenta anos de prisão. Mas, mesmo depois disso, Huskins continuou sendo hostilizada na internet, recebendo mensagens como a de um homem que postou no Facebook: "Você vai para o inferno por causa da merda que fez... Vadia de merda."[4]

Huskins, num post no seu próprio perfil da rede social, escreveu: "Tudo que eu fiz foi sobreviver, e acabei marginalizada por isso."[5]

Nos Estados Unidos, não há estatísticas sobre quantas mulheres foram acusadas de ter feito denúncias falsas de estupro para mais tarde terem seus relatos comprovados graças ao surgimento de alguma prova. Não existe um dado sobre isso. Mas até mesmo o que aconteceu com Marie – um exemplo extremo em que a perseguição chega às vias de fato e a vítima não apenas é taxada de mentirosa, como também é acusada criminalmente por isso – não é um caso isolado. Pelo menos mais três histórias semelhantes à dela circularam na mídia americana desde a década de 1990.

Em Madison, Wisconsin, uma mulher considerada cega legalmente e conhecida pelo nome de Patty fez uma denúncia de estupro sob ameaça de esfaqueamento em 1997. A polícia não achou que ela estivesse agindo como uma vítima de estupro deveria agir, como conta o livro que o jornalista Bill Lueders escreveu sobre o caso, intitulado *Cry Rape.*[*] O detetive responsável interrogou a mulher e a enganou. Ele criou uma história dizendo que a polícia havia feito uma busca por resíduos de látex da suposta camisinha usada pelo estuprador e encontrara resultados negativos.[6] (Esse teste nunca foi feito.) Disse que a enfermeira não havia encontrado lesões no corpo dela. (Ela havia encontrado.) Ele confrontou Patty a respeito de seu histórico de depressão e uso de antidepressivos e questionou se ela era mesmo "tão cega assim". Patty acabou voltando atrás e dizendo que tinha mentido, e, por causa disso, foi acusada de obstrução do trabalho policial. "Ela de repente se deparou com um mundo que não fazia sentido", seu advogado disse ao juiz.[7] "Uma história kafkiana mesmo. *Eu sou cega.* Não, você não é. *Eu fui estuprada.* Não foi, não. *Houve evidências físicas.* Elas não estavam lá."

Somente depois de ter formalmente acusado Patty a polícia fez a análise das roupas de cama dela, e constatou a presença de sêmen, o que fez com que a acusação contra ela fosse retirada. Em 2004, um homem já condenado anteriormente por crime de agressão sexual foi julgado e considerado culpado pelo estupro de Patty. O processo que ela moveu contra a polícia acabou sendo arquivado. Mesmo assim, as autoridades emitiram uma nota oficial manifestando "as mais sinceras desculpas e profunda consternação pelo ocorrido" em nome da cidade de Madison, junto com uma indenização de 35 mil dólares.

Em 1997, no mesmo ano em que Patty foi estuprada, uma adolescente da cidade de Nova York foi violentada no dia do seu aniversário de 16 anos. Os investigadores do Queens foram informados de que a garota,

---

[*] O título é uma referência à expressão *cry wolf*, que, por sua vez, remete à história *Pedro e o lobo*, e é usada para designar uma pessoa que se torna conhecida por fazer alarmes falsos. (N. T.)

Fancy Figueroa, estava grávida de duas semanas na ocasião da agressão, e concluíram que a denúncia de estupro era um pretexto para justificar a gravidez. Figueroa, que revelou sua identidade depois do estupro, se declarou culpada pela denúncia falsa e foi condenada a prestar serviços comunitários recolhendo lixo durante três dias. Em 2003, uma análise de DNA incriminou o agressor da jovem – um homem que depois de estuprá-la fez o mesmo com duas outras adolescentes. Ele foi condenado pela Justiça em 2004 e recebeu uma pena de 22 anos de prisão. Nos anos que antecederam a captura do agressor, Fancy Figueroa lutou contra uma depressão e se mudou para a Carolina do Norte para escapar da repercussão que o caso alcançou. "Eu senti que eles me machucaram mais do que o estuprador havia feito", ela disse a respeito dos dois detetives que a acusaram de estar mentindo.[8] "Aquele sujeito só apareceu um dia e depois foi embora, mas nos seis anos seguintes ninguém acreditou em mim. Eu perdi minha família, perdi minha liberdade. Perdi uma parte da minha sanidade."

A mãe da adolescente descreveu as emoções conflitantes que sentiu com relação à história toda em entrevista ao *New York Daily News*: "Fico feliz por Fancy estar tendo a chance de encerrar esse capítulo da sua vida, mas, para ser sincera, preferia que ela tivesse mesmo mentido. Teria sido melhor se ela nunca tivesse sido estuprada."[9]

Em 2004 – no mesmo ano em que o estuprador de Patty foi condenado em Wisconsin e o estuprador de Figueroa foi condenado em Nova York –, uma jovem de 19 anos chamada Sara Reedy trabalhava como caixa de um posto de gasolina em Cranberry Township, Pensilvânia. Reedy, que estava grávida na ocasião, usava o salário para pagar a faculdade. Uma noite, um sujeito roubou cerca de 600 dólares do posto e, ameaçando Sara com uma arma, a agrediu sexualmente. Depois do ocorrido, no hospital, ela foi entrevistada por um detetive da polícia. "A primeira pergunta que ele me fez foi: 'Quantas vezes ao dia você usa maconha?'", Reedy relataria mais tarde.[10] Esse policial a acusou de ter roubado ela própria o dinheiro e inventado a história de agressão sexual para acobertar o ato. "E ele chegou ao extremo de dizer: 'Essas lágrimas não vão ajudar você agora', quando eu comecei a chorar. Tudo aconteceu como se fosse um filme *trash*."[11]

Reedy foi presa sob acusação de roubo e falsa comunicação de crime, e passou cinco dias na cadeia até ser liberada mediante pagamento de fiança. Um mês antes de a jovem ir a julgamento, um operário de construção civil foi preso em flagrante enquanto atacava uma mulher numa loja de conveniência em Brookville, Pensilvânia, e confessou em seguida ter agredido de forma semelhante várias outras mulheres no mesmo estado, incluindo Sara Reedy. As acusações contra ela foram retiradas, e Reedy, que optou por ter sua identidade revelada, processou a polícia e recebeu uma indenização de 1,5 milhão de dólares.

A negligência que marca todos esses casos tem raízes que vêm de longa data. Em seu livro de 1975, *Against Our Will: Men, Women and Rape*, Susan Brownmiller descreve a visita que fez a uma delegacia no Greenwich Village, em Nova York, para pesquisar as taxas de estupro registradas. O distrito, segundo lhe informaram, havia recebido 35 denúncias naquele mês e feito duas prisões. "Não me parece um número muito expressivo", disse ela a um sargento.[12] "Você quer saber de onde surgem essas denúncias? De prostitutas que não recebem seu pagamento", foi a resposta que o sargento lhe deu.

Para Brownmiller, a atitude desse sargento era o reflexo de um dado profundamente perturbador a respeito das instituições policiais: "Um agente da lei que não acredita na existência do crime de estupro só poderá chegar a uma conclusão nesses casos", escreveu ela.[13]

Paralelos mais recentes ao caso de Marie também não faltam, surgindo em coberturas da mídia e na literatura acadêmica nos anos que se seguiram à denúncia de estupro feita por ela. De 2009 a 2014, o Departamento de Polícia do Condado de Baltimore arquivou 34% das denúncias de estupro recebidas como sendo falsas ou carentes de embasamento. Essa porcentagem em si já seria um dado perturbador, mas é ainda mais chocante constatar como se chegou nisso: o departamento muitas vezes descartava as denúncias sem sequer ter seguido o protocolo básico de encarregar um detetive especializado em crimes sexuais de entrevistar a suposta vítima, conforme apurou uma equipe de reportagem do *BuzzFeed News*.[14]

Em 2014, uma professora de serviço social do estado do Michigan publicou um estudo baseado em entrevistas com policiais de "uma cidade de porte médio da região dos Grandes Lagos".[15] Um dos agentes consultados fez comentários a respeito de esposas adúlteras que "saíam a noite toda, e, você sabe, blá-blá-blá, 'ai, eu fui estuprada'". Outro declarou: "Nós vemos que as garotas usam o truque do estupro para manipular as pessoas... Elas fazem isso para se vingar dos namorados ou para chamar atenção. Se estão tendo uma semana difícil, você sabe como é. 'Eu vou falar que fui estuprada e aí a família toda vai ficar em volta de mim como eu preciso.'" Em 2016, o xerife do Condado de Bingham, Idaho, declarou para um canal de TV local: "A maioria dos estupros aqui – eu não estou querendo dizer que eles não acontecem, nós temos alguns casos que são reais –, mas a maioria dos chamados por estupro tem a ver, na verdade, com sexo consensual."[16]

Marie tinha voltado a viver em Puyallup, ao sul de Seattle. Já com 20 anos, às vésperas de completar 21, ela havia se mudado para a casa de uma de suas ex-famílias adotivas, a mesma com quem estava morando naquele seu primeiro dia de aula do ensino médio, quando a vida parecia que enfim ia entrar nos eixos. Mas assim como havia acontecido no passado, algo deu errado. Marie teve uma discussão com a família e, por causa disso, resolveu se mudar para a casa de uma outra ex-família adotiva, que morava na mesma rua.

Era como se a jovem tivesse voltado no tempo, indo de lar provisório para lar provisório. Sua vida seguia com a mesma instabilidade de antes. Ela continuava sem uma carteira de motorista. Suas perspectivas de emprego seguiam limitadas, enquanto Marie pulava de um trabalho como vendedora de loja para outro. A vida estava girando em círculos.

Dias depois de ter se instalado na casa da família provisória mais recente, a jovem viu que tinha recebido uma mensagem da polícia de Lynnwood. Eles diziam que estavam procurando por ela, que precisavam conversar. E não revelaram qual seria o assunto em questão.

Marie se transportou de volta para o momento em que recebera a chamada do sargento Mason, três dias depois de ter sido estuprada, dizendo que eles precisavam conversar. A pergunta que lhe vinha à cabeça agora continuava sendo a mesma de antes: *Eu estou encrencada?*

Vai ver que eu deixei de comparecer a alguma audiência no Fórum, ela pensou. Fosse o que fosse, a última coisa que Marie queria era se tornar alvo de uma perseguição policial. Ela já podia ver os guardas surgindo porta adentro com um mandado de prisão. Portanto, tratou de ligar logo para eles e fornecer seu novo endereço.

No dia 18 de março, os policiais foram até lá – dois anos, sete meses e uma semana depois que Marie tinha sido estuprada. Era um grupo de três: o comandante Rider, o sargento Cohnheim e uma mulher que trabalhava como mediadora em casos de violência doméstica, o mais parecido que havia em Lynnwood com uma defensora dedicada a prestar apoio a vítimas de estupro.

Eles perguntaram se havia algum lugar reservado onde pudessem conversar. Marie levou os três até seu quarto e fechou a porta.

Rider tinha se preparado para esse momento. Mas, quando o momento de fato chegou, ele ficou sem saber o que falar. Como se diz "Olhe, nós acreditamos em você"? Ou "Olhe, esperamos que possa confiar em nós e ajudar a entregar à Justiça o homem que a estuprou. Agora vamos tratá-la mesmo como uma vítima, e não como mentirosa"? Ele sabia que, qualquer que fosse o recurso que Marie tivesse conseguido usar para fechar a ferida, nesse momento "ela estava prestes a ser profundamente reaberta".

Quando perguntado anos mais tarde sobre as palavras que usou nessa hora, Rider não conseguiria se recordar delas. Mas ele se lembrava bem da expressão no rosto de Marie. "De choque", ele relata. Quando entendeu o sentido das palavras de Rider, Marie caiu no choro, tomada ao mesmo tempo por perplexidade, alívio e raiva.

Eles disseram a Marie que sua ficha criminal seria anulada.

Entregaram a ela um cheque de 500 dólares como reembolso pelas despesas do processo que ela havia sido intimada a pagar.

E lhe entregaram um envelope contendo informações sobre atendimento terapêutico para vítimas de estupro.

A última vez que Cohnheim tinha visto Marie foi quando ela foi à delegacia tentar voltar atrás na confissão de que havia mentido. Ele estava presente quando o detetive Rittgarn ameaçou mandá-la para a cadeia caso o polígrafo acusasse algo. Ao se encontrar com Marie novamente, o policial entendeu que ela acabara sendo "vitimada duas vezes": primeiro pelo estuprador, depois pela polícia.

Como nós vamos conseguir deixá-la inteira outra vez?, ele se perguntava.

Ele acabou concluindo que isso jamais seria possível.

– Eu preciso lhe contar uma coisa – falou Marie ao telefone. – A polícia esteve aqui – contou para Shannon. – Eles disseram que o homem que me estuprou foi preso no Colorado. Agora... eles acreditam em mim.

Para Shannon, não tinha como haver uma reação simples a essa notícia nem uma emoção única. Alívio, tristeza, culpa, tudo tomou conta dela naquela hora. A prisão de O'Leary significava que Marie havia conseguido sua retratação e que ela realmente tinha sido estuprada. Significava que Marie havia sido abandonada "no momento mais desesperador da sua vida", Shannon diz.

"Foi muito complicado", relata ela. "Saber que o homem estava preso e ao mesmo tempo ter a confirmação de que o estupro realmente havia acontecido. Que ela foi estuprada e desacreditada por todos, especialmente pelas pessoas que eram mais próximas, que tinham tomado conta dela e se esforçado para que ela se recuperasse, que haviam lutado para ajudá-la. Nós não tínhamos acreditado nela. Isso era horrível."

Shannon perguntou se as duas podiam se encontrar. As coisas que tinha para dizer a Marie precisariam ser ditas pessoalmente.

Como tinham feito tantas vezes antes, Shannon e Marie saíram para uma caminhada na mata. Depois de avançar uns trezentos metros pela trilha, elas pararam. "Eu estava pronta para começar o meu pedido de desculpa", conta Shannon. Ela disse a Marie que sentia muito por não ter acreditado nela. Pediu desculpa por ter dito que Marie não podia mais dormir na sua casa. E disse que entenderia se Marie decidisse não perdoá-la nunca e se nunca mais fosse querer falar com ela.

Marie abraçou Shannon. Ela falou que estava tudo bem e que a perdoava.

Não houve um "eu falei" ou "por que você não acreditou em mim?". O perdão de Marie foi imediato e incondicional. "Eu fiquei muito chocada quando vi que ela estava mesmo disposta a perdoar aquilo", conta Shannon. "Porque aquela era uma história séria demais, e que tinha se estendido por tempo demais."

"Eu sou uma pessoa que perdoa as outras", Marie diz. "Porque já nasci assim, ou sei lá. Pode ser que o perdão leve um tempo para acontecer, ou que leve um tempo até a confiança voltar, mas eu perdoo mesmo."

Marie ligou para Wayne, que tinha sido seu orientador no projeto Ladder.

"Eu sabia que você não estava mentindo", ele lhe disse. O impacto dessas palavras sacudiu Marie. Ela ficou sem saber o que responder. Um turbilhão de pensamentos passou na sua cabeça. *Se sabia mesmo, por que não falou nada? Por que não me defendeu? Você era meu orientador.* Porém, nenhuma dessas perguntas foi feita em voz alta.

Para Wayne, talvez fosse mais fácil se lembrar da história desse jeito ou falar sobre ela assim. Mas as palavras ditas ao telefone conflitavam com o que ele próprio escrevera antes: em seu relatório oficial para o Ladder sobre o ocorrido, entregue uma semana após o estupro, ele afirmou não acreditar que Marie tivesse sido violentada.

Marie ligou para Jordan.

Jordan disse a ela que sentia muito por aquela história toda.

Nas conversas entre os dois, Marie nunca hesitou nem um instante, nunca desmentiu o relato de que tinha sido estuprada. E Jordan nunca deixou de acreditar nela. Sim, havia lhe passado pela cabeça a possibilidade de tudo ser uma mentira, mas ele logo descartou essa ideia. Marie não era esse tipo de pessoa. Essas coisas, a gente simplesmente sabe. "E, além do mais, eu conhecia a pessoa que ela era antes e vi quem se tornou depois. E eram duas pessoas diferentes, porque ela ficou muito machucada."

Mas, além de ter posto em risco a liberdade de Marie, a polícia também prejudicou suas relações de amizade. Os policiais fizeram a jovem acreditar que Jordan havia desconfiado dela. Jordan desmentira isso. Mesmo assim, ela continuou desconfiada, em dúvida sobre as coisas que podiam ter sido ditas pelas suas costas. Nos anos que se seguiram ao estupro, Marie e Jordan acabaram se afastando.

Marie não havia lido os relatórios da polícia e, portanto, não sabia que eles não continham qualquer menção ao fato de Jordan ter duvidado de sua história. O tempo todo, o que ele lhe dizia era mesmo verdade: nunca achou que ela era uma mentirosa.

Marie ligou para Peggy.

"Ela disse que sentia muito", a jovem conta. "E não pareceu ficar muito chocada quando eu contei a notícia, foi meio como se estivesse dando de ombros do outro lado da linha ou algo assim."

Essa reação morna deixou Marie desapontada. Ela esperava algo mais de Peggy, mas Peggy – pelo menos no primeiro momento – não estava em condições de lhe dar nada disso. Peggy não queria ter que pensar sobre o papel que havia tido na história, sabendo para onde esse tipo de pensamento acabaria levando-a. Com Shannon, as coisas foram postas em pratos limpos: tanto o pedido de desculpa de Shannon quanto o perdão de Marie foram feitos de peito aberto. Com Peggy, a estrada seria mais tortuosa. Anos mais tarde, Peggy não seria capaz de se recordar ao certo de como havia sabido da prisão de O'Leary. Talvez Shannon tivesse lhe dado a notícia, mesmo antes do telefonema de Marie, ou talvez tivesse sido sua mãe. Peggy tem a lembrança de ver a mãe recortando uma matéria de jornal sobre a prisão e lhe entregando. "Ainda havia tanta culpa atrelada à história que eu meio que pus a informação de lado e disse: 'Tudo bem, está certo, a coisa aconteceu de verdade.' Mas até hoje é algo que dói se eu for olhar com mais calma."

"Eu acho que aconteceu uma negação da minha parte", Peggy diz. "Era doloroso demais. Eu... eu vi que era verdade quando fui informada sobre todas as evidências. Mas o fato de aquilo ter mesmo acontecido continuava sendo terrível demais. Assim como a constatação de que eu tinha feito parte do grupo que duvidou dela."

Com o passar do tempo, Peggy passaria a nutrir um remorso profundo por causa da ligação que fizera para dizer à polícia que tinha duvidado do relato de Marie. "Eu sinto que se tivesse ficado com a boca fechada eles teriam feito o trabalho que deveriam fazer, em vez de simplesmente se fiar em algo que era só uma tentativa minha de ser o mais honesta possível", ela diz.

"Eu estava tentando ser uma boa cidadã, na verdade. Você entende? Não queria que eles desperdiçassem recursos com uma coisa que talvez fosse só uma garota sendo dramática. Eu devia ter sido mais sensata. Sempre se deve acreditar na palavra da vítima, até que surjam provas em contrário. Aquilo foi um erro que eu cometi. Eu errei, e sinto muito por isso."

Peggy acabaria voltando a procurar Marie, e ofereceria a ela algo mais do que ofereceu naquele primeiro telefonema, algo que poderia ser considerado mais próximo da caminhada pela trilha que a jovem fez em companhia de Shannon. "No fim, nós duas saímos para jantar e eu pedi desculpa por não ter acreditado nela. Nós tentamos conversar de peito aberto sobre tudo o que havia acontecido. E eu sei que ela precisou de mais tempo para me perdoar. Hoje em dia nós temos uma relação razoável, mas levou tempo para chegarmos neste ponto."

Marie disse à polícia de Lynnwood que queria um pedido de desculpa – não do departamento como um todo, nem de alguma figura do alto escalão falando em seu nome.

Ela queria um pedido de desculpa dos detetives que não acreditaram em sua palavra.

Na data agendada, Marie foi levada a uma sala de reuniões da delegacia de Lynnwood e aguardou. Da parte de Rittgarn, não haveria pedido de desculpa algum. Ele agora estava morando no sul da Califórnia, trabalhando como detetive particular. Em seu perfil do LinkedIn, ele se dizia especializado em investigações para casos de divórcio e indenizações trabalhistas. Ainda segundo o perfil, ele também prestava serviços como terceirizado ao governo federal, realizando investigações de antecedentes de funcionários.

Mason, no entanto, continuava por lá. Ele entrou na sala de reuniões parecendo "um cachorrinho perdido", pelo que relata Marie. "Ele ficou coçando a cabeça e parecia envergonhado de verdade do que eles tinham feito", ela diz. Mason disse que sentia muito – "muitíssimo mesmo", conta Marie. Na visão da jovem, o pedido pareceu sincero.

As desculpas ajudaram "pelo menos um pouco", nas palavras dela. "Não daria para rebobinar aqueles dois anos e meio e consertar tudo pelo que eu havia passado. Um pedido de desculpa não é capaz de fazer isso."

Marie poderia ter usado essa reunião para tentar entender os motivos que haviam levado Mason a duvidar de sua palavra. Mas ela não conseguiu fazer a pergunta, porque, como conta, "eu não sabia se queria mesmo ouvir a resposta".

15

327 ½

Março a dezembro de 2011

Golden, Colorado

O telefone de Bob Weiner começou a tocar às sete horas de uma manhã de março. Ele estava na lateral de um campo de futebol num subúrbio a oeste de Denver, olhando a filha jogar uma pelada antes da escola. A chamada era da detetive Stacy Galbraith.

– Meu Deus do céu, você não faz ideia do que nós descobrimos – começou Galbraith.

A investigação havia encontrado mais uma vítima dos ataques de O'Leary. Stacy descreveu como Evans havia conseguido as fotos da jovem Marie, de Washington, amarrada, amordaçada e com uma expressão de pavor no rosto.

– E você não vai acreditar – concluiu ela. – Essa garota foi acusada de falsa comunicação de crime.

– Não brinca – reagiu Weiner.

Essa era a mais recente reviravolta de um caso que Bob Weiner já considerava um dos mais horripilantes em seus quinze anos de carreira na Procuradoria do Condado de Jefferson. Ele era um dos promotores veteranos do escritório que atendia a dois condados localizados a oeste de Denver. Promotores e policiais nem sempre desenvolvem uma relação amistosa: para o pessoal da polícia, a Procuradoria pode parecer criteriosa demais, e os promotores em geral acham que policiais tendem a passar por cima das regras. Mas não foi assim com o caso envolvendo O'Leary. Galbraith e Weiner estavam em contato quase desde o começo da operação. Tinham se falado com frequência ao longo das seis semanas em que o cerco foi sendo fechado em torno do suspeito, consultando um ao outro sobre mandados de busca e qual seria o melhor momento para a captura de O'Leary.

Feita a prisão, Weiner passou a se concentrar em estruturar o argumento da acusação. O trabalho feito por Galbraith e Hendershot fora, em suas palavras, uma "investigação extraordinária, fantástica". O que aguardava O'Leary podia ser uma pena de prisão perpétua. Com tanto material anexado ao caso, parecia impensável que pudesse existir um acordo. Caberia à Procuradoria, portanto, rebater qualquer investida que o advogado de defesa pudesse tentar fazer e convencer o júri a condenar o réu. Mas, quando examinou o caso, Weiner encontrou pontos frágeis. "O processo não estava pronto para ser apresentado ao tribunal", explicou o promotor.

Para começar, as semelhanças físicas entre Marc e Michael lhe pareceram preocupantes. Qualquer bom advogado de defesa tentaria levantar uma dúvida razoável, usando o argumento de que Michael O'Leary poderia ser o verdadeiro estuprador. Talvez Michael tivesse cometido os estupros, enquanto o irmão quase gêmeo se ocupava de administrar seu império pornográfico on-line? "Nós precisamos de um álibi para o irmão", Weiner disse a Galbraith e Hendershot. Ele pediu que Galbraith conseguisse todas as folhas de ponto da loja de móveis onde Michael O'Leary trabalhava como entregador, desde agosto de 2008. Mas não adiantou. Michael estava de folga nas datas em que a maior parte dos crimes ocorreu.

Hendershot e Ellis se ofereceram para ajudar Weiner, dando início ao que chamaram de projeto Mazda. Hendershot levantou todos os registros de picapes Mazda brancas modelo 1993 que existiam no estado do Colorado. Havia 77 delas. Ela reuniu dez patrulheiros de Westminster e começou a enviá-los a todas as partes do estado para fotografar esses veículos. A sua estratégia era simples: se a defesa tentasse alegar que a picape Mazda branca das imagens de segurança em frente ao apartamento de Amber poderia ser diferente da picape de O'Leary, Weiner teria fotografias de todos os veículos do mesmo modelo existentes no Colorado para comparar, e só a de O'Leary corresponderia exatamente à que aparecia no vídeo.

Entretanto, quando veio a descoberta dos arquivos de fotos nos cartões de memória das câmeras de Marc contendo imagens de Amber, Sarah e, agora, de Marie, as missões dos patrulheiros foram interrompidas. Weiner examinou as fotografias em sua sala com a tela virada de costas para a porta, para evitar que os passantes tivessem que vê-las. Embora não mostrassem o rosto de O'Leary, as fotografias registravam sua marca de nascença na perna. Weiner chegou a pedir que um perito criminal fizesse uma comparação entre os sinais mapeados no corpo do suspeito e os que podiam ser vistos no corpo do estuprador que aparecia nas fotos. O diagrama traçado pelo perito, com linhas e flechas conectando as manchas análogas, mostrou que Marc e o agressor eram a mesma pessoa. Weiner então teve certeza de que O'Leary estava vencido. Não havia motivo para se preocupar com o argumento da identidade trocada. "Quando aquelas fotos apareceram, nós pensamos: 'Está tudo bem agora.'"

Mas Weiner ainda tinha uma segunda preocupação com relação às imagens. Ele pediu que Galbraith e Hendershot verificassem os sites pornográficos de O'Leary para saber se ele havia postado alguma das fotografias neles. Numa manhã, as duas policiais se reuniram na sede regional do FBI em Stapleton, um bairro que fora construído no local onde ficava o antigo aeroporto de Denver. Numa sala comprida e de teto baixo, repleta de computadores, elas se sentaram de costas uma para a outra, cada uma com uma tela diante de si. Começaram a fazer buscas em todos os sites que pertenciam a O'Leary, e também naqueles que ele linkava a partir dos seus.

"Foi um dia inteiro vendo pornografia", diz Galbraith. "Inteirinho, inteirinho", Hendershot completa. "Nós passamos literalmente o dia todo vendo pornografia, eu juro por Deus." "Só umas coisas horrorosas", diz Galbraith.

No fim, elas não encontraram imagens das vítimas. Não teriam como verificar se as fotografias estavam escondidas nos recantos mais obscuros da internet, mas pelo menos poderiam dizer às mulheres que sua busca não havia encontrado evidências de que O'Leary tivesse cumprido as ameaças. Isso garantiria uma certa paz de espírito para as vítimas, e também para Weiner.

Filho de um agente do FBI, o promotor Bob Weiner havia trabalhado em alguns dos maiores casos de homicídio e estupro da região.[1] Nos tribunais, era uma presença marcante, cujo corpo parecia vibrar com tanta energia que emitia. Sua silhueta era alta e esguia, com uma testa ampla e os músculos trabalhados de um corredor de longa distância – o que, por sinal, ele realmente era. Weiner corria maratonas. Para treinar, costumava correr em trilhas nas colinas ao redor de sua casa num subúrbio de Denver encarapitado nas Montanhas Rochosas, cerca de 2.100 metros acima do nível do mar. Com 42 anos de idade, Weiner havia terminado a Maratona de Boston em 2h31min20s, subindo ao pódio como o segundo colocado em sua faixa etária.[2] Ele era tão bom que tinha o patrocínio de uma marca de tênis de corrida.

Correr clareava suas ideias. Ajudava a levar embora as imagens perturbadoras das vítimas dos estupros e permitia que ele se concentrasse na mecânica estrutural do caso. Porque ainda havia muito em que pensar a respeito dele, mesmo com as fotografias em mãos.

Weiner estava preocupado, por exemplo, com a duração que cada um dos estupros tivera. Cada mulher havia suportado entre três e quatro horas de agressão seguidas. "Um júri típico vai olhar para isso e pensar: 'Ora, e ela nem gritou. Por que ela não gritou? Por que não ofereceu resistência? Teria sido fácil escapar.'" Outra de suas preocupações era o conhecimento detalhado que O'Leary tinha de cada vítima. Isso poderia levar os jurados a se perguntarem se as mulheres já conheciam o sujeito.

São preocupações como essas que minam muitas investigações de estupro. Os pesquisadores chamam isso de "efeito cascata":[3] a tendência que cada uma das pessoas na cadeia de investigação tem de pensar em como a acusação de estupro vai parecer aos olhos do próximo que for examiná-la. Tudo começa com a vítima e seu medo de como os policiais poderão julgá-la pelo comprimento de sua saia ou pelo número de doses de tequila que havia tomado na noite do crime. Em seguida vêm os policiais, que começam a pensar no que a Procuradoria vai achar de um caso sem evidências físicas, só com a palavra de uma pessoa contra a de outra. E nesse ritmo a coisa chega até o promotor responsável, que precisa pensar em como os jurados vão interpretar o depoimento prestado por uma mulher. A dúvida, em casos de estupro, acaba se infiltrando em todas as instâncias do julgamento.

Weiner estava seguro de que poderia provar a existência factual do caso – afinal de contas, ele dispunha de fotografias com imagens do estuprador cometendo o crime. Mesmo assim, o ceticismo que persegue as vítimas de estupro sempre cria barreiras para o andamento do processo. Weiner estava especialmente preocupado com as mulheres atacadas por O'Leary, que precisariam depor como testemunhas. Como elas se comportariam no tribunal? Seriam expostas a um escrutínio hostil por parte da defesa, e teriam que presenciar a exposição diante do tribunal e a publicação na imprensa de detalhes íntimos e dolorosos da violência que haviam sofrido. E ainda teriam que testemunhar bem diante de O'Leary, que estaria sentado a poucos metros de distância. Levando tudo isso em conta, será que alguma dessas mulheres sequer concordaria em comparecer para depor?

O julgamento foi marcado para o dia 11 de outubro de 2011. Weiner sabia que precisava estar preparado. Sua batalha, afinal, não seria apenas contra a defesa de O'Leary, mas contra séculos de história do sistema jurídico.

O caso de Marie dizia respeito a um único departamento de polícia, que havia arruinado uma investigação e, com isso, levado um tribunal a julgar a vítima de um crime como mentirosa. Mas a experiência enfrentada pela jovem estava longe de ser uma aberração. No que diz respeito às denúncias de estupro, o universo judiciário incorporou "o arraigado pressuposto masculino de que as pessoas do sexo feminino tendem a mentir", como escreveu Susan Brownmiller.[4] Em tribunais por todo o território dos Estados Unidos, o padrão histórico tem sido já começar duvidando.

O jurista responsável por impactar de maneira mais notória a forma como o sistema jurídico americano reage a alegações de estupro viveu quatro séculos atrás. Sir Matthew Hale, contemporâneo de Oliver Cromwell e Charles II, foi nomeado presidente da Corte Suprema da Inglaterra em 1671.

Ele era "certamente o mais proeminente e respeitado juiz de sua época", segundo um relato.[5] Nos meios legais, seu nome passou a ser venerado. Em 1835, um biógrafo escreveu: "Tão resplandecentes eram, em resumo, as suas excelências que, até hoje, sempre que se faz preciso invocar qualquer instância *singular* de virtude ou retidão, sobretudo no exercício da defesa da Lei, o nome que ocorre instantaneamente é o do lorde Hale, na condição de parâmetro supremo."[6] Termos igualmente hiperbólicos podem ser encontrados em outros textos a seu respeito redigidos desde então.

Hale, que tornou-se conhecido por sua piedade religiosa, integridade e sobriedade de avaliação, escreveu um gigante tratado sobre direito penal em dois volumes, intitulado *The History of the Pleas of the Crown.** O texto se refere ao estupro como "o mais detestável dos crimes", e prossegue com as palavras que têm sido reproduzidas em tantas citações desde então: "É preciso lembrar que se trata de uma acusação fácil de ser feita e difícil de ser provada, e mais difícil ainda de ser defendida pela parte incriminada, que – de todo modo – nunca é tão inocente."[7]

O texto de Hale evoca o antigo medo das acusações falsas – cujas raízes remontam inclusive à bíblia, em que a esposa de Potifar, ao ser rejeitada sexualmente por José, o acusa de tê-la estuprado –, e cria uma estrutura legal para ele. Seu tratado descreve dois casos de homens que o juiz inglês acreditava terem sido acusados injustamente, um deles por uma garota de 14 anos que teria a intenção de chantageá-lo. Caberia ao júri de casos assim, escreveu Hale, ponderar: a mulher que fez a alegação é de "boa fama", ou de "fama pérfida"? Ela gritou na hora? Tentou escapar? A queixa foi feita imediatamente depois do ocorrido? Ela conta com outros relatos que corroborem o seu? Era preciso que juízes e jurados se mantivessem vigilantes, prosseguia ele, para que a atrocidade do tipo de crime não os insuflasse com "tamanha indignação a ponto de ocasionar a condenação precipitada do acusado em vista de depoimentos carregados de convicção e, por vezes, fornecidos por testemunhas mal-intencionadas e falsas".[8]

O juiz inglês parecia sempre pronto a aconselhar, até mesmo longe do âmbito legal. Numa carta de 182 páginas que escreveu para as netas, ainda

---

* "A história dos pleitos da Coroa", em tradução literal. (N. T.)

pequenas, Hale se desdobrava em orientações relacionadas a cada uma delas. Para a neta Mary, dizia: "Se lhe for impossível domar a sua grandeza de espírito, se tornará uma moça orgulhosa, arrogante e vingativa..."[9] Para Frances: "Se lhe for inculcada uma certa repulsa, sobretudo em relação à trapaça e à mentira, ela será uma boa mulher e boa dona de casa."[10] Quanto à Ann, ele relatava ver nela uma "natureza frágil" e, portanto, proibitiva para exposição a peças teatrais, canções românticas e livros melancólicos, "pois esses pareceriam impressionantes demais para a sua mente".[11]

Nessa mesma carta, o juiz Hale revela temores com relação ao mundo à sua volta: "Em sua constituição mais elementar, o povo deste reino está corrompido à depravação, à bebedeira, à gula, à prostituição, ao jogo, ao esbanjamento e à mais tola e ébria prodigalidade imaginável..."[12] Ele demonstra um repúdio especial pelo que se tornaram as moças mais jovens: elas "aprendem a ser ousadas" e a "falar alto". Elas "se empenham em pintar ou empoar rosto, cachear o cabelo e seguir as modas mais recentes e caras. Quando se levantam antes das dez, a manhã é passada entre o pente, o espelho e a caixa de maquiagens; embora não saibam como providenciá-la, exigem que lhes seja garantida uma dieta especial..."[13] E as reclamações seguem, com uma frase chegando a se estender por 160 palavras.

Matthew Hale foi casado duas vezes. Corriam boatos de que havia sido traído pela primeira esposa – o chamavam zombeteiramente de "o grande corno".[14] Ele se refere às damas *de bem* inglesas como "a ruína das famílias".[15]

"Há... evidências de que sir Matthew Hale talvez estivesse alguns pontos abaixo do parâmetro do seu tempo em relação às visões que tinha sobre o gênero feminino", observam Gilbert Geis e Ivan Bunn no livro *A Trial of Witches*.*[16] O livro detalha um episódio que viria a manchar o legado de Hale, "ainda que muito ligeiramente": em 1662, em Bury St. Edmunds, Matthew Hale presidiu o julgamento de duas mulheres idosas acusadas de bruxaria. Ele instruiu o júri afirmando que as bruxas existiam de verdade, alegando que esse fato estava nas Sagradas Escrituras. Depois que elas receberam dos jurados o veredito de que eram culpadas, Hale

---

* "Um julgamento de bruxas", em tradução literal. (N. T.)

condenou Amy Denny e Rose Cullender à morte por enforcamento. (Ele já havia sentenciado outra bruxa condenada pelo júri quatro anos antes.) Trinta anos mais tarde, os procedimentos adotados por Hale nesse julgamento, preservados por registros escritos, serviram de modelo para o tribunal de Massachusetts. "O fato é que a caça às bruxas de Salem talvez jamais tivesse existido se não houvesse o precedente do julgamento em Bury St. Edmunds: os acontecimentos em Salem repetem notoriamente os registros de Bury", escrevem Geis e Bunn.[17]

A influência de Hale sobre julgamentos por bruxaria chegaria a um fim à medida que a crença em bruxas foi desvanecendo na sociedade. Mas, nos casos de estupro, sua influência perdurou. Mesmo trezentos anos depois do falecimento do juiz, ocorrido em 1676, muitos jurados em diversos locais dos Estados Unidos seriam admoestados com as palavras dele. Nos tribunais, isso era conhecido como o "Alerta Hale": a instrução passada aos júris de casos de estupro para que ficassem alertas com as acusações falsas, tão difíceis de serem defendidas e tão fáceis de serem feitas.

Em 16 de dezembro de 1786, Thomas Jefferson, em viagem a Paris, escreveu uma carta a James Madison. Nessa carta ele se queixa de um deslocamento do pulso direito – "o inchaço se recusa a ceder"– que o obrigava a escrever apenas sob "forte dor".[18] Ele conta que planejava viajar em breve para o sul da França, onde esperava ser curado pelas fontes de água mineral. A carta fala ainda do comércio de peixe, farinha, terebintina e tabaco entre Estados Unidos e França. Depois, quase de modo passageiro, ele exprime sua oposição a punições demasiadamente severas para o crime de estupro, "em vista da tentação que é para as mulheres fazer dessa acusação uma vingança contra um amante volúvel ou usá-la por conta de sua frustração diante de uma rival".[19]

Ou seja: o homem que elaborou a Declaração de Independência dos Estados Unidos, ao corresponder-se com aquele que seria o autor da Declaração de Direitos, o alertou sobre o risco que representavam mulheres desprezadas pelos parceiros, que podiam alegar falsos estupros.

Sete anos depois disso, um processo na cidade de Nova York demonstrou como os critérios de lorde Hale eram usados no antigo sistema legal americano para derrubar a credibilidade de uma mulher. Henry Bedlow foi a julgamento em 1793 sob a acusação de ter estuprado Lanah Sawyer. Bedlow, um aristocrata, foi descrito nos registros históricos como sendo "dissoluto" e "libertino". Sawyer era uma costureira de 17 anos, filha de um marinheiro. Os dois haviam se conhecido numa ocasião em que Lanah Sawyer, durante um passeio de verão, fora importunada na rua e Bedlow intercedera a seu favor. Ele se apresentou com uma identidade falsa, dizendo à moça que era advogado e se chamava Smith. Ela concordou em acompanhá-lo, dias mais tarde, num passeio noturno. Na noite desse encontro, Bedlow a levou para dentro de um bordel e a estuprou, segundo a queixa de Sawyer. Ele alegava que a havia seduzido.

No tribunal, cinco advogados de defesa falaram em nome de Henry Bedlow. Um deles lembrou aos doze homens que compunham o júri que o caso entregava "a vida de um cidadão nas mãos de uma mulher, para ser arruinada quase que ao sabor da sua vontade e ao seu bel-prazer". Outro advogado falou: "Qualquer mulher [que] não seja uma completa prostituta assumirá uma postura pretensamente avessa àquilo que intimamente mais deseja." Um terceiro lhes indagou como uma "garota costureira" poderia sonhar atrair a atenção de um advogado se não fosse "com o intento de praticar atividades ilícitas". Ela havia caminhado ao lado dele tarde da noite. "Qual seria a probabilidade de que uma garota que houvesse renunciado dessa forma aos preceitos da própria castidade, deixando sua guarda tão flagrantemente aberta, demorasse tão mais a entregar por completo a sua fortaleza?"

O advogado de defesa que falou por mais tempo foi Henry Brockholst Livingston, que posteriormente seria nomeado para a Suprema Corte dos Estados Unidos – por indicação de Thomas Jefferson. Dirigindo-se aos membros do júri, Livingston citou Hale – "uma acusação fácil de ser feita" – e aplicou os critérios prescritos pelo juiz inglês a Lanah Sawyer. Ela era uma moça de boa fama? Embora uma "nuvem de testemunhas" tivesse afirmado que sim, "ela talvez dominasse a arte de sustentar uma postura digna para encobrir a sua podridão interior", foram as palavras que Livingston disse ao júri. Ela alegava que havia gritado. Mas teria esperneado também? E por que, ao concordar em sair para tomar sorvete na companhia do cavalheiro, ela se estendera num passeio noturno? "Em vez de ter tomado uma única taça de sorvete e voltado para casa, como uma garota ciosa de sua reputação teria feito, ela continua na rua em companhia dele por uma hora [e] meia." Livingston alegou que Lanah Sawyer havia inventado a história do estupro ao constatar que Henry Bedlow não nutria mais qualquer interesse por sua companhia. "Os senhores sabem bem a força que a paixão da vingança pode assumir num peito feminino; uma mulher desprezada não vê limites para a sua raiva."

O julgamento se estendeu por quinze horas. O júri deliberou durante quinze minutos. O veredito para Bedlow foi "inocente".

O maior especialista americano em evidências forenses do século XX foi John Henry Wigmore. Intelectual, bigodudo e fluente em doze idiomas,[20] ele ajudou a fundar a revista *Harvard Law Review* e foi reitor da Faculdade de Direito da Universidade Northwestern por 28 anos. Professores e alunos da área costumam chamar sua obra mais importante de *Wigmore on Evidence*, um nome mais fácil de dizer do que *A Treatise on the Anglo-American System of Evidence in Trials at Common Law: Including The Statutes and Judicial Decisions of All Jurisdictions of the United States and Canada.*[*] Um professor de direito da Universidade de Chicago afirmou que o trabalho de Wigmore é "provavelmente o mais importante tratado moderno da área", explicando que sua análise "está na base do enfoque legal atual a respeito das evidências forenses".[21]

Wigmore também se interessou por temas da psiquiatria e psicologia, tornando-se o "melhor amigo advogado que a psicologia poderia ter".[22] Em casos que eram constituídos por alegações de estupro feitas por mulheres, ele clamava que deveria acontecer uma atuação conjunta entre as duas áreas. Na terceira edição de seu tratado – que se tornou a versão definitiva e oficial, publicada em 1940 –, Wigmore se aprofunda em tópicos que havia escrito na década anterior a respeito de mulheres e credibilidade. Ele se apropria da visão expressa por Henry Brockholst

---

[*] "Um tratado sobre o sistema anglo-americano de evidências forenses no direito comum, incluindo estatutos e decisões judiciais de todas as jurisdições dos Estados Unidos e Canadá", em tradução literal. (N. T.)

Livingston um século e meio antes – *uma postura digna para encobrir a podridão interior* – e acrescenta a ela pitadas de Sigmund Freud.

Psiquiatras modernos estudaram amplamente o comportamento de garotas e mulheres errantes que se apresentam diante de um tribunal em todo tipo de caso judicial. Os seus complexos psíquicos são multifacetados, distorcidos em parte por falhas intrínsecas, em parte por disfunções ou instintos aberrantes, em parte por um ambiente social inadequado e em parte por circunstâncias psicológicas ou emocionais transitórias. Uma forma assumida por tais complexos é a de forjar acusações falsas de violência sexual infligida por homens. A mentalidade da mulher lasciva (por assim dizer) encontra uma expressão incidental, porém direta, na narração de incidentes sexuais imaginários nos quais a narradora é a heroína ou a vítima. Na superfície, o relato soa direto e convincente. A verdadeira vítima dos casos, entretanto, com muita frequência é o homem inocente...[23]

Em resumo: foi tudo fruto da imaginação dela.

"Sem dúvida", Wigmore escreve, "todo juiz e todo promotor já deve ter se deparado com casos assim."

Portanto, ele conclui: "Nenhum juiz deve deixar que qualquer acusação de crime sexual seja submetida ao júri sem que o histórico social e a composição mental da querelante do sexo feminino tenham sido examinados e atestados por um médico qualificado."[24]

Wigmore faleceu em 1943. Quarenta anos mais tarde, Leigh Bienen – que na ocasião era uma defensora pública, e mais tarde assumiria como docente na mesma Universidade Northwestern de Wigmore – examinou as fontes científicas nas quais o antigo reitor baseara suas conclusões e as considerou insuficientes. No entanto, apesar da pesquisa de validade questionável e da "postura repressora e misógina" demonstrada por Wigmore,[25] suas ideias permaneceram influentes entre advogados e juízes. "Se for preciso apontar uma origem única das preocupações legais a respeito de denúncias falsas em casos de crimes sexuais, essa origem está na doutrina Wigmore", Bienen escreveu.[26]

Para as mulheres que denunciam estupros, a premissa básica por trás dessa doutrina – a de que "foi tudo imaginação dela" – soa simplesmente como mais uma variação do "ela estava pedindo", um pressuposto há muito em vigor nos tribunais e na literatura especializada. "Embora a mulher em nenhum momento tenha dito 'sim', e, aliás, tenha repetido muitas vezes que 'não' e sustentado até o último instante um espetáculo convincente de resistência, mesmo assim ainda pode ser que a suposta violação tenha sido praticamente consentida por ela", escreveu em 1842 Greene Carrier Bronson, juiz da Suprema Corte de Nova York.[27] Em 1952, um artigo do *Yale Law Journal* afirmava que "muitas mulheres" demandam "abordagens agressivas por parte do homem. Com frequência, o prazer erótico delas será potencializado por, ou mesmo dependente de, um embate físico".[28]

Nas décadas de 1970 e 1980, o movimento feminista gerou um contra-ataque poderoso a essa mentalidade, tendo ajudado a promover reformas nas leis a respeito do estupro por todo o território americano. Enquanto Marty Goddard e Susan Irion trabalhavam para disseminar o uso dos kits de estupro e os treinamentos para lidar com vítimas de situações traumáticas, a legislação passou a incorporar estatutos de blindagem – como a restrição ao uso de evidências ligadas ao histórico sexual da querelante – e os tribunais deixaram de instruir os jurados usando citações de sir Matthew Hale.

Como notaram alguns comentaristas da área, o repúdio às ideias de Hale chegou aos tribunais com cerca de três séculos de atraso. As palavras dele não fazem mais sentido hoje: num contexto em que a maior parte dos estupros não é notificada às autoridades, não se pode dizer que essa seja uma acusação "fácil de se fazer". Mas elas tampouco faziam sentido em sua própria época. Não faltam registros sobre mulheres contemporâneas do juiz Hale que enfrentaram calvários por terem decidido falar. Em 1670, duas servas no estado da Virgínia acusaram seu senhor de tê-las estuprado, e isso lhes rendeu anos a mais de servidão a título de castigo.[29] No princípio do século XVIII, em processos judiciais separados por uma distância de sete anos, duas mulheres no Maine denunciaram que haviam sido estupradas.[30] Uma delas recebeu uma advertência por incivilidade no convívio público, e a outra, quinze chibatadas por devassidão.

E, embora os conceitos de Hale enfim tenham caído em desuso, seu legado continua vivo até hoje. Em 2007 – um ano antes de Marie denunciar que havia sido estuprada – um membro da Assembleia Legislativa do estado de Maryland, um advogado criminalista que presidia o Comitê Judiciário da Câmara, evocou o Alerta de Hale ao participar de uma audiência sobre um projeto de lei que previa a suspensão dos direitos parentais de estupradores cujas vítimas fossem engravidadas. O legislador, Joseph Vallario Jr., alegou ter feito a citação para fornecer contextualização histórica, mas suas palavras "provocaram revolta", segundo uma manchete do *Washington Post*. Um grupo de ativismo antiestupro de Maryland criticou a decisão de Vallario de citar uma "doutrina tão arcaica e misógina".[31] A lei acabou não sendo aprovada. Dez anos mais tarde, quando a deputada Kathleen Dumais tentou pela nona vez fazer com que a medida fosse votada, uma comissão formada apenas por homens selecionados entre as duas instâncias do Poder Legislativo derrubou a lei, fazendo Maryland figurar como um dos dezesseis estados americanos onde vítimas de estupro não podem requerer a suspensão dos direitos parentais dos homens que as agrediram.[32]

Numa manhã de julho, o promotor Bob Weiner recebeu um telefonema do defensor público designado para o caso de O'Leary, Jeffry Dougan, um advogado jovem com três anos de experiência nos tribunais. Dougan tinha um recado de seu cliente para dar.

"Meu cliente quer se declarar culpado. Ele quer encerrar a história logo. Não quer que as vítimas tenham que passar por tudo isso", é o que Weiner se recorda de ter ouvido de Dougan. O defensor havia desaconselhado aquela confissão de culpa, mas O'Leary insistia em fazê-la. Ele só tinha uma condição. Queria que Weiner retirasse todas as acusações referentes ao crime de sequestro.

O pedido do acusado chegou como uma surpresa para Bob Weiner. Mesmo assim, ele conseguiu imaginar a motivação que devia haver por trás dele – e era algo que não tinha nada a ver com uma mudança súbita de sua índole.

Weiner sabia que O'Leary devia estar nervoso. Num telefonema seu gravado na cadeia, ele dissera à mãe que achava que os detetives acabariam encontrando coisas no seu computador. Ele só não fazia ideia da quantidade de coisas.

O'Leary descobriria essa resposta no momento em que Weiner entregou a informação para seu defensor público. Ao contrário das reviravoltas tão comuns nas histórias de tribunal na ficção, o sistema judiciário da vida real não gosta de surpresas. Para permitir que seja feita a preparação para o julgamento, cada uma das partes deve revelar para a outra as evidências que planeja apresentar à Corte. Pouco tempo antes do telefonema, Weiner havia enviado as fotografias que Evans encontrara no HD para Jeffry Dougan, fazendo O'Leary atentar pela primeira vez para o fato de que a polícia conseguira obter imagens dele – ou pelo menos de uma pessoa que tinha marcas e pintas exatamente nos mesmos lugares das suas – estuprando mulheres. Imagens essas que ele imaginava estarem bloqueadas e invioláveis debaixo de várias camadas de criptografia digital.

Com isso, O'Leary se viu exposto.

Mesmo assim, Weiner não conseguia entender o que o acusado teria a ganhar com aquela proposta. Ainda que fossem retiradas as acusações de sequestro, sua perspectiva continuava sendo uma pena de prisão perpétua. Não haveria qualquer atenuação da sentença. Então, de que adiantava a proposta de evitar um julgamento? Por que não lutar até o fim, por mais contundentes que fossem as evidências, já que, afinal de contas, não havia mesmo mais nada a perder? "Aquilo pareceu inusitado", lembra Weiner. "Mas o caso por si só já era inusitado." O promotor concluiu que devia ser algo importante psicologicamente para o acusado. Talvez O'Leary conseguisse aceitar a ideia de que era um estuprador, mas não um sequestrador.

Fosse qual fosse a razão, parecia óbvio para Weiner que ele tinha uma vantagem implícita no trato. Assim como Evans, Weiner tinha criado um interesse obsessivo pela pasta "Canalha", a pasta criptografada no computador de O'Leary. Bob Weiner não tinha grande intimidade com assuntos tecnológicos – ele ainda chamava as pastas do computador de "diretórios". De toda forma, ele sabia que se uma pessoa tinha se empenhado tanto em esconder aquele conteúdo, era sinal de que ali havia algo digno de ser escondido. Mas o que poderia ser? Será que eram outras mulheres, outros estupros cometidos? Ou seriam provas da existência de algum clube secreto de homens que estupravam mulheres e trocavam fotos dos crimes entre si? Será que continha pornografia infantil?

Ele precisava saber o que havia na "Canalha".

"Eu estava achando que devia ser algo bem feio", explica Weiner.

O promotor retornou o telefonema de Dougan para fazer uma contraproposta. Ele estudaria a ideia de aceitar o trato, desde que O'Leary fornecesse a senha de acesso para a pasta. A resposta chegou depressa: "Definitivamente, não." A rapidez e o tom enfático intensificaram as suspeitas de Weiner. Foi "o sinal de que havia alguma coisa realmente importante ali", nas palavras usadas por ele. Galbraith contou os desdobramentos da história para Hendershot, Burgess e Hassell num e-mail enviado em 7 de julho de 2011: "O'Leary SE RECUSA a dar a senha da criptografia. PONTO."

Mesmo que o acusado não fosse revelar seu segredo, Weiner acreditava que ainda assim o trato seria vantajoso: desistir das acusações de sequestro em troca de uma confissão de culpa. Antes de concordar, no entanto, ele fez questão de consultar as vítimas, uma a uma, em conversas privadas em seu escritório.

Cada mulher teve uma reação diferente. Doris se mostrou hesitante quanto à ideia de abrir mão de qualquer uma das acusações. Ela não estava com medo de ir ao tribunal. "A postura dela foi durona, do tipo 'esse cara não me mete medo'", recorda Weiner. Amber estava preocupada com a possibilidade de notícias sobre o caso chegarem aos ouvidos de seus amigos e familiares. Sarah continuava devastada emocionalmente e quis logo aceitar o acordo. Lilly pareceu desconfiar da proposta. Ela estava chateada com Hassell: se ele tivesse se empenhado mais na solução do caso, poderia ter impedido as ocorrências em Golden e Westminster.

Weiner explicou para as mulheres quais seriam as etapas seguintes caso o julgamento fosse de fato acontecer. Os depoimentos diante do tribunal. O interrogatório impiedoso da outra parte. A possibilidade de que O'Leary tentasse abalar a estabilidade delas com palavras ou gestos que fizesse no tribunal. "Agressores sexuais são os maiores manipuladores da mente humana que já existiram", alertou ele.

A lei, por vezes, parecia não se importar muito com as vítimas. No sentido legal mais estrito, aqueles crimes haviam sido cometidos contra o estado do Colorado, não contra as quatro mulheres. Weiner levaria sempre em consideração a posição delas, mas não tinha obrigação de seguir suas vontades – seu cliente eram os cidadãos do Colorado. E O'Leary teria que ser considerado inocente até que se provasse o contrário. O juiz e a Procuradoria teriam que respeitar seu direito a um julgamento justo. "Muitas vezes, o processo se torna frustrante, pois vai parecer que o ponto central da história não são vocês, e sim o agressor", Weiner repetiu para as quatro mulheres. "Eu só quero que vocês saibam que nós temos noção disso tudo."

Por fim, cada uma das mulheres acabou concordando: o acordo deveria ser aceito. Weiner acreditou que estava fazendo o melhor. Isso as pouparia de passarem pelas humilhações do tribunal. E O'Leary, de qualquer forma, seria mandado para trás das grades por um bom tempo – a sentença exata seria determinada por um juiz.

Antes de assinar o acordo de confissão, Weiner perguntou mais uma vez: O'Leary lhe daria a senha da pasta?

Mais uma vez, a resposta foi a mesma: não.

Marc Patrick O'Leary recebeu sua pena num dia gelado do início de dezembro, no edifício alto e curvilíneo do Fórum do Condado de Jefferson. Era possível avistar sua cúpula de vidro brilhante do conjunto residencial onde ele estuprara Amber quase um ano antes. Dava para imaginar que O'Leary tinha visto o prédio e sua silhueta delineada contra os picos nevados das Montanhas Rochosas durante as longas horas em que se dedicou a espionar a rotina da estudante.

A pequena sala decorada em tons de marrom e cinza estava lotada. Galbraith, Hendershot, Burgess e Grusing compareceram. Ellis e Shimamoto também. Lilly e Doris estavam sentadas de um lado. A mãe, o padrasto e a irmã de O'Leary ocupavam cadeiras no canto oposto. O'Leary ficou bem na frente, sentado a uma mesa comprida e brilhante posicionada bem diante do juiz. Ele tinha o cabelo cortado rente, usava uma camisa preta e um cinto de contenção marrom reforçado. O rosto alongado e pálido se contorcia violentamente a cada intervalo de poucos minutos, num tique nervoso que espremia os olhos e a boca para perto do nariz.

O juiz Philip McNulty sentou-se à frente do réu. Uma borda de cabelo branco contornava o topo calvo de sua cabeça. Em seus quinze anos de magistrado, McNulty ficara conhecido pela equidade de seu julgamento, sua disposição compassiva e capacidade sobrenatural de se manter sempre calmo.[33] Algum tempo depois desse dia, ele seria nomeado para presidir o tribunal distrital. O juiz pediu ordem no recinto. *O Povo do Estado do Colorado contra Marc O'Leary* ia começar.

Weiner foi o primeiro a falar. Ele delineou o perfil de um sociopata frio, metódico, que embarcara numa espiral crescente de violência. O promotor descreveu como O'Leary havia iniciado sua série de crimes com o ataque a Doris, em Aurora. Falou sobre o fracasso dos planos que havia feito para Lilly em Lakewood. Mencionou a compra de uma arma com o dinheiro que havia roubado do apartamento de Sarah em Westminster e a ameaça que tinha feito a Amber em Golden com uma pistola semelhante à que fora comprada. Ali estava um homem que tratava o estupro como um trabalho – um trabalho que ele dizia adorar fazer. Ali estava um homem que deveria passar o resto da vida confinado numa prisão. Na visão de Weiner, a sentença para O'Leary deveria ser de no mínimo 294 anos.

Na noite da véspera, o promotor havia enviado para o juiz fotos ampliadas das vítimas, com partes editadas para proteger a privacidade das mulheres.

– Veja as expressões delas, o sofrimento estampado. O que esse homem tirou dessas mulheres, da maneira como fez isso, jamais poderá ser compensado – disse Weiner a McNulty.

Na ocasião em que fora capturado, O'Leary estava planejando mais um crime em outro subúrbio de Denver, Bob Weiner informou ao juiz. A investigação havia encontrado anotações do cerco à nova vítima.

– Ele agia como um lobo, como um predador – disse o promotor.

Em seguida, a palavra foi passada às vítimas de O'Leary. Galbraith e Hendershot leram as declarações de Amber e de Sarah.

O estupro tinha mudado algo nela, o texto de Amber dizia. Ela havia instalado três trincos na porta de casa e os trancava imediatamente, assim que chegava. Antes, gostava de dormir com as janelas abertas para sentir a brisa do verão. Agora, elas ficavam sempre fechadas. A época das festas de fim de ano lhe trazia lembranças terríveis. As cores que antes eram suas preferidas – as que ela havia escolhido para decorar o quarto – agora carregavam recordações do estupro. "Eu continuo no processo de esquecer esse episódio e tocar a vida adiante, mas foi uma sorte enorme que a pessoa que fez isso tenha sido capturada", ela escreveu. "Agora, não terei mais que viver com medo."

Sarah estava começando a reestruturar sua vida quando a agressão aconteceu. O marido tinha morrido. Ela acabara de se mudar para outro apartamento. O estupro lhe tirou ainda mais coisas. Sarah começou a achar que tinham posto uma escuta em seu telefone. Que haviam hackeado sua conta de e-mail. Ela sentiu medo quando cruzou com um vizinho de cima que tinha o mesmo tipo físico do estuprador. Em suas palavras, eram as "perdas da sua vida" – a perda da liberdade e da segurança, a perda da confiança, a perda da paz. "O que aconteceu não acabou comigo. Eu fiquei baqueada por um tempo, mas já estou de pé outra vez. Posso não estar fazendo tudo que gosto de fazer. Pode ser que esteja bem mais alerta, mas eu continuo viva, e estou seguindo a minha vida."

Quando Edna Hendershot terminou de ler a declaração de Sarah, ela se voltou para McNulty. Tinha um pedido inusitado a fazer, um que tinha feito muito poucas vezes ao longo de sua carreira policial.

– Será que eu poderia acrescentar um comentário pessoal?

O juiz respondeu que sim.

Ela se virou para a tribuna, mas manteve o olhar em O'Leary, na esperança de que seus olhares se cruzassem.

– Meritíssimo, esse crime impactou profundamente a minha vida, tanto no âmbito pessoal quanto no profissional – disse Hendershot. – O sr. O'Leary demonstrou um grau incompreensível de arrogância e desdém pelo próximo. Cada um dos ataques sublinha o seu não reconhecimento de qualquer valor social e qualquer parâmetro ético ou moral.

Ela encerrou sua fala pedindo ao juiz que condenasse O'Leary à prisão perpétua.

As mulheres que Marc O'Leary havia estuprado em Lakewood e Aurora se levantaram para falar. Lilly declarou para o juiz que costumava ser uma pessoa espiritualizada, dedicada à oração e ao louvor e a estar a serviço de toda a Criação. Mas, depois do crime, não estava mais se reconhecendo como tal. Não conseguia mais ficar sozinha em casa e passou a ter pensamentos violentos. Afastou-se dos amigos. Chegou a contratar seguranças armados para protegerem sua casa. Acumulou uma dívida de dezenas de milhares de dólares em despesas médicas, e não tinha um seguro saúde. Firmas de cobrança ligavam o tempo todo. Pessoas batiam à sua porta querendo pagamentos.

– Eu tive dificuldade para pegar no sono. Eram pesadelos demais, traumas demais – disse ela.

Lilly relatou ao juiz que acreditava que O'Leary precisava de ajuda. Referiu-se a ele como "um ser humano confuso". Mas afirmou que concordava que a pena para ele deveria ser a prisão perpétua. Ao clamarem por justiça, as mulheres agredidas estavam marcando seu triunfo sobre a selvageria daquele homem, Lilly disse ao juiz McNulty.

– Eu ainda estou me recuperando, todas nós estamos. O que aconteceu trouxe... O senhor sabe, trouxe mudanças. Nós estamos fazendo o melhor possível para reinventar nossas vidas.

Doris, agora com 67 anos, se levantou em seguida. A governanta de uma república universitária relatou o pavor que havia sentido ao ser violentada. Depois do crime, ela comprou um sistema de segurança para sua casa, e acionava o alarme a cada vez que ia tomar banho. Ela descreveu todas as vezes que foi ao médico pedir exames para ter certeza de que não havia sido contaminada com HIV.

– Em todas as vezes, esperar pelo resultado me enchia de medo, de ansiedade, de um sentimento de inquietação.

Externamente, sua vida havia voltado ao normal, mas sua psique ainda precisava ser curada.

– Ninguém seria capaz de sair de uma história dessas intacto emocionalmente – declarou ela para o juiz.

Quando estava terminando sua fala, Doris se voltou para O'Leary e perguntou diretamente como ele a encontrara.

– O que foi fazer em Aurora? Tem algum amigo ou parente morando perto da minha casa, alguém com quem eu deva me preocupar? Eu ainda tenho algum motivo para continuar com medo? Como eu consegui me colocar numa posição tão vulnerável?

—◉—

Do lado da defesa, o primeiro a falar foi Marc O'Leary.

– Eu estou aqui hoje porque preciso viver confinado – começou ele. – Sei disso provavelmente melhor do que qualquer outra pessoa nesta sala. E já faz um tempo que sei. Sou um predador sexual violento e estou fora de controle.

Ele queria se desculpar, conforme O'Leary declarou à Corte. E queria também se explicar.

Descreveu os impulsos periódicos e incontroláveis que o levavam a atacar mulheres. Impulsos contra os quais lutava desde que era criança. Ele teve uma família amorosa, uma existência afortunada.

– E eu me vi, por falta de um termo melhor, escravizado por algo que detestei a vida inteira, mas que, mesmo assim, o senhor sabe, no fim fui incapaz de desobedecer. No fim, eu perdi a luta, e acabei perdendo mais do que a minha própria vida no processo. Destruí muitas outras vidas. Eu não sei qual é a causa disso.

O'Leary não citou Jung. Não citou a teosofia da dualidade presente em seus livros de ocultismo. Ele preferiu uma via mais simples:

– Isto vai parecer um clichê, eu acho, mas é como se fosse um caso de *O médico e o monstro* da vida real.

O'Leary disse a McNulty que não esperava piedade, mas que esperava que as pessoas pudessem compreender – se não ele, outras pessoas que eram como ele.

– Muitas pessoas vão me descrever como um monstro – falou. – Mas as coisas são bem mais complicadas do que isso.

O'Leary se voltou para Doris para responder às perguntas dela. Ele disse que havia achado seu nome numa rede social. Simples assim. Ela não precisava ter medo de nenhum vizinho.

– A verdade crua é que, para mim, pareceu só uma oportunidade. Isso é algo nojento de se dizer, e eu sei disso, mas, bem, é a pura verdade. Você não havia feito nada contra mim.

Enquanto O'Leary falava, a mãe dele ficou sentada escutando. Ela acreditava que Marc fosse de fato culpado, mas nunca o ouvira falar sobre as torturas internas secretas que ele enfrentou na infância. Nunca o ouvira dizer que se sentia como se fosse duas pessoas diferentes. Nunca o ouvira descrever a maneira como caçava as mulheres.

Sheri Shimamoto estava sentada atrás da mãe de Marc O'Leary. Ela reparou que havia folhas de papel na mão da mulher. Shimamoto imaginou que fosse a declaração que ela pretendia dar, exaltando as qualidades do filho e clamando por piedade. À medida que O'Leary foi descrevendo seus crimes, Shimamoto viu os papéis sendo amassados até virarem uma bola.

Quando se levantou para falar, a mãe de O'Leary declarou seu choque ao saber da prisão do filho mais velho. Marc havia sido um garoto feliz – falante, brincalhão, que gostava de animais.

– Se eu tivesse sabido ou percebido algum sinal nesses anos todos de que ele estava sofrendo por dentro e precisava de ajuda, não teria poupado esforços para conseguir essa ajuda... Mas, entenda, nós nunca suspeitamos de nada.

Talvez a situação tivesse algo a ver com os anos passados no serviço militar. Ele parecia uma pessoa diferente ao ser dispensado da ativa, ela disse, estava mais soturno e arredio. Sua impressão era de que o filho tinha algum distúrbio mental, e esperava que ele pudesse ter ajuda na prisão.

A mãe de O'Leary revelou aos presentes momentos dolorosos de seu passado. Ela própria havia sido uma vítima de estupro, atacada numa festa aos 15 anos de idade. Era o ano de 1963. Ninguém falava sobre sexo. Ninguém falava de estupro. Ela já havia conversado sobre esse episódio com a filha, mas nunca tinha dito nada para Michael ou Marc. Agora, se arrependia disso. Talvez essa conversa pudesse ter aberto um canal de comunicação. Ela disse às vítimas que compreendia o sofrimento delas. Ela pediu que tivessem piedade de seu filho e dela própria.

– Como mãe, as pessoas ficam dizendo que eu não posso me culpar por uma coisa dessas. Mas por quê, por que eu não posso me culpar? Eu sou a mãe, fui eu que criei Marc. Se isso tudo não for por causa de algo que eu fiz, então provavelmente terá sido por causa de algo que eu não fiz.

Dougan, advogado de O'Leary, se dirigiu então ao juiz. Pela estimativa que fizera, seu cliente poderia receber uma pena mínima de 26 anos. Ele também pediu clemência.

Agora, era a vez de o juiz falar.

– Senhor O'Leary, vou começar pelo senhor – iniciou McNulty. – Surgiu em sua fala a ideia de que as pessoas talvez o odiassem, de que fossem considerá-lo um monstro. O meu dever não é aviltar o senhor. Não é julgar o senhor. Eu estou aqui para julgar as suas ações.

McNulty ressaltou que as acusações que pesavam contra O'Leary poderiam resultar numa ampla gama de sentenças possíveis. Ele lhe deu crédito pela ausência de antecedentes criminais e por ter demonstrado remorso.

– Eu acredito que houve sinceridade na sua declaração – falou o juiz.

Então, McNulty passou a listar as evidências contra o acusado. O fato de ele ter espionado os hábitos das vítimas. O equipamento específico que mantinha para os crimes. O terror infligido.

– As evidências mais contundentes deste caso são as que o senhor mesmo produziu – disse a O'Leary. – As fotografias das mulheres sendo estupradas e o fato de o senhor ter tirado as fotos enquanto cometia o ato. Eu... Eu olhei para o rosto delas e só vi angústia e medo, desamparo e desespero. E o que me ocorreu ao examinar as imagens foi: olhando para expressões assim, como alguém é capaz de empunhar a câmera e tirar fotos?

Para chegar a uma sentença adequada, McNulty avaliou os crimes de O'Leary à luz de outros que já haviam passado por suas mãos. Ele ressaltou que jamais havia se deparado com algo tão hediondo.

– Senhor, as suas vítimas se viram caçadas como se fossem presas, para então serem subjugadas ao longo de horas a fio e forçadas a participar de atos inomináveis – declarou McNulty, numa voz firme e baixa. – Os atos que cometeu são a pura expressão do mal.

O juiz então disse a O'Leary que ele perdera o direito de viver livremente em sociedade. Ele receberia a pena mais severa possível.

A sentença: 327 ½ anos de prisão.

O'Leary não sairia da cadeia nunca mais.

Alguns dias mais tarde, de volta à sua cela no prédio imponente e cercado de arame farpado onde funcionava o presídio do Departamento Correcional do Colorado, Marc O'Leary fez uma proposta inusitada. Ele concordaria em discutir seus crimes com os investigadores, dispensando a presença de um advogado. Para ajudar as vítimas a colocar um ponto final no assunto, falou. Mas havia uma condição: ele não diria nada se Galbraith estivesse presente. Ter uma mulher para ouvi-lo, explicou, o deixaria desconfortável.

O agente Grusing se ofereceu para a tarefa. Naqueles dez meses desde a captura, a polícia havia encontrado evidências de pelo menos mais um crime sexual em Washington que estava claramente ligado a O'Leary. No entanto, as tentativas de ligar o nome dele a qualquer outra ocorrência estavam sendo infrutíferas. A série de estupros no Kansas não havia sido desvendada, e permaneceria sem solução. A pasta "Canalha" continuava criptografada. Grusing não sabia ao certo o que esperar de O'Leary, mas um poligrafista do FBI certa vez lhe dera uma dica: *Quanto mais eles falarem, melhor a coisa fica para nós.* Esse era o objetivo que Grusing buscava: fazer com que O'Leary falasse.

Uma semana depois da audiência que determinou a sentença, às 11h15 do dia 15 de dezembro de 2011, Grusing se viu sentado de frente para Marc O'Leary numa sala estreita de tijolos de concreto brancos forrados com placas quadradas e pretas de isolamento acústico. O agente vestia camisa polo azul, uma calça verde e botas de caminhada. O'Leary trajava um macacão vermelho, aberto na altura do colarinho, revelando uma camiseta branca usada por baixo. O cabelo estava raspado, e ele usava nos pés um par de tênis pretos que estavam sem os cadarços, para evitar que ele os usasse para se enforcar. Seu tique estava bem frequente, fazendo com que o rosto se alternasse entre ficar todo contorcido e voltar outra vez ao normal.

O'Leary cruzou os braços no momento em que Grusing se sentou. Ele disse que não sabia bem se deveria mesmo falar. Tinha reconsiderado a decisão. O tratamento na cadeia não estava sendo dos melhores. Um dos guardas havia ameaçado mandá-lo para a solitária.

– Eu não estou muito para conversa no momento – informou.

Mais uma vez, Grusing estava bem preparado para sua missão. Ele estudou a maneira como O'Leary havia aprendido mais a cada agressão cometida e percebeu seu jeito meticuloso de agir. Viu o esforço que ele havia feito para apagar os rastros. *Ali estava um homem que se orgulhava de seu trabalho*, Grusing pensou consigo mesmo. Um homem que se sentiria lisonjeado pela oportunidade de exibir suas competências.

– Você é uma pessoa muito importante, um tarado estuprador tremendamente eficaz que nós queremos como objeto de estudo. – Foi o ponto de partida que Grusing decidiu usar.

Ele fez uma oferta a O'Leary. Será que ele não gostaria de ter uma conversa com um especialista da renomada Unidade de Análise Comportamental do FBI?

O'Leary ajeitou o corpo na cadeira.

– Tem muita coisa para ser dita – respondeu.

Durante as quatro horas seguintes, discursou sem parar, como se fosse um erudito dando uma aula sobre estratégias de estupro para uma turma de um só aluno, e um aluno que parecia totalmente absorto em suas palavras. Grusing inclinava o corpo para a frente, escrevia anotações em seu bloco de tempos em tempos, e aqui e ali fazia comentários, soltando detalhes a respeito da investigação policial. O'Leary não precisou de muito estímulo para soltar o verbo.

– Foi como ter acabado de me refestelar com o jantar do Dia de Ação de Graças – disse ele sobre um dos ataques, recostando o corpo para trás.

Ao descrever cada estupro, ele se demorou nos detalhes. No estupro de Doris ela havia lhe passado um sermão.

– Eu acho que acabei indo embora antes do que normalmente faria, porque algumas coisas que ela falou meio que bateram fundo.

A conversa com Amber sobre lobos e bravos foi minimizada como "bobagem". Esses bate-papos eram basicamente só para "matar o tempo" entre uma violação e outra, ele falou.

– Numa outra situação, se a gente tivesse se conhecido de outra maneira, a coisa poderia ter fluído bem.

Sobre Sarah, ele se mostrou profundamente arrependido. Tinha partido para ela depois do fracasso com Lilly.

– Ela me pegou no pior momento – falou.

A decisão rápida de Lilly de escapar foi alvo de sua admiração.

– Eu fiquei meio puto. Mas ao mesmo tempo adorei aquilo. Garota esperta. Ela teve uma única chance, e tratou de agarrar.

O'Leary contou uma história a Grusing sobre algo que havia acontecido antes do ataque a Lilly, no momento em que ele só estava espreitando a casa. Uma noite, ele havia ficado em pé em cima de uma cadeira para espiar dentro da janela, quando ouviu um barulho. *O que pode ser isso?*, pensou. Quando ergueu os olhos, viu que no telhado logo acima de onde estava havia uma raposa cinzenta o encarando. O'Leary agitou os braços para espantar o animal. A raposa não se mexeu. Sua decisão então foi bater em retirada. Quando ele caminhou de volta para a picape, no entanto, viu que estava sendo seguido pelo animal. A raposa ficou esperando O'Leary entrar no carro, e não saiu de perto dele até que ele fosse embora. Ele achava que Lilly talvez tivesse mesmo um animal guardião.

– Existem muito mais coisas neste mundo do que a maioria das pessoas se dá conta – disse O'Leary para Grusing.

Ele deixou escapar também lições a respeito do trabalho policial. Descreveu as precauções que tomava para se esquivar da polícia. Era fato que o Exército tinha uma amostra de seu DNA. Sua preocupação era que os investigadores tivessem acesso a esses dados e o identificassem. Por isso, ele trabalhava sempre para não deixar qualquer material genético para trás. Ele disse a Grusing que estava ciente de que essa seria, em última instância, uma missão impossível.

– Nada é páreo para a tecnologia – falou.

O'Leary repassou o momento em que Grusing bateu à porta de sua casa na rua Harlan, 65, acompanhado por outro policial, e o encontrou em casa. O agente lhe entregara o retrato falado de um suposto suspeito de roubo a residências. O'Leary havia achado que aquele devia ser um pretexto para colher suas digitais. Mesmo assim, ele pegou a folha de papel plastificada. Pensou que estaria seguro; afinal, sempre usava luvas nos ataques. *Não tem como eu ter deixado digitais*, foi o que ele pensou na hora.

Ele tinha percebido que a comunicação entre os departamentos de polícia muitas vezes era falha. Por isso, cometia cada estupro numa jurisdição diferente de maneira deliberada.

– Isso aí, basicamente, era para manter vocês fora do meu caminho, sabe, durante o maior tempo possível.

A estratégia havia funcionado em Washington.

– A polícia de Lynnwood tinha pisado na bola. Se os caras de Washington tivessem prestado um pouco mais de atenção, eu provavelmente teria sido pego antes.

Ele recomendou que a polícia monitorasse as localizações dos chamados alertando para indivíduos com conduta suspeita. Depois que o estupro acontece, já é tarde demais para ir atrás do predador. O ciclo já teria acabado.

– Era quase como se, na hora em que o alerta de vocês era acionado, só aí eu precisasse me esconder. Era quando eu virava o cara normal – explicou O'Leary. Ele recostou o corpo na cadeira e riu. – A gente vivia num descompasso de agendas.

– Pior para o nosso lado – observou Gruising.

– Pois é – concordou O'Leary.

E então, sem qualquer preâmbulo, O'Leary começou a lamentação. Ele havia travado uma batalha solitária a vida toda. Lutou tanto, e acabou derrotado. E não era o único. Havia outros homens também, homens que passaram vidas inteiras na luta inglória para destruir o monstro que carregavam por dentro. Aquilo era um desperdício.

– A única maneira de fazer eles pararem é quando um sujeito como você bate na porta de casa – disse a Grusing. – Daí em diante, eles viram só estatística. É isso que são. Expostos em todos os jornais. Com a vida familiar arruinada. Para depois serem trancados num buraco de onde o mundo os tira quando bem entende, só para cutucá-los e espetá-los como quiser. – O'Leary lançou as mãos para o alto. – Tem esse monte de seriados na TV e sei lá mais o quê, *Criminal Minds, Dexter, Lei e Ordem: SVU*. Desde que não seja a vida delas, as pessoas adoram poder olhar. Desde que o desastre de trem não seja no bairro onde moram, vira algo fascinante e todo mundo quer dar sua espiada. Eles espremem até a última gota. E tem pessoas que querem vender livros à custa da tragédia.

De repente, O'Leary parou de falar. Ele pareceu ter afundado para dentro de si mesmo. Seus olhos ficaram pregados no chão.

– Todo mundo tem as suas inclinações – disse Grusing. – E a que move você é o que garante o meu salário.

O agente se levantou para sair. O'Leary ergueu o olhar. Ele apontou para um espelho falso que havia no fundo da sala de entrevistas.

– Tem uma turma e tanto ali atrás, hein?

– Hoje somos só nós dois e a Stacy Galbraith – respondeu Grusing. O'Leary afundou a cabeça entre as mãos.

– Eu sabia que vocês iam fazer isso – falou.

Os olhos dele encararam em cheio o espelho. Galbraith, do outro lado, encarou de volta.

– Olá, Stacy Galbraith – cantarolou O'Leary. – Aposto que você estava torcendo para poder me dar um tiro.

Grusing interveio:

– Nós nem temos permissão para entrar armados aqui.

– Não, eu estava falando da hora em que ela bateu na porta da minha casa e estava com a arma apontada na minha direção.

Grusing sacudiu a cabeça.

– Isso dá muita dor de cabeça burocrática.

Do outro lado do espelho, Galbraith não conseguiu evitar o calafrio. Naquela noite, pela primeira vez desde o início da investigação, ela demorou a pegar no sono.

Epílogo
DEZOITO RODAS

2011 –

Mesmo tão abalado, o sargento Mason acabou escolhendo não deixar a corporação. "Tomei a decisão de não permitir que aquilo me definisse como pessoa. Ia aprender com o que aconteceu e me tornar um investigador melhor."

Estivemos com Mason na delegacia de polícia de Lynnwood em dezembro de 2015 – a entrevista aconteceu na mesma sala onde ele havia interrogado Marie sete anos antes, diante da mesma mesa que ela havia socado, insistindo que tinha mesmo sido estuprada. Mason repassou as fontes de sua dúvida inicial: a menção do orientador do projeto Ladder ao fato de que ela andava querendo trocar de apartamento, o ceticismo manifestado por Peggy um dia depois do estupro.

– Tanto um quanto o outro conheciam a garota muito melhor do que eu – disse ele.

O sargento nunca sofreu punição por conta do caso de Marie. Nos anos que se seguiram, sua ficha profissional seria só elogios.

– Eu acho que qualquer pessoa que esteja nesta carreira há um tempo... Muita coisa que o sujeito vê neste trabalho acaba tocando fundo. Vai endurecendo sua casca, ou sei lá – disse Mason para nós. Com o caso de Marie, ele aprendeu sobre a necessidade de encarar as coisas com a mente mais aberta, e de ter uma postura mais livre com relação ao benefício da dúvida. – Ninguém se torna um agente da lei imaginando que um dia vai acabar culpando uma vítima – disse ele.

Nós perguntamos a respeito de Peggy.

– Ela estava nos passando informações que considerava importantes – explicou Mason. – Estava agindo como a boa cidadã que acreditava ser. – Mason se disse grato pelo telefonema dela. O fato de ter usado as palavras dela da maneira como usou era responsabilidade só sua: – Eu entendi tudo errado.

Nós perguntamos sobre Marie. Dissemos a Mason que ela se questiona sobre o papel que teve na história toda e se cometeu algum erro que pudesse ter evitado.

– Ela não errou em nada. O problema foi… comigo. Foi por isso que aconteceu – respondeu Mason. – Não era papel dela tentar me convencer de nada. Olhando em retrospecto, era minha responsabilidade ter ido até o fim com a investigação, e eu não fiz isso.

– Quando você pensa em tudo isso, qual é a parte da história que lhe deixa mais incomodado? – perguntamos a ele.

– São muitas coisas… – Ele deu um suspiro. – Muita coisa incomoda até hoje, mas acho que o que dói mais é… Foram as coisas que Marie teve que enfrentar por ter feito a denúncia. Isso…

– Você pensa muito sobre ela?

Durante cinco segundos, dez, quinze, Mason ficou em silêncio. Ele estava digerindo a questão, se recompondo. Meio minuto se passou até que voltasse a falar.

– Será que podemos…?

– É claro.

– Eu preciso tomar uma água.

Ele saiu da sala. Quando retornou, disse:

– Penso nela, sim.

Ele pensa em Marie com frequência.

– É bem aleatório, a lembrança vem em momentos variados. Durante o dia de trabalho, quando vou visitar parentes que moram em outro estado… Varia muito. Quando penso em Marie, é mais me perguntando como será que ela está hoje em dia. Eu espero que tenha ficado bem.

— ⊙ —

O registro da acusação contra Marie por denúncia falsa foi anulado no primeiro semestre de 2011. O arquivo foi lacrado, e todas as menções a ele foram eliminadas dos autos. Mas a jovem sabia que apagar a história não evitaria que se repetisse. Por isso, em junho de 2013, ela entrou com um processo por direitos civis contra Lynnwood na Justiça. "Quem sabe assim eles possam mudar a maneira de agir, para que outras mulheres não sejam tratadas da maneira como eu fui", ela diz.

Na lista dos réus figuravam o município de Lynnwood; os dois detetives de polícia, Mason e Rittgarn; a Cocoon House, instituição responsável pelo projeto Ladder; e os dois orientadores do projeto, Jana e Wayne. O processo alegava que Marie havia sido submetida a interrogatórios sem que lessem seus direitos; que o departamento de polícia da cidade não oferecia treinamento adequado para os agentes lidarem com vítimas de estupro; e que a Cocoon House havia sido conivente com a ação policial indevida quando não ajudou Marie a conseguir um advogado. A defesa respondeu dizendo que Marie tinha sido levada para uma entrevista na delegacia, e que em nenhum momento foi presa. Assim, como a jovem estava livre para sair quando quisesse, os policiais tomaram a liberdade de não fazer a leitura dos Direitos de Miranda. A Cocoon House, por outro lado, admitia que Jana e Wayne não haviam ajudado Marie a conseguir um advogado. Mas, segundo argumentaram os advogados de defesa, isso não era atribuição deles.

Um dos argumentos usados pela defesa se destacou dos demais. Esse, caso fosse acatado, encerraria de vez a discussão em curso. Marie havia esperado tempo demais para entrar com o processo, disseram os advogados. O limite para causas de direitos civis em âmbito federal era de três anos, e o prazo de Marie teria que começar a ser contado a partir de agosto de 2008, quando ela foi questionada pela polícia e recebeu a acusação. Eles solicitaram que o processo fosse arquivado.

Para Marie, esse argumento não fazia sentido. "Você não pode mover um processo quando alguém duvida da sua palavra", ela diz. Eles queriam que ela tivesse recorrido aos tribunais antes que a prisão de O'Leary corroborasse sua palavra? Mesmo assim, a moção de arquivamento representou um desafio para seu advogado, H. Richmond Fisher.

Ele comparou a situação de Marie à de um paciente que descobre, anos depois de ter passado por uma cirurgia, que os médicos esqueceram uma esponja dentro de seu corpo. A Lei não pode penalizar o paciente pelo tempo decorrido entre a cirurgia e a descoberta da esponja. Da mesma forma, alegou ele, ela não deveria punir Marie pelo intervalo entre a acusação que recebeu e a prisão de O'Leary.

Em dezembro de 2013, Marie e a cidade de Lynnwood concordaram em tentar uma conciliação, na esperança de que o caso pudesse ser resolvido com um acordo extrajudicial. Ambas as partes enviaram suas posições por escrito com antecedência ao mediador. Fisher declarou que Marie queria uma indenização de 5 milhões de dólares. Os advogados de Lynnwood consideraram que seria improvável trabalhar com "qualquer valor sequer próximo de meio milhão, e muito menos chegar aos sete dígitos". A duas semanas do Natal, o mediador convocou as partes para tentar chegar a um meio-termo. Os policiais e Marie aguardaram em salas separadas enquanto os advogados expunham seus argumentos. Depois disso, Marie foi chamada a falar. Quando foi pedido que contasse sua história a dois membros do alto escalão da polícia local, ela descreveu tudo o que havia passado. Pediu que imaginassem uma filha deles sendo tratada da mesma maneira que ela havia sido. Os dois se desculparam com a jovem, admitiram os erros do departamento e se comprometeram a mudar o procedimento policial.

Marie não conseguiu a indenização de 5 milhões de dólares. O acordo que fechou com Lynnwood foi no valor de 150 mil dólares. "Foi tomada uma decisão de gerenciamento de riscos", um dos advogados de defesa declarou para a imprensa.[1] O acordo entre Marie e a Cocoon House foi negociado separadamente, com uma indenização que não teve valor divulgado.

Marie nunca mais teve notícias de Rittgarn, o detetive que tinha ameaçado mandá-la para a cadeia e depois havia se mudado para o sul da Califórnia. Mas, depois que ela entrou com o processo, um jornalista do *Seattle Times* conseguiu falar com o ex-policial por telefone. "Rittgarn... declarou não estar ciente do processo", o jornal noticiou.[2] "Num primeiro momento, ele pareceu não se recordar do caso, exceto pelo fato de que achava que tinha algo a ver com 'aquele cara do Colorado'."

Embora o acordo com Lynnwood tenha estabelecido uma indenização de 150 mil dólares, o seguro do município cobriu a maior parte desse valor, cabendo à cidade arcar apenas com a diferença. No fim, somente 25 mil dólares saíram dos cofres municipais.

"Foi uma falha grave", nos disse Steve Rider, comandante da polícia de Lynnwood. "Um erro desastroso", foram as palavras que usou. "Um choque de realidade... Uma escolha errada... suposições erradas... ações erradas. Nós sabíamos que ela havia sofrido uma violência tão brutal e mesmo assim a acusamos de estar mentindo?"

Diante de uma crise desse porte, muitos departamentos de polícia adotam políticas de controle de danos: se a casa caiu, trate de sair de fininho. Quando cometem um erro num caso de grande projeção, eles desaparecem de cena. Admitir a falha está fora de questão, e se desculpar mais ainda. Mas Lynnwood se provaria uma exceção à regra. Em 2011, depois que Marc O'Leary foi preso, o chefe de polícia da cidade abriu duas sindicâncias, uma interna e outra externa, para entender o que havia acontecido no caso. A polícia de Lynnwood escolheu encarar seu erro de frente e aprender com ele.

A sindicância interna, que gerou um relatório de sete páginas, foi conduzida por um comandante da polícia local e um sargento. Nenhum dos dois tivera envolvimento com o caso de Marie. O relatório da avaliação final se vale de eufemismos ao afirmar, por exemplo, que a investigação chegou a um "desfecho indevido", mas a análise foi bastante acurada: os detetives responsáveis atribuíram peso demais a pequenas incongruências nas declarações de Marie e às dúvidas manifestadas por Peggy. Uma vez tomados pela dúvida, interrogaram Marie em vez de entrevistá-la, e, depois que ela fez a confissão, começou uma "precipitação autoimposta para formalizar a acusação" e dar o caso por encerrado. Quando Marie tentou voltar atrás na confissão feita, o detetive Rittgarn a recebeu com ameaças.

A sindicância externa seguiu basicamente o mesmo caminho, mas o relatório faz uso de um vocabulário bem mais contundente. O processo de avaliação dos colegas ficou a cargo do sargento da delegacia do Condado de Snohomish, Gregg Rinta, que, ao contrário de Mason, tinha uma bagagem considerável em investigações de estupro. Por cinco anos, ele chefiara a Unidade de Investigações Especiais de sua delegacia, que cuidava de até setecentos casos por ano envolvendo crimes sexuais contra adultos e abuso de menores.

"Sob muitos aspectos, simplesmente não existiu uma investigação no caso de Lynnwood", Rinta escreve em seu relatório de 14 páginas. "Por razões que eu não saberia explicar, [a credibilidade de Marie] se tornou o foco do processo, e todas as fortes evidências que apontavam para a existência de um crime grave e violento passaram a ser totalmente ignoradas." O sargento Rinta repassou todas as vezes ao longo do primeiro dia do caso em que Marie – que havia dormido apenas uma hora naquela noite – precisou repetir seu relato do estupro. A exigência feita por Mason de um documento por escrito depois disso foi tachada de desnecessária e até mesmo cruel: "Ela teria que reviver a história pela QUINTA vez." De posse dos múltiplos relatos, Mason elevou as "sutis inconsistências", comuns em casos de vítimas traumatizadas, ao status de discrepâncias importantes. No que tange aos questionamentos de Peggy, eles sequer deviam ter sido registrados nos autos. A opinião de uma pessoa, sem evidências que a balizem, não tem "qualquer relevância numa investigação policial", escreve Rinta.

O relatório deixa clara a incredulidade do sargento, tanto com relação aos erros cometidos quanto à mentalidade que levou a eles. Ele não consegue conceber a desconsideração dos policiais pelo trauma relatado por Marie. Parece-lhe incompreensível a falta de compaixão. Sobre o dia em que os detetives confrontaram Marie pela primeira vez, acusando-a de estar mentindo, o sargento Rinta escreve:

> O tratamento que ela recebeu do sargento Mason e do detetive Rittgarn só pode [ser] classificado como intimidador e coercitivo. É doloroso ter que ler a descrição do relatório desses agentes, e parece incompreensível que policiais experientes tenham tido esse tipo de comportamento dentro de uma delegacia de polícia oficial. Caso os registros não estivessem documentados, eu teria dificuldade para acreditar nos fatos descritos ali.

Pela forma como foi acuada, não é de admirar que Marie tenha confessado estar mentindo mesmo sendo inocente, Rinta aponta.

E o que ocorreu quatro dias mais tarde – quando Rittgarn ameaçou mandar prender Marie e recomendar que perdesse seu apartamento – foi ainda pior. "Foram declarações coercivas, cruéis e de uma falta de profissionalismo inacreditável. Eu não consigo imaginar QUALQUER circunstância que as justificasse."

Rinta repassa então os acontecimentos que se seguiram: a escolta policial até o térreo do prédio, onde Marie foi entregue aos orientadores do projeto Ladder; a pergunta que eles fizeram à jovem, na presença dos policiais, sobre se havia ocorrido mesmo um estupro ou não; a resposta negativa de Marie.

"Eu só posso presumir que tudo isso foi planejado com o intuito de pressionar a vítima a dizer a 'verdade'", escreve o sargento. "É doloroso imaginar como a vítima se sentiu."

O comandante Rider afirma que o caso de Marie levou a modificações nos procedimentos e na cultura do Departamento de Polícia de Lynnwood. Os detetives passaram a receber treinamentos adicionais para lidar com vítimas de estupro e situações traumáticas. Eles aprendem os protocolos da Associação Internacional de Chefes de Polícia – as orientações redigidas por Joanne Archambault – para construir laços de confiança com as vítimas, demonstrar respeito e se abster de posturas julgadoras, e para deixar que a vítima escolha onde e em que momento será entrevistada. Vítimas de estupro passaram a receber o apoio imediato de profissionais treinados especialmente para assisti-las num centro médico da cidade. Os investigadores precisam ter "prova definitiva" de que houve uma mentira antes de lançar dúvida sobre qualquer alegação de estupro. E, agora, qualquer acusação por denúncia falsa precisa passar pela aprovação de instâncias superiores. "Nós aprendemos muito com esse episódio", Rider diz. "E não queremos que o que ocorreu aconteça com outras pessoas."

Em 2008, o caso de Marie foi um entre quatro classificados como improcedentes pela polícia de Lynnwood, segundo estatísticas passadas ao FBI. No período de cinco anos, entre 2008 e 2012, o departamento classificou 10 entre 47 denúncias de estupro como improcedentes, uma taxa de 21,3%. Isso equivale a cinco vezes a média nacional de 4,3% para instituições policiais atendendo a populações de porte equivalente no mesmo período. Rider afirma que o departamento ficou mais criterioso para classificar casos como infundados depois do episódio de Marie.

"Eu me atrevo a dizer que nós nos empenhamos bem mais nas nossas investigações do que muitos outros departamentos de polícia do país", afirma ele. "Agora, tomamos precauções extras para que todas elas sejam finalizadas da maneira correta."

"Cada um de nós vai guardar para sempre a lembrança desse caso", Rider conclui.

Num dia de novembro – com a meteorologia anunciando uma nevasca que acabou não se concretizando –, nós partimos de carro de Denver rumo ao extremo nordeste do estado do Colorado, onde ao norte e a leste já se vê a divisa com Nebraska. No Instituto Correcional Sterling, um presídio que é quase como todos os outros presídios, com seu edifício comprido e baixo e cercas de arame farpado, nós fomos conduzidos por um longo corredor, passando por três pares de portas de correr, que eram trancadas após a nossa passagem, até chegar à sala de visitação.

Marc O'Leary estava vestindo um uniforme de presidiário verde e um boné. Havia um sombreado de barba por fazer acompanhando a linha da mandíbula. O rosto parecia mais flácido comparado ao da foto de admissão no sistema prisional. Ele piscava espasmodicamente, como se as pálpebras estivessem ligadas a um motor próprio. As mãos ficaram quase o tempo todo pousadas no colo, com o polegar esquerdo subindo e descendo sem parar.

– Eu leio bastante – disse ele, quando contou sua rotina na prisão. Ele lia textos de filosofia, ciências, psicologia ou "de coisas mais metafísicas, como taoismo…". – Tenho praticado meditação ultimamente. Tento não me deixar enredar pelos meus pensamentos. E também aprendi a costurar.

A família o visita cerca de duas vezes por mês. Eles não sabiam de nada a seu respeito – não sobre aquele seu lado oculto – até o dia em que ele foi levado para falar diante do juiz e recebeu a sentença.

– Eu passei décadas, um tempo enorme, aprendendo a esconder esse lado. E é claro que acabei ficando muito bom em fazer isso.

Nós perguntamos se ele havia cometido outros crimes que a polícia não descobrira ainda.

– Nenhum mais grave do que invasão de domicílio. – Foi a resposta dele.

– Você chegou a receber um diagnóstico formal de um psicólogo? – indagamos.

– Não – disse O'Leary. – A Justiça entendeu que, como eu sou capaz de montar um discurso coerente e não fico escrevendo maluquices num caderno em algum lugar, devo ser mentalmente são. Mas se sair por aí entrando na casa das pessoas e ficar montando encenações de estupro não configura um distúrbio mental, então acho que nós nos perdemos totalmente nessa definição.

O'Leary se pergunta se seu impulso não poderia ter sido cortado lá atrás, caso existisse algum programa para atender a garotos com fantasias perversas.

– Não existe um porto seguro para uma pessoa que está no limiar de enveredar ou sabe que já enveredou pelo caminho errado, nenhum lugar aonde ela possa ir e dizer: "Olhe, estou precisando de ajuda."

O sucesso de um programa de atendimento assim dependeria da atuação de profissionais capazes de compreender o impulso de querer estuprar – profissionais, em essência, que fossem pessoas como ele, foi o que nos disse O'Leary.

– Pouco importa se você tem vinte diplomas pendurados na parede, se é especialista em criminologia, psicologia ou seja lá o que for; eu jamais teria me aberto totalmente.

O'Leary nos disse que ele próprio está "infinitamente mais qualificado" para dar atendimento a estupradores em potencial.

Uma das maiores questões que havia nos levado até ali era a respeito do caso de Lynnwood. No momento em que ele viu a notícia de que a polícia encerrara a investigação, de que os detetives haviam concluído não ter acontecido um estupro, qual tinha sido sua reação? Ele havia se espantado?

– Eu só fiquei sabendo disso depois que já estava preso – respondeu O'Leary. – Soube pelo defensor público que cuidou do meu caso no Colorado.

Depois de cometer um estupro, ele nunca acompanhava os noticiários nem ficava procurando na internet os desdobramentos da investigação. Não via necessidade.

– Eu pensava neles às vezes, mas nunca acompanhava os casos. Porque eu… Levar uma vida dupla dá muito trabalho. Eu não dormia. Literalmente, estava vivendo duas vidas ao mesmo tempo. E a minha atenção não estava focada nas notícias. Eu meio que simplesmente presumi que a polícia devia estar investigando e ponto.

Durante os meses de pesquisa, nós passamos muitas horas conversando com especialistas sobre o tema do estupro – promotores, policiais, pesquisadores, profissionais de apoio às vítimas. Para Joanne Archambault, a sargento aposentada que redigiu um guia de protocolos para a investigação de alegações de estupro, o caso de Marie demonstra como o ceticismo por parte da polícia pode acabar se transformando em profecia autorrealizável: "Infelizmente, submeter vítimas a interrogatórios e confrontá-las a respeito de inconsistências em seu discurso só faz com que elas se retraiam e voltem atrás nas denúncias, o que reforça a crença existente entre os agentes da lei de que muitos desses casos são denúncias falsas."[3]

Em Lynnwood, os policiais não apenas interrogaram Marie, como também aplicaram a Técnica Reid, em geral reservada para casos como o de um suspeito de assalto. Eles lançaram provocações. Usaram informações falsas. Estudaram suas reações físicas. O uso dessa abordagem com a jovem foi "inadequado", conforme escreve o sargento Rinta no relatório da sindicância. Ele acrescenta: "A interpretação da linguagem corporal não é uma ciência exata e não deve ser usada como instrumento conclusivo para determinar a verdade, a menos que se esteja contando com o apoio de um especialista nessa área – o que certamente não se aplicava a Mason e Rittgarn." O uso da Técnica Reid vem sendo questionado de maneira geral, uma vez que o uso de testagem de DNA na perícia forense expôs a frequência com que pessoas inocentes acabam confessando crimes a agentes policiais. A Wicklander-Zulawski & Associates, uma firma de consultoria para profissionais de polícia, anunciou em 2017 que pararia de ensinar a técnica por conta do risco de confissões falsas. "Esse foi um passo significativo para nós, mas a decisão que levou a ele já vinha sendo elaborada há um tempo", declarou o presidente da companhia.[4] John Reid, o policial que deu nome à técnica, construiu sua reputação em parte graças a um caso de homicídio ocorrido em Nebraska, em 1955, em que ele conseguiu obter a confissão do crime de um jovem guarda-florestal chamado Darrel Parker.[5] Vinte e três anos mais tarde, Wesley Peery, um preso condenado à morte, admitiu ser o verdadeiro assassino. Parker foi formalmente inocentado apenas em 2012, um ano depois de a ficha criminal de Marie ter sido eliminada.[6]

O caso da jovem de Lynnwood traz outras lições também. Archambault alerta que as recordações de uma vítima de estupro podem ser desorganizadas, inconsistentes ou simplesmente estar erradas. Marie afirmou que o estuprador tinha olhos azuis. O'Leary tem olhos castanhos. Marie disse que sua altura era algo entre 1,70 metro e 1,75 metro. O'Leary tem 1,88 metro.

O caso dela é um exemplo dos riscos de se abreviar uma investigação e fazer o descarte do kit de estupro. Assim que desconfiou que Marie pudesse estar mentindo, a polícia suspendeu a investigação. No momento em que ficou concluído que era mesmo uma mentira, eles destruíram o material coletado no kit. Por todas as partes dos Estados Unidos, não faltam exemplos de posturas igualmente negligentes, e numa escala muito maior. Em 2007, o ano anterior àquele em que Marie foi estuprada, uma força-tarefa composta por investigadores das agências estaduais e do condado fez uma busca no departamento de polícia de Harvey, Illinois, e encontrou duzentos kits de estupro cujo material jamais fora enviado para análise. Dois anos mais tarde, em Detroit, um promotor assistente descobriu um lote de 11.341 kits não testados num depósito, "acumulando poeira".[7] Em 2015, uma apuração feita pelo jornal *USA Today* encontrou 70 mil kits não analisados em todo o território americano, ressaltando na matéria que esse número devia representar apenas uma fração da quantidade total.[8] Nesse mesmo ano, um levantamento feito pela Casa Branca apontou um total estimado de 400 mil kits não testados.

"Isso é uma tragédia. Realmente uma tragédia", diz Susan Irion, que fez parte da linha de frente do esforço que levou à adoção do uso dos kits, no fim da década de 1970.

Mas sob determinados aspectos – culturais e também políticos – já é possível ver algumas mudanças. Quando estava na polícia, Joanne Archambault percebia como as pessoas procuravam evitar o tema do estupro, e como a opinião pública preferia ver os recursos policiais investidos no combate a outros tipos de crime. Por outro lado, em 2015, o Ministério da Justiça dos Estados Unidos e a Procuradoria do Distrito de Manhattan investiram quase 80 milhões de dólares para reduzir a taxa de kits de estupro não analisados em todo o país.[9] Uma parceira importante nessa empreitada foi a Fundação Joyful Heart, uma ONG criada pela atriz Mariska Hargitay, do conhecido seriado televisivo *Lei e Ordem: SVU*. Em 2016, na cerimônia de entrega do Oscar, o então vice-presidente dos Estados Unidos, Joe Biden, afirmou que "é preciso mudar essa cultura" ao apresentar um número em que Lady Gaga cantava cercada por vítimas de crimes sexuais. Meses depois, houve uma mobilização da opinião pública quando o ex-nadador da equipe da Universidade de Stanford, Brock Turner, recebeu uma pena de apenas seis meses de prisão por ter violentado uma mulher enquanto ela estava inconsciente. Mais de um milhão de pessoas assinaram a petição on-line que pedia para que o juiz responsável pelo caso fosse destituído do cargo.

Enquanto isso, as unidades policiais voltadas para crimes sexuais passaram a se mostrar mais dispostas a adotar novas abordagens. Muitos investigadores hoje recebem treinamento em "técnicas de entrevista para casos envolvendo traumas", a partir das quais aprendem sobre os impactos neurológicos observados em vítimas de estupros. Eles são alertados para o fato de que perguntas sobre recordações sensoriais podem ajudar a resgatar outros detalhes a respeito do ocorrido. ("Que sons você se lembra de ter ouvido? Que cheiro estava sentindo na hora?") Aprendem que devem deixar a vítima falar sem interrupções, compreendendo que a descrição feita por ela talvez não se mostre linear. Eles aprendem a trabalhar com perguntas de resposta aberta e a evitar qualquer coisa que evoque o clima de um interrogatório.

Em Ashland, Oregon, cidade localizada diretamente ao sul de Lynnwood para quem segue pela Interstate 5, a detetive de polícia Carrie Hull iniciou um programa pioneiro chamado You Have Options.* Lançado em 2013, ele tem o objetivo de elevar a taxa de denúncias feitas por vítimas de crimes sexuais – aumentando também, assim, as chances de que agressores que cometem estupros em série sejam identificados. Hull sabia que muitas das vítimas desejam preservar sua privacidade,[10] e que elas têm medo de que duvidem de sua palavra. Assim, o programa que criou dá mais poder de escolha às vítimas para decidirem de que maneira os procedimentos policiais serão realizados, ou mesmo se eles serão realizados ou não. A vítima mantém o direito ao anonimato. Se a vítima se mostrar relutante quanto às acusações feitas, caberá à polícia acatar sua decisão. No primeiro ano da implantação do programa, o Departamento de Polícia de Ashland registrou um aumento de 106% nas denúncias de estupro. Desde então, mais de doze outras agências de combate ao crime adotaram o You Have Options, em estados como Virgínia, Missouri, Colorado e Washington.

A abordagem adotada pelo programa não é muito bem-vista por alguns policiais. Eles sentem como se estivessem recebendo ordens para não investigar crimes. Carrie Hull enxerga a coisa de outra forma. Informações fornecidas pela vítima sempre poderão ajudar a solucionar outros casos mais tarde. É como dizia o conselho que Grusing recebeu no FBI: o mais importante é fazer com que elas falem.

Nós levantamos os relatórios das investigações sobre O'Leary feitas nas polícias de Aurora, Lakewood, Westminster e Golden. São páginas e mais páginas de registros contando a história de um caso onde não sobraram pontas soltas – exceto por um único detalhe.

Depois de ter resgatado as fotos das vítimas de O'Leary, John Evans se dedicou a uma última tarefa: acessar a pasta "Canalha". Ele dedicou um dos sete computadores de alto desempenho à sua disposição em sua mesa no Laboratório Regional de Informática Forense das Montanhas Rochosas inteiramente a abrir a criptografia da pasta

---

* Você Tem Escolhas, em tradução literal. (N.T.)

com 75 gigabytes, na qual Marc O'Leary guardava seus segredos mais sigilosos. Vinte e quatro horas por dia, sete dias por semana, Evans rodava na máquina programas especializados em hacking que testavam senhas possíveis. Algumas delas eram ligadas aos vestígios da vida de O'Leary descobertos durante a busca feita na casa da rua Harlan. Senhas usadas anteriormente por ele. Endereços de e-mail. Nomes de amigos e familiares. Mas, em grande parte, os programas utilizados agiam como britadeiras, empregando um poder brutal de processamento de dados para martelar listas com milhares de palavras e senhas no programa de criptografia que protegia o arquivo. Nenhuma delas funcionava.

"Aquilo me deixou louco", conta Evans. "Eu acreditava que a pasta devia conter evidências de muitos outros crimes. Era um material que ele não queria que ninguém visse."

Depois de seis meses de tentativas ininterruptas, Evans decidiu que precisaria de uma britadeira mais forte. Ele enviou a pasta para a turma mais nerd do FBI, a Unidade de Criptologia e Análise Eletrônica da Divisão de Tecnologia Operacional. Um dos setores mais sigilosos da agência, essa unidade já havia ajudado a Agência Nacional de Segurança a rastrear milhões de contas de e-mail, e os cientistas, agentes e programadores que trabalham nela davam apoio a diversas unidades policiais locais que se viam às voltas com casos complicados envolvendo computadores. Mas nem mesmo os especialistas em criptologia de lá conseguiram acessar a pasta.

Evans arquivou o disco rígido contendo a pasta original no Departamento de Polícia de Golden. A caixa prateada, de aparência banal, foi deixada numa prateleira do armário de evidências, um dispositivo modelo WD3200AAKS, com número de série WMAWF0029012, ligado ao caso 1-11-000108.

Em alguns dias, quando Bob Weiner está fazendo seu treino de corrida pelas trilhas no alto da montanha, a pasta "Canalha" volta inesperadamente a ocupar seus pensamentos. Já se passaram anos desde que Marc O'Leary se declarou culpado. Ele recebeu uma pena de prisão perpétua. E mesmo assim nunca quis revelar a senha da pasta. Weiner fica se perguntando o que pode haver nela.

"Talvez sejam informações sobre um assassinato. Eu não faço ideia", o promotor diz. "De tempos em tempos, a pergunta volta à minha cabeça: *Que história é essa? O que tem na pasta?* Eu ainda penso sobre ela."

Após o estupro, as pessoas esperavam que Marie se mostrasse histérica ou em estado de choque. A jovem não queria abrir mão da normalidade, nem que para isso fosse preciso fingir. Uma vida normal era tudo o que ela mais desejava na época, e foi o que continuou almejando. "Basicamente, eu agi como se nada tivesse acontecido", ela disse, pensando em retrospecto. "Eu simplesmente desliguei toda aquela parte."

Foi por isso que, no dia do crime, ela pareceu tão distante. *Como se estivesse me contando que tinha preparado um sanduíche.* Foi por isso que, no dia seguinte, estava rolando na grama. As risadas costumam acontecer quando fica muito nervosa, ela diz.

Nós entrevistamos Marie pela primeira vez no primeiro semestre de 2015 – quase sete anos depois do estupro. Ela estava grávida do segundo filho. O marido havia saído para trabalhar.

As coisas que as pessoas estranharam no comportamento dela logo após o crime, Marie atribui à bagagem que trazia do passado. "Quando eu era pequena e vivia com minha mãe, nunca contava para ninguém as coisas que aconteciam comigo", ela nos disse. Marie nunca falou com ninguém sobre os abusos sexuais que sofreu quando criança. "Eu guardei tudo para mim. Não sei se aquele cara escapou, ou se acabou fazendo mal a outras pessoas. Mas não quis que dessa vez a coisa acabasse do mesmo jeito."

Foi por isso que contou do estupro para tanta gente – nos telefonemas que ela fez depois do crime e que pareceram tão inexplicáveis para Shannon e Peggy. Foi por isso também que ela contou tudo à polícia, em todas as vezes que lhe pediram que fizesse isso. A maior parte das vítimas de estupro nunca faz a denúncia. Marie fez. "Para que ninguém mais acabasse sofrendo", ela disse. "Porque, se eu denunciasse, eles iam atrás da pessoa que tinha feito aquilo comigo."

A maneira como a polícia negligenciou as evidências continua chocando Marie. "As marcas no meu pulso não eram de mentira", ela nos disse. "No dia seguinte, eu sentia dor se alguém sequer tentasse apertar minha mão. Uma dor que me fazia ter vontade de chorar."

Foi nesse dia que Peggy telefonou para Mason – o dia em que a dúvida se instalou e a polícia começou a procurar por qualquer variação mínima entre os relatos, o que é outro ponto que a incomoda. "Pode ter havido inconsistência nos detalhes. Mas em todas as versões uma pessoa tinha invadido a minha casa e me violentado."

Quando os policiais lhe disseram que Peggy e Jordan não acreditavam nela, "aquilo acabou comigo", Marie disse. Ela começou a duvidar de si mesma, chegando por vezes a se perguntar se não teria inventado a história. Talvez o estupro *tivesse mesmo* acontecido em sonho. E na hora em que confessou a mentira? "Ali, eu perdi tudo."

Ela perdeu a si mesma. A jovem de 18 anos ávida por iniciar uma vida adulta já não existia mais. A depressão tomou conta do seu ser.

Depois, ela passou a ter medo de sair na rua. Ficava o tempo todo em casa, assistindo à TV. À noite, tudo parecia pior. "Era terrível", ela contou. "Uma noite, eu tentei ir até uma loja sozinha e senti como se estivesse tendo alucinações de estar sendo seguida. Fiquei em pânico. Não cheguei nem a oitocentos metros de casa e corri de volta – quer dizer, voltei literalmente correndo, porque achei que tinha visto alguém me seguindo."

Ela então parou de sair depois que escurecia. Em casa, em seu apartamento, evitava entrar no quarto. Dormia sempre no sofá da sala, com as luzes acesas.

No dia em que soube que O'Leary tinha sido preso, Marie perguntou à polícia de Lynnwood quantas outras mulheres ele atacara. Seu pensamento recorrente era: se eu não tivesse voltado atrás, talvez essas mulheres tivessem sido poupadas. E isso se transformou em mais um peso em suas costas, por mais injusto que fosse ela ter de carregá-lo.

Marc O'Leary se declarou culpado dos dois crimes ocorridos em Washington. Quando o levaram ao estado para receber a sentença, Marie não compareceu à audiência. "Eu não queria ter que olhar para ele", conta ela. "Não teria condições de fazer isso."

A senhora de Kirkland esteve presente para ouvir a sentença de O'Leary. "Para mim era muito importante ver que era ele mesmo", ela disse. "A justiça estava sendo feita para ele e para mim também."

Ela fez uma declaração diante da Corte, mas evitou relatar detalhes do crime. "Eu não queria que ele revivesse o momento", conta. Ela não quis dar a ele essa satisfação. Depois do crime, passou a sofrer de estresse pós-traumático. O coração vivia tendo palpitações. As persianas das janelas de casa estavam sempre fechadas. Ela vivia sempre em alerta, atenta a qualquer ruído que fosse. As noites eram difíceis. Tomar banho passou a ser especialmente penoso, porque ela não conseguia ouvir o que se passava fora do banheiro e isso deixava um espaço livre para sua imaginação preencher como quisesse.

O'Leary foi condenado a quarenta anos de prisão pelo crime em Kirkland, e a 28 anos e meio por ter estuprado Marie.

Quando Marie passou a fazer a terapia determinada pelo acordo com o juiz, ela disse a verdade à terapeuta. Disse que havia sido estuprada. Depois da prisão de O'Leary no Colorado, ela quis ligar para a terapeuta para reiterar que estava dizendo mesmo a verdade quando relatou ter sido estuprada, só que não conseguiu contatá-la. Marie sabe que muita gente talvez não tenha ficado sabendo do desfecho da história. Seus colegas do projeto Ladder – os adolescentes que foram reunidos naquele dia para ouvi-la confessar que havia mentido –, será que eles souberam da verdade? Elisabeth soube. Ela era a garota que estava à direita de Marie, a única que ela sentiu que estava solidária à sua situação. Mais tarde, as duas ficaram amigas. Marie ficou sabendo que Elisabeth também tinha sido vítima de violência sexual, mas que não contara nada a ninguém com medo de que não acreditassem em sua palavra. Quanto aos outros que participaram daquela reunião, é pouco provável que todos tenham sabido o desdobramento da história. As pessoas tocam a vida adiante, levando consigo suas noções equivocadas das coisas.

Na internet, a "linha do tempo mundial de falsas denúncias de estupro" mantida pelo sujeito de Londres continua exibindo até hoje o caso de Marie em Lynnwood. O nome dela continua sendo usado para dar força ao argumento do sexo consensual seguido de arrependimento. A verdade ainda não venceu a mentira.

Pedimos que Marie fizesse um resumo do que aconteceu em sua vida desde a notícia de que O'Leary havia sido preso.

Com os 500 dólares que recebeu naquele dia ela comprou um celular novo, porque o velho estava quebrado. Comprou roupas. Deu parte do dinheiro para uma amiga.

Com ajuda de Shannon, Marie tirou a carteira de motorista definitiva. No mesmo dia em que passou na prova prática, ela marcou a data para fazer mais uma, pois estava frequentando a autoescola para se habilitar como motorista de caminhão. A vida na estrada lhe parecia uma boa alternativa, assim como a chance de ficar bem longe de Washington. E aquele era um trabalho que mostraria que ela não precisava ser definida pelo seu passado. "Eu só não queria ter que continuar odiando a vida e passar o tempo todo sentindo medo."

Ela foi aprovada na prova para motorista profissional na primeira tentativa. No mesmo dia em que recebeu a carteira, embarcou num voo para o leste para uma entrevista de emprego e ficou com a vaga, que lhe exigiria não apenas a habilidade de dirigir caminhões como a de manusear uma marreta de quase quatro quilos usando macacão, óculos de proteção e um capacete. O emprego seguinte foi só como motorista: ela transportava água potável para minas de extração. Depois, passou a fazer o transporte de tubulação para plataformas de perfuração.

Pela internet, ela conheceu um homem. A primeira mensagem dele chegou quando estava na cabine do caminhão, esperando para descarregar um lote de canos. "A conversa entre a gente fluiu bem desde o primeiro momento." Para Marie, ele também pareceu alguém em quem era fácil confiar. "Foi o primeiro cara que me convidou para jantar."

Os dois se casaram e tiveram um filho. Poucos meses depois de nossa primeira entrevista com ela, nasceu o segundo bebê. A família hoje mora em algum lugar da parte central do país.

No segundo semestre de 2016, Marie deu um telefonema quando estava na estrada. Seu caminhão rodava pela Pensilvânia, a caminho do Maine para fazer uma entrega. Quando Stacy Galbraith atendeu, Marie se apresentou. Falou seu nome completo e explicou para Galbraith quem era – a mulher da fotografia de O'Leary. "Eu quero agradecer a você pelo trabalho que fez", Marie disse à detetive, e à medida que falava sua voz começou a fraquejar. Galbraith perguntou como ela estava. Marie contou que havia se casado e que tinha dois filhos. Galbraith falou que ela também tinha dois. A conversa não durou muito tempo, não mais do que quinze minutos, talvez, mas tudo que Marie queria, tudo que precisava fazer de verdade era dizer para Stacy Galbraith como o trabalho dela havia sido importante. Antes da prisão de O'Leary, sua vida tinha ficado empacada, e ela não havia conseguido nem mesmo tirar a carteira de motorista.

"Galbraith fez com que eu pudesse seguir em frente", conta Marie.

A bordo de sua carreta de dezoito rodas, Marie saiu da Pensilvânia e rumou para a região da Nova Inglaterra, cobrindo os últimos oitocentos quilômetros do trajeto. Chegando à extremidade nordeste do país, ela descarregou a caçamba, pegou uma nova carga e partiu de volta para oeste, rumo à Califórnia.

UMA NOTA DOS AUTORES

Nós – e quando digo "nós" estou me referindo a T. Christian Miller e Ken Armstrong – chegamos a esta história por caminhos distintos, e então acabamos esbarrando um no outro enquanto a explorávamos.

Miller estava trabalhando para a ProPublica, um grupo jornalístico dedicado a reportagens investigativas. Em 2015, ele preparava uma série de artigos sobre falhas policiais em investigações de estupro. Já havia escrito sobre o ViCAP, a base de dados montada pelo FBI para em seguida praticamente ficar deixada de lado. Tinha escrito sobre o fracasso da polícia em deter Darren Sharper, ex-astro do futebol americano que, por fim, acabou condenado por ter estuprado ou tentado estuprar nove mulheres em quatro estados diferentes. Enquanto apurava essas matérias, ele ouviu falar sobre Marc O'Leary, culpado por cometer estupros em série e que fora capturado no Colorado graças a uma ação conjunta exemplar entre agências policiais de jurisdições diferentes. Miller iniciou sua investigação nos arredores de Denver, para enfim documentar uma investigação que havia sido eficaz.

Enquanto isso, Armstrong morava em Seattle e trabalhava para o Marshall Project, uma organização jornalística sem fins lucrativos que faz coberturas ligadas à Justiça Penal. Ele sabia do caso de Marie porque tinha sido noticiado pela imprensa local, mas a jovem nunca quis falar com ninguém da mídia. Assim como o sargento Rinta – o investigador especializado em crimes sexuais incumbido de avaliar em sindicância os colegas de Lynnwood –, Armstrong se flagrou imaginando o sofrimento de Marie quando a acusaram de estar mentindo. Ele decidiu fazer contato com ela para saber se estaria disposta a contar sua história, e depois de sete meses de trocas de e-mails e telefonemas, ela concordou em falar. A partir de meados de 2015, Ken Armstrong e Robyn Semien, produtora do programa de rádio *This American Life,* entrevistaram Marie, Peggy, Shannon, o sargento Mason e outras pessoas ligadas ao caso. Armstrong tratou também de reunir os registros da polícia de Lynnwood, a fim de montar a reconstrução de uma investigação que dera errado.

No segundo semestre de 2015, Miller começou a apurar a parcela dos crimes de O'Leary cometida em Washington e entrou em contato com o advogado de Marie, H. Richmond Fisher. O que Fisher lhe disse foi algo que nenhum jornalista jamais quer ouvir: já havia outro repórter fazendo a apuração da história. Veículos da imprensa podem ser ainda mais territoriais do que departamentos de polícia, então essa descoberta resultou em alguns xingamentos proferidos pelas chefias dos dois lados, mas a nossa decisão foi passarmos a trabalhar juntos. Costuramos as duas metades numa coisa só – a investigação que dera errado atrelada à que havia sido feita do jeito certo. Em dezembro de 2015, publicamos um artigo de 12 mil palavras intitulado "An Unbelievable Story Of Rape",* que ressaltava os contrastes entre a investigação policial do Colorado e a de Washington e expunha o custo emocional que a história tivera para Marie. Em fevereiro de 2016, foi ao ar no *This American Life* o "Anatomy Of a Doubt",** explicando como as desconfianças com relação à história contada por Marie haviam surgido e começado a se alastrar. Era "uma história de pessoas fazendo exercício da empatia e falhando nisso", como o locutor Ira Glass dizia logo na abertura. Mas, mesmo depois de termos concluído essas duas reportagens, nós ainda sentíamos que havia mais a ser dito. Nós queríamos ir atrás das raízes históricas do ceticismo com que tantas vítimas de estupro se deparam e investigar as concepções equivocadas que podem afetar a eficácia do trabalho de

---

* "A história inacreditável de estupro", em tradução literal. (N.T.)
** "Anatomia de uma dúvida", em tradução literal. (N.T.)

alguns detetives. Queríamos traçar um perfil de Marc O'Leary e de toda a rede de agentes da lei envolvidos em sua captura. Queríamos examinar o caso de Marie à luz de um contexto nacional, a fim de mostrar que, por mais terrível que tenha sido o calvário dessa jovem, existem outras vítimas que passam basicamente pela mesma situação.

E assim surgiu este livro.

À medida que fazíamos a apuração, nós nos enchemos de admiração pela disposição das pessoas que concordaram em falar sobre assuntos tão dolorosos. Marie concordou em ser entrevistada por acreditar que quanto mais sua experiência se tornasse conhecida, menos chances ela teria de vir a se repetir. Peggy e Shannon aceitaram falar acreditando que talvez outras pessoas pudessem aprender com os erros que elas cometeram. O mesmo aconteceu com os membros da polícia de Lynnwood, incluindo o comandante Rider, o sargento Cohnheim e o policial responsável pelo caso, o sargento Mason.

Nós fizemos tentativas, sem sucesso, de conversar com Jerry Rittgarn, ex-detetive da polícia de Lynnwood. Ele nos respondeu por e-mail dizendo que ficava incomodado com a ideia de que a polícia da cidade fosse mostrada como tendo intimidado Marie ("comportamento intimidador" foi o termo usado pelo sargento Rinta em seu relatório), afirmando que essa imagem estaria "longe de ser verdadeira. Quando se está diante de vítimas que mentem para a polícia e, em seguida, procuram atrair atenção por meio de relatos enviesados publicados na mídia, o caso vira objeto de sensacionalismo, e a verdade completa não vem à tona. Se desejam fazer uma apuração factual do que aconteceu, incluindo entrevistas, evidências etc., eu me disponho a contribuir mediante um contrato de compensação financeira". A nossa resposta foi informar que não trabalhávamos com entrevistas pagas.

Ao escrevermos sobre o tema do estupro, muitas vezes nos vimos tendo que equilibrar objetivos conflitantes. Na descrição dos ataques, por exemplo, quisemos incluir um grau de detalhamento capaz de retratar o horror que O'Leary fazia suas vítimas passarem. Ao mesmo tempo, entretanto, queríamos evitar a violência gratuita nas descrições. Ao escrevermos sobre as vítimas dos crimes, procuramos omitir detalhes que pudessem ser usados para identificá-las. (E por isso dissemos que

Sarah cantava num coral de igreja, sem mencionar de qual igreja.) Ao mesmo tempo, era importante que descrevêssemos as mulheres de modo que parecessem pessoas de verdade, e não caricaturas, e fazer isso requer um certo grau de detalhamento. Outro desafio foi a terminologia. Neste parágrafo, e em outros pontos do livro, nós usamos a palavra "vítima" para nos referir a Marie e às outras mulheres atacadas por O'Leary. Algumas pessoas atingidas – mas definitivamente não todas – prefeririam os termos "sobrevivente" ou "vencedora". Nós optamos pelo termo mais comum, "vítima", como descritor geral, mas, por sabermos que uma das mulheres atacadas por O'Leary não se identifica com essa palavra, evitamos utilizá-la nas referências específicas e individuais feitas a ela. Ao descrever os atos de O'Leary procuramos evitar também qualquer linguagem que pudesse ser associada ao sexo consensual – trocando, por exemplo, a palavra "acariciar" por "apalpar".

Como costuma ser comum para proteger o anonimato de vítimas de crimes sexuais, alguns dos nomes citados no livro foram trocados. Nós nos referimos às pessoas que fazem parte da vida de Marie – seus amigos, familiares e outros – usando apenas seus primeiros nomes. No caso das vítimas e de suspeitos que, mais tarde, foram inocentados, em geral optamos por usar pseudônimos, ou, no caso da própria Marie, seu nome do meio verdadeiro (que ela nunca usa). Os nomes completos das vítimas foram revelados nos casos em que elas escolheram ser identificadas publicamente. Nós também usamos os nomes completos de policiais, promotores, juízes e outros funcionários públicos, além, é claro, de Marc O'Leary.

Ao longo da apuração e redação deste livro nós tentamos ficar atentos a possíveis pontos cegos. No caso deste projeto, um dos maiores deles talvez seja a questão do gênero: enquanto a imensa maioria das vítimas de crimes sexuais são mulheres, nós somos dois homens abordando o assunto. Felizmente, nós pudemos contar com o apoio de mulheres envolvidas tanto com o projeto quanto em nossas vidas pessoais. Rachel Klayman e Emma Berry foram as editoras do livro, e a editora Crown é dirigida por uma mulher, Molly Stern. Nós buscamos também outras leitoras do sexo feminino (incluindo nossas esposas) que pudessem ler e avaliar as primeiras versões. Tivemos, ainda, a consultoria de especialistas no estudo de traumas e violência sexual. A lista dos profissionais que gentilmente ofereceram sua contribuição inclui Bruce Shapiro, diretor executivo do Centro Dart para Jornalismo e Trauma; Joanne Archambault, CEO do End Violence Against Women International; e a professora do Departamento de Psicologia da Universidade Estadual do Michigan Rebecca Campbell, um nome proeminente na pesquisa a respeito de crimes sexuais.

Por fim, Marie concordou em revisar nosso manuscrito para verificar a exatidão das informações, e se comprometeu a nos avisar caso houvesse detalhes ou trechos em que tivéssemos nos equivocado e contribuído para agravar desnecessariamente o mal que ela sofreu. A resiliência de Marie é algo notável. O mesmo se pode dizer sobre a generosidade de seu espírito e de sua compreensão de tudo de positivo que pode surgir caso sua história se torne mais conhecida e divulgada. Esperamos ter feito justiça ao périplo enfrentado por ela, e queremos ressaltar que a responsabilidade por quaisquer erros que possam ter restado no livro deve recair sobre nós, autores.

NOTAS

Este livro se baseou em entrevistas, documentos e apuração de dados.

As pessoas entrevistadas para os trechos da história passados em Washington foram Marie; suas mães adotivas Peggy e Shannon; o amigo Jordan; James Feldman, o defensor público de Marie quando ela foi acusada de ter feito uma denúncia falsa à polícia; H. Richmond Fisher, seu advogado no processo civil movido contra Lynnwood; os sargentos Jeffrey Mason e Rodney Cohnheim e o comandante Steve Rider, do Departamento de Polícia de Lynnwood; o cabo Jack Keesee e a detetive Audra Weber, do Departamento de Polícia de Kirkland; e a senhora idosa de Kirkland que foi atacada sexualmente.

Para compor a parte da história do Colorado nós entrevistamos, entre outros, a detetive Stacy Galbraith e o especialista em informática John Evans, do Departamento de Polícia de Golden; a sargento Edna Hendershot, o policial David Galbraith, o sargento Trevor Materasso, a analista de criminologia Laura Carroll, a perita criminal Katherine Ellis e a profissional de apoio a vítimas Amy Christensen, do Departamento de Polícia de Westminster; o detetive Aaron Hassell, a analista criminal Danelle DiGiosio e a criminalista Sheri Shimamoto, do Departamento de Polícia de Lakewood; o detetive Scott Burgess e a analista de criminologia Dawn Tollakson, do Departamento de Polícia de Aurora; o promotor público adjunto Robert Weiner e a assessora de informações ao público Pam Russell, da Procuradoria do Condado de Jefferson; o agente especial Jonathan Grusing e a especialista em relações-públicas Deborah Sherman, do FBI; Sharon Whelan, a vizinha que reparou na picape branca estacionada do outro lado da rua; e Melinda Wilding, professora de filosofia de Marc O'Leary.

Algumas das entrevistas foram realizadas quando os autores estavam apurando material para a reportagem "An Unbelievable Story of Rape", publicada pelo portal ProPublica e pelo Marshall Project em 16 de dezembro de 2015.

Para compreender melhor o universo das investigações de crimes sexuais, nós entrevistamos policiais da ativa e aposentados, detetives, magistrados, profissionais de apoio a vítimas e uma lista de acadêmicos que inclui Cassia Spohn, diretora da Escola de Criminologia e Justiça Penal da Universidade Estadual do Arizona; Rebecca Campbell, professora e pesquisadora da Universidade Estadual do Michigan; Jennifer Gentile Long, CEO da AEquitas, um instituto de consultoria para magistrados especializado em casos de violência contra a mulher; o ex-sargento Jim Markey e o analista de criminologia Jeff Jensen, do Departamento de Polícia de Phoenix, Arizona; o major J.R. Burton, comandante da Divisão de Investigações Especiais do Gabinete do Xerife do Condado de Hillsborough, Flórida; Ritchie Martinez, ex-presidente da Associação Internacional de Analistas de Inteligência de Segurança Pública; Anne Munch, consultora e ex-promotora da Procuradoria de Denver; a detetive Carrie Hull, do Departamento de Polícia de Ashland, Oregon; a sargento Liz Donegan, do Departamento de Polícia de Austin, Texas; e Lisa Avalos, professora de direito da Universidade do Arkansas.

Nós entrevistamos Marc O'Leary no Instituto Correcional Sterling, no Colorado.

Foram feitas também entrevistas com profissionais experientes nas investigações de estupros ou que tivessem tido um papel relevante na história do desenvolvimento de ferramentas para essas investigações, incluindo Joanne Archambault, Kimberly Lonsway e Susan Irion.

Para informações sobre o programa ViCAP, do FBI, nós entrevistamos, do próprio programa, Art Meister, ex-chefe da unidade; Timothy

Burke, o atual chefe; o analista de criminologia Nathan Graham; Kenneth Gross, supervisor de agentes especiais e assessor jurídico da divisão; Kevin Fitzsimmons, supervisor de criminologia; e Mark A. Nichols, assistente-chefe de setor. A respeito do ViCAP, nós conversamos também com a escritora Patricia Cornwell.

Nós recebemos mais de 10 mil páginas de documentos por meio de requisições de registros públicos feitas aos departamentos de polícia de Lynnwood e Kirkland, em Washington, e de Golden, Westminster, Aurora e Lakewood, no Colorado; e também às Procuradorias dos Condados de Snohomish e King, em Washington, e do Condado de Jefferson, no Colorado, além da Prefeitura de Lynnwood e do FBI.

Esses documentos (junto com registros adicionais levantados nos tribunais municipais, regionais e federais) incluíam fotografias de cenas de crimes; imagens de câmeras de segurança solicitadas por instituições policiais; laudos médicos e psicológicos; a gravação em vídeo de uma entrevista com Marc O'Leary feita pelo FBI; os arquivos do serviço militar de O'Leary; históricos profissionais de agentes da polícia; relatórios sobre participantes do projeto Ladder; entrevistas policiais com vítimas e testemunhas, transcritas na íntegra ou em versões reduzidas; um extrato dos gastos de cartão de débito de O'Leary; e os relatórios das sindicâncias interna e externa feitas a respeito da investigação do caso de Marie pela polícia de Lynnwood. Em determinados momentos, houve documentos criados especialmente para o projeto do livro, como a transcrição que solicitamos da audiência onde foi determinada a sentença de O'Leary no Colorado.

Com ajuda do ProPublica e do projeto Marshall, analisamos os dados dos Relatórios Unificados de Estatísticas Criminais do FBI, situando o número de casos de estupro classificados como "improcedentes" em Lynnwood em comparação com estatísticas do resto do país.

296 FALSA ACUSAÇÃO

Capítulo 1: A ponte
Documentos: relatórios do Departamento de Polícia de Lynnwood produzidos por Rittgarn, Mason e outros policiais; relatórios do projeto Ladder do dia 18 de agosto de 2008; as declarações por escrito entregues por Marie à polícia; e transcrições de notícias da TV sobre a retratação de Marie, junto com material em vídeo do dia 15 de agosto de 2008 do telejornal da King 5.

1 Noticiário *Northwest Cable News*, de 16 de agosto de 2008, edições das 10h30 e 16h30.
2 Noticiário *King 5 News*, de 15 de agosto de 2008, edição das 18h30.
3 "Nova alegação de estupro falsa e sem motivo é desmascarada", *Comunidade dos Acusados Injustamente*, 21 de agosto de 2008, disponível em falserapesociety.blogspot.com/2008/08/another-motive-less-false-rape-claim.html.
4 "Linha do tempo internacional de alegações falsas de estupro, 1674-2015: compilação e comentários de Alexander Baron", acessada em 5 de fevereiro de 2017, disponível em infotextmanuscripts.org/falserape/a-false-rape-timeline.html.
5 Alexander Baron, "Linha do tempo internacional de alegações falsas de estupro, 1674-2015: introdução", acessada em 5 de fevereiro de 2017, disponível em infotextmanuscripts.org/falserape/a-false-rape-timeline-intro.html.
6 "Anatomy of Doubt", *This American Life*, episódio 581, de 26 de fevereiro de 2016.

Capítulo 2: Caçadores
Documentos: registros públicos dos Departamentos de Polícia de Golden, Westminster e Aurora e do FBI. Leitores que desejem mais informações sobre investigação policial de agressões sexuais poderão consultar os módulos de treinamento do End Violence Against Women International, que reúnem uma coletânea abrangente de boas práticas; *Rape Investigation Handbook*, de John O. Savino e Brent E. Turvey (San Diego: Elsevier Science, 2011, 2ª edição); *Policing and Prosecuting Sexual Assault: Inside*

The Criminal Justice System, de Cassia Spohn e Katharine Tellis (Boulder: Lynne Rienner Publishers, 2014); e, "The National Problem of Untested Sexual Assault Kits (SAKs): Scope, Causes, and Future Directions for Research, Policy, and Practice", de Rebecca Campbell, Hannah Feeney, Giannina Fehler-Cabral, Jessica Shaw e Sheena Horsford (*Trauma, Violence & Abuse*, edição de 23 de dezembro de 2015, p. 1-14).

1 "Criminal Victimization, 2014", de Jennifer L. Truman e Lynn Langton, publicado pelo Ministério da Justiça dos Estados Unidos, Agência de Estatísticas Judiciais.

2 Savino e Turvey, *Rape Investigation Handbook*, p. 25.

3 "Start by Believing: Ending the Cycle of Silence in Sexual Assault", do End Violence Against Women International, acessado em 22 de fevereiro de 2017, disponível em startbybelieving.org/home.

4 "Tour pela cervejaria Coors", da MillerCoors, acessado em 22 de abril de 2017, disponível em millercoors.com/breweries/coors-brewing--company/tours.

5 "História de Golden", em Prefeitura de Golden, acessado em 22 de abril de 2017, disponível em cityofgolden.net/live/golden-history/.

6 "CDOT quer opiniões do público sobre relatório preliminar de impacto ambiental da via I-70 Leste", Departamento de Trânsito do Colorado, CDOT, acessado em 27 de agosto de 2014, disponível em codot.gov/projects/i70east/assets/sdeis-i-70-release-082614. O CDOT informa que a média de tráfego na via chega a 205 mil veículos por dia, o que dá uma média de 8.541 a cada hora.

Capítulo 3: Ondas e montanhas

Documentos: "Parecer do especialista", uma avaliação de Marie feita pelo dr. Jon R. Conte de 18 de outubro de 2013 e arquivada como evidência judicial; relatórios policiais do Departamento de Polícia de Lynnwood redigidos por Mason; e documentação cedida pelo Condado de Snohomish a respeito do projeto Ladder.

1 "Programa de assistência à população sem-teto (HGAP) 2007, resumo do projeto", documento de três páginas gerado no Condado de Snohomish em outubro de 2007.

2 "Programa de assistência à população sem-teto (HGAP) 2006-2007, documentação do projeto", documento de quatro páginas do Condado de Snohomish que contextualiza, delineia os possíveis resultados e fornece um cronograma para o projeto.

3 Judith M. Broom, *Lynnwood: The Land, The People, The City*. Seattle: Peanut Butter Publishing, 1990. p. 49.

Capítulo 4: Uma alquimia violenta

Documentos: registros públicos dos Departamentos de Polícia de Westminster e Aurora, do Gabinete do Xerife do Condado de Boulder e do FBI. Para uma discussão mais ampla a respeito de denúncias falsas de agressão sexual, consultar *Policing and Prosecuting Sexual Assault: Inside The Criminal Justice System*, de Cassia Spohn e Katharine Tellis (Boulder: Lynne Rienner Publishers, 2014).

1 "Curiosidades sobre Arvada", Prefeitura de Arvada, acessado em 22 de abril de 2017, disponível em arvada.org/about/our-community/arvada-fun-facts.

2 Philip N. S. Rumney, "False Allegations of Rape", *Cambridge Law Journal*, 65, p. 125-158, março de 2006.

3 Susan Brownmiller, *Against Our Will: Men, Women and Rape*. Nova York: Fawcett Columbine, 1975. p. 387.

4 Kimberly Lonsway, Joanne Archambault e David Lisak, "False Reports: Moving Beyond the Issue to Successfully Investigate and Prosecute Non-Stranger Sexual Assault", *The Voice*, Centro Nacional pela Criminalização da Violência Contra a Mulher, 2009.

5 Edna Hendershot, Alverd C. Stutson e Thomas W. Adair, "A Case of Extreme Sexual Self-Mutilation", *Journal Of Forensic Sciences*, 55, p. 245-247, janeiro de 2010.

6 Rebecca Campbell, "The Neurobiology of Sexual Assault", apresentação em conferência do dia 3 de dezembro de 2012 realizada com apoio do

Instituto Nacional de Justiça, transcrição acessada em 13 de junho de 2017, disponível em nij.gov/multimedia/presenter/presenter-campbell/Pages/presenter-campbell-transcript.aspx. Alguns estudiosos têm levantado questões sobre a possibilidade de profissionais de apoio às mulheres estarem superestimando o impacto cerebral das situações de trauma como um movimento para reduzir o ceticismo dos investigadores com relação às lembranças das vítimas. Para mais informações, ver, por exemplo, Emily Yoffe, "The Bad Science Behind Campus Response to Sexual Assault", *The Atlantic*, 8 de setembro de 2017.

7 Dorthe Bernsten, "Tunnel Memories for Authobiographical Events: Central Details Are Remembered More Frequently from Shocking Than from Happy Experiences", *Memory & Cognition* 30, n. 7, p. 1010-1020, outubro de 2002.

Capítulo 5: Batalha perdida

Documentos: registros públicos do Departamento de Polícia de Golden, do FBI e das Procuradorias dos Condados de Jefferson (Colorado), Snohomish (Washington) e King (Washington).

1 "Compreendendo o teste ASVAB", Exército dos Estados Unidos, acessado em 22 de abril de 2017, disponível em goarmy.com/learn/understanding-the-asvab.html.

2 "9º Regimento de Infantaria (Estados Unidos)", *Wikipedia*, acessado em 22 de abril de 2017, disponível em en.wikipedia.org/wiki/9th_Infantry_Regiment_(United_States).

3 Jon Rabiroff e Hwang Hae-Rym, "'Juicy Bars' Said to Be Havens for Prostitution Aimed at US Military", *Stars and Stripes*, 9 de setembro de 2009.

Capítulo 6: Homem branco, olhos azuis, suéter cinza

Documentos: relatórios policiais de Lynnwood escritos por Miles, Nelson, Kelsey, Mason e Rittgarn; ficha profissional de Mason no Departamento de Polícia de Lynnwood; perfil de Rittgarn no LinkedIn; fotografias de cena de crime feitas por Miles; e laudos médicos do exame de corpo de delito de Marie, anexados como evidências do processo movido por ela contra Lynnwood. As citações de Marty Goddard – assim como muitos detalhes a respeito dos primeiros kits de estupro – foram tiradas de relatos orais ouvidos na Universidade de Akron; Goddard foi entrevistada em 26 de fevereiro de 2003, em Sacramento, Califórnia. A transcrição da entrevista pode ser lida em vroh.uakron.edu/transcripts/Goddard. php. Na pesquisa sobre a história dos kits de estupro, outras fontes que se provaram úteis foram os artigos: "Vitullo Kit Helps Police Build Case Against Rapists", de Bonita Brodt para o *Chicago Tribune*, de 31 de julho de 1980; "The Story Behind The First Rape Kit", de Jessica Ravitz para a CNN, atualizado em 21 de novembro de 2015; e "Crime Lab Expert Developed Rape Kits", de Chris Fusco para o *Chicago Sun-Times*, de 12 de janeiro de 2006.

1   Jessica Ravitz, "The Story Behind The First Rape Kit", CNN, 22 de novembro de 2015, disponível em edition.cnn.com/2015/11/20/health/ rape-kit-history/index.html.

2   Bonita Brodt, "Vitullo Kit Helps Police Build Case Against Rapists", *Chicago Tribune*, 31 de julho de 1980.

3   Ann Wolbert Burgess e Lynda Lytle Holmstrom, *Rape: Crisis and Recovery*. West Newton: Awab, 1979. p. 36.

4   Ibidem.

5   Brodt, "Vitullo Kit Helps Police Build Case Against Rapists", 1980.

6   Kimberly A. Lonsway, Joanne Archambault e Alan Berkowitz, "False Reports: Moving Beyond the Issue to Successfully Investigate and Prosecute Non-Stranger Sexual Assault", End Violence Against Women International, maio de 2007.

7   Joanne Archambault, T. Christian Miller e Ken Armstrong, "How Not To Handle a Rape Investigation", *Digg*, 17 de dezembro de 2015, disponível em digg.com/dialog/how-not-to-handle-a-rape-investigation#comments.

8   Ibidem.

9   Ronnie Garrett, "A New Look at Sexual Violence", *Law Enforcement Technology*, setembro de 2005.

NOTAS 301

10 Ibidem.

11 "Investigando agressões sexuais", Procedimento Modelo, IACP Centro Nacional de Polícia e Segurança Pública, maio de 2005.

Capítulo 7: Irmãs
Documentos: registros públicos dos Departamentos de Polícia de Golden, Westminster e Aurora e do FBI. Interessados em saber mais sobre o programa ViCAP podem procurar o livros *Cold Case Homicides: Practical Investigative Technniques,* de Richard H. Walton (Boca Raton: CRC/Taylor & Francis, 2006); e *Into The Minds of Madmen: How the FBI's Behavioral Science Unit Revolutionized Crime Investigation,* de Don DeNevi e John H. Campbell (Amherst: Prometheus Books, 2004). Existe uma série de livros policiais de ficção inspirada pelo ViCAP que começa com *Blood Sport,* de Michael Newton (Clinton: Wolfpack Publishing, 1990).

1 "Perguntas mais frequentes sobre o CODIS e o NDIS", *FBI,* acessado em 22 de abril de 2017, disponível em fbi.gov/services/laboratory/biometric-analysis/codis/codis-and-ndis-fact-sheet.

2 Matt Sebastian, "JonBenét Investigation the CBI's Largest Ever", *Daily Camera,* 3 de fevereiro de 1999.

3 Joanne Archambault, Kimberly A. Lonsway, Patrick O'Donnell e Lauren Ware, "Laboratory Analysis of Biological Evidence and the Role of DNA in Sexual Assault Investigations", End Violence Against Women International, novembro de 2015.

4 "Alice Stebbins Wells", Associação Internacional de Policiais Femininas, acessado em 22 de abril de 2017, disponível em iawp.org/history/wells/alice_stebbins_wells.htm.

5 Penny E. Harrington, *Recruiting & Retaining Women: A Self-Assessment Guide for Law Enforcement,* Centro Nacional para Mulheres & Policiamento, divisão da fundação Feminist Majority, 2000.

6 Robert J. Homant e Daniel B. Kennedy, "Police Perceptions of Spouse Abuse: A Comparison of Male and Female Officers", *Journal of Criminal Justice,* 13, p. 29-47, dezembro de 1985.

7 Carole Kennedy Chaney e Grace Hall Saltzstein, "Democratic Control and Bureaucratic Responsiveness: The Police and Domestic Violence", *American Journal of Political Science* 42, n. 3, p. 745-768, julho de 1998.

8 Kenneth J. Meier e Jill Nicholson-Crotty, "Gender, Representative Bureaucracy, and Law Enforcement: The Case of Sexual Assault", *Public Administration Review*, 66, n. 6, p. 850-860, novembro/dezembro de 2006.

9 Joanne Archambault e Kimberly A. Lonsway, "Training Bulletin: Should Sexual Assault Victims Be Interviewed by Female Officers and Detectives?", End Violence Against Women International, fevereiro de 2015.

10 Harrington, *Recruiting & Retaining Women: A Self-Assessment Guide for Law Enforcement*, 2000.

11 Lynn Langton, "Mulheres na segurança pública entre 1987 e 2008", Compilação de Dados sobre Crimes para a Agência de Estatísticas Judiciais, junho de 2010.

12 Congressso dos Estados Unidos da América, "Assassinos em série: audiência do Subcomitê de Justiça do Menor do Comitê Judiciário do Senado Americano, 98ª assembleia, sessão 1, sobre padrões de homicídios cometidos por uma única pessoa, contra grande número de vítimas, sem consonância, razão ou motivação aparente", julho de 1983.

13 Congresso dos Estados Unidos da América, "Assassinos em série: audiência do Subcomitê de Justiça do Menor do Comitê Judiciário do Senado Americano".

14 Don DeNevi e John H. Campbell, *Into the Minds of Madmen*, 2004.

15 Stanley A. Pimentel, "Entrevista com o ex-agente especial do FBI Roger L. Depue (1968-1989)", *Associação dos Ex-Agentes Especiais do FBI*, disponível em nleomf.org/assets/pdfs/nlem/oral-histories/FBI_Depue_interview.pdf.

16 Robert J. Morton (org.), "Assassinatos em série: perspectivas multidisciplinares para investigadores", Agência Federal de Investigação (Unidade de Análise Comportamental 2, Centro Nacional de Análise de Crimes Violentos), disponível em fbi.gov/stats-services/publications/serial-murder.

17 Kevin M. Swartout, Mary P. Koss, Jacquelyn W. White, Martie P. Thompson, Antonia Abbey e Alexandra L. Bellis, "Trajectory Analysis of the Campus Serial Rapist Assumption", *JAMA Pediatrics*, 169, n. 12, p. 1148-1154, dezembro de 2015.

18 David Lisak e Paul M. Miller, "Repeat Rape and Multiple Offending Among Undetected Rapists", *Violence and Victims*, 17, n. 1, p. 73-84, 2002.

19 Morton, "Assassinatos em série: perspectivas multidisciplinares para investigadores".

20 T. Christian Miller, "The FBI Built a Database That Can Catch Rapists – Almost Nobody Uses It", *ProPublica*, 30 de julho de 2015.

Capítulo 8: "Algo no modo como ela falou"
Documentos: relatórios policiais do Departamento de Polícia de Lynnwood redigidos por Mason e Rittgarn; as declarações por escrito de Marie, uma entregue no dia 13 de agosto e duas em 14 de agosto; ficha profissional de Mason; perfil de Rittgarn no LinkedIn; relatórios das sindicâncias externa e interna da investigação da polícia de Lynnwood; relatórios de caso do projeto Ladder de 15 de agosto e 18 de agosto; correspondência entre a polícia de Lynnwood e o Programa de Indenização a Vítimas de Crimes do estado do Colorado. Os relatórios de Mason e Rittgarn descreviam em detalhes os diálogos entre eles e Marie quando ela foi interrogada nos dias 14 e 18 de agosto. O trecho que narra como Marie foi confrontada com dúvidas levantadas por Jordan e Peggy foi tirado da nossa entrevista com a jovem. (Jordan também relatou que Marie telefonou para ele em seguida para dizer que tinha ouvido dos policiais que ele duvidava dela.) Para as pesquisas sobre a Técnica Reid, as seguintes fontes se mostraram úteis: *Criminal Interrogation and Confessions*, de Fred E. Inbau, John E. Reid, Joseph P. Buckley e Brian C. Jayne (Burlington: Jones & Bartlett Learning, 2013, 5ª edição); *Essentials of the Reid Technique: Criminal Interrogation and Confessions*, de Fred E. Inbau, John E. Reid, Joseph P. Buckley e Brian C. Jayne (Burlington: Jones & Bartlett Learning, 2015, 2ª edição); "The Interview", artigo de Douglas Starr para a revista *New Yorker*, de 9 de dezembro de 2013; "A

Severed Head, Two Cops, and the Radical Future of Interrogation", artigo de Robert Kolker para a *Wired*, de 24 de maio de 2016 (publicado numa parceria com o Marshall Project); e "I Did It", também de Robert Kolker para a *New York Magazine*, de 3 de outubro de 2010.

1 Inbau, *Essentials of the Reid Technique*, p. viii.
2 Kolker, "A Severed Head, Two Cops, and the Radical Future of Interrogation", 2016.
3 Starr, "The Interview", 2013.
4 Inbau, *Essentials of the Reid Technique*, p. 5.
5 Ibidem, p. 83.
6 Ibidem.
7 Ibidem, p. 138.
8 Ibidem, p. 21.

Capítulo 9: A sombra interior espreita
Documentos: registros públicos dos Departamentos de Polícia de Golden, Westminster e Aurora e do FBI. Para ler mais sobre o conceito da sombra na obra de C.G. Jung, consultar "Essential Secrets of Psychotherapy: What Is the 'Shadow'?", *Psychology Today*, de 20 de abril de 2012.

1 Carl Gustav Jung, *Psychology and Religion: West and East* ("The Collected Works of C.G. Jung", v. 11), 2ª edição. Princeton: Princeton University Press, 1975. p. 76.
2 Neil Strauss, *The Game: Penetrating the Secret Society of Pickup Artists*. Nova York: HarperCollins, 2005. p. 80.
3 Mistery e Chris Odom, *The Mystery Method: How to Get Beautiful Women into Bed*. Nova York: St. Martin's Press, 2007. p. 96.
4 "Ex-namorada de Marc O'Leary declara: 'Havia algo estranho na relação'", *48 Hours*, 19 de novembro de 2016, disponível em cbsnews. com/news/marc-patrick-oleary-48-hours-hunted-the-search-colorado-serial-rapist/.

Capítulo 10: Bons vizinhos
Documentos: registros públicos dos Departamentos de Polícia de Golden, Westminster, Aurora e Lakewood; da Procuradoria do Condado de King, Washington; do FBI; e do caso nº 11CR430 da Corte Distrital do Condado de Jefferson, Colorado.

1   "Por que Cedarville?", *Universidade Cedarville*, acessado em 3 de maio de 2017, disponível em cedarville.edu/About.aspx.
2   "Sobre", *Antioch College*, acessado em 3 de maio de 2017, disponível em antiochcollege.edu/about.
3   Kimberly Lonsway, Joanne Archambault e David Lisak, "False Reports: Moving Beyond the Issue to Successfully Investigate and Prosecute Non-Stranger Sexual Assault", *The Voice*, Centro Nacional pela Criminalização da Violência Contra a Mulher, 2009.

Capítulo 11: Um delito grave
Documentos: intimação por falsa comunicação de crime enviada a Marie; a súmula do processo mantida pelo Fórum Municipal de Lynnwood (embora o arquivo em si tenha sido lacrado, a súmula foi preservada e utilizada como evidência jurídica); relatórios da polícia de Lynnwood; dados dos Relatórios Unificados de Estatísticas Criminais do FBI; relatórios da polícia de Kirkland referentes ao crime de agressão sexual de 6 de outubro de 2008, incluindo uma transcrição da entrevista com a vítima feita por Keesee; e o dossiê consolidado dos casos de jurisdição limitada encaminhados no estado de Washington em 2008. Para mais informações sobre processos por denúncias falsas, ver: "Prosecuting Rape Victims While Rapists Run Free: The Consequences of Police Failure to Investigate Sex Crimes in Britain and the United States", artigo de Lisa Avalos para o *Michigan Journal of Gender and Law* 23, n. 1, de 2016, p. 1-64; e "Policing Rape Complainants: When Reporting Rape Becomes a Crime", da mesma autora, para o *The Journal of Gender, Race & Justice* 20, n. 3, de 2017, p. 459-508.

1 Lisa Avalos, Alexandra Filippova, Cynthia Reed e Matthew Siegel, "False Reports of Sexual Assault: Findings on Police Practices, Laws, and Advocacy Options", uma proposta de relatório preliminar apresentada ao grupo Mulheres Contra o Estupro em 23 de setembro de 2013, p. 9. O relatório pode ser lido on-line na íntegra, em womenagainstrape. net/sites/default/files/final_paper_for_war_9-23.pdf.

2 Avalos, "False Reports of Sexual Assault", p. 8, 57-58. A pesquisa da autora não encontrou registros em que o tribunal tenha aplicado a pena máxima, mas conseguiu localizar treze mulheres no Reino Unido que ficaram presas entre dois e três anos por terem alegado falsamente que haviam sido estupradas.

3 Craig Silverman, "O ano na mídia, erros e retratações – 2014", *Poynter Institute*, 18 de dezembro de 2014, disponível em poynter.org/2014/ the-year-in-media-errors-and-corrections-2014/306801/.

4 T. Rees Shapiro, "Fraternity Chapter at U-Va. to Settle Suit Against *Rolling Stone* for $1.65 Million", *Washington Post*, 13 de junho de 2017.

5 T. Rees Shapiro e Emma Brown, "Rolling Stone Settles with Former U-Va. Dean in Defamation Case", *Washington Post*, 11 de abril de 2017.

6 Peyton Whitely, "Woman Pleads Guilty to False Rape Report", *Seattle Times*, de 19 de março de 2008.

Capítulo 12: Marcas

Documentos: registros públicos dos Departamentos de Polícia de Golden, Westminster, Aurora e Lakewood e do FBI. Para mais informações e perspectivas sobre o DNA abandonado, ver o artigo de Elizabeth E. Joh "Reclaiming 'Abandoned' DNA: The Fourth Amendment and Genetic Privacy", *Northwestern University Law Review* 100, n. 2, 2006, p. 857--884; e também a decisão da Suprema Corte dos EUA no caso *Maryland vs. King*, súmula número 12-207, homologada em 3 de junho de 2013.

1 Kevin Hartnett, "The DNA in Your Garbage: Up for Grabs", *Boston Globe*, 12 de maio de 2013, disponível em bostonglobe.com/ide-as/2013/05/11/the-dna-your-garbage-for-grabs/sU12MtVLkoypL-1qu2iF6IL/story.html.

Capítulo 13: Olhando para dentro do aquário
Documentos: entrevista gravada em vídeo do FBI com O'Leary; notas da polícia de Mountlake Terrace do dia 3 de abril de 2007, em que O'Leary foi abordado na rua por atitude suspeita; relatórios da polícia de Golden e de outras agências de segurança pública do Colorado; relatórios do Exército americano sobre O'Leary, referentes aos períodos na ativa e na reserva; e relatórios da polícia de Lynnwood. Os registros fornecidos por agências de segurança pública incluíam o extrato do cartão de débito de O'Leary, que revelou os locais onde ele costumava comer e fazer compras, e nos permitiu fazer uma reconstituição da sua viagem de Washington até o Colorado.

Capítulo 14: Um cheque de 500 dólares
Documentos: correspondência entre os Departamentos de Polícia de Golden e Lynnwood; relatórios policiais de Golden redigidos por Galbraith; relatórios policiais de Kirkland e registros judiciais do processo movido no Tribunal Superior do Condado de King; correspondência por e-mail entre Galbraith e um promotor adjunto sênior da Procuradoria do Condado de King no dia 8 de setembro de 2011; a ficha profissional de Mason na polícia, que inclui seus boletins acadêmicos; relatórios da polícia de Lynnwood preenchidos por Cohnheim; e relatórios de caso do projeto Ladder.

1   Serviço de Investigação Criminal da Marinha, "Resumo informativo do Programa de Troca de Informações Criminais (LInX)", 29 de outubro de 2009.
2   Mika Brzezinski, "Child Who Was the Victim of a Kidnapping Is Further Victimized by Police Detective in Minnesota", *CBS Evening News*, 23 de fevereiro de 2004.
3   Catie L'Heureux, "Police Thought This Gone Girl-Like Kidnapping Was a Hoax Because the Woman 'Didn't Act Like a Victim'", *The Cut*, 3 de agosto de 2016.

4 Gabriella Paiella, "Woman Falsely Accused of Faking Her *Gone Girl-*-Like Kidnapping in 2015 Says She's Still Being Harassed Online", *The Cut*, 4 de janeiro de 2017.

5 Paiella, "Woman Falsely Accused of Faking Her *Gone Girl*-Like Kidnapping in 2015 Says She's Still Being Harassed Online".

6 Bill Lueders, *Cry Rape: The True Story of One Woman's Harrowing Quest for Justice*. Madison: Terrace Books, 2006. p. 59-60, 123-125.

7 Ibidem, p. 126.

8 Scott Shifrel, "Victim's Vindication: Con Admits Raping Queens Girl", *New York Daily News*, 19 de março de 2004.

9 Scott Shifrel e Leo Standora, "Rape Strains Family Bond; Mom's Doubts Scarred Teen", *New York Daily News*, 20 de março de 2004.

10 Natalie Elliot, "I Was Raped–and the Police Told Me I Made It Up", entrevista a Sara Reedy, *VICE*, 8 de janeiro de 2013.

11 Ibidem.

12 Susan Brownmiller, *Against Our Will: Men, Women and Rape*, Nova York: Fawcett Columbine, 1975. p. 365-366.

13 Ibidem, p. 366.

14 Alex Campbell e Katie J. M. Baker, "Unfounded: When Detectives Dismiss Rape Reports Before Investigating Them", *BuzzFeed News*, 8 de setembro de 2016.

15 Rachel M. Venema, "Police Officer Schema of Sexual Assault Reports: Real Rape, Ambiguous Cases, and False Reports", *Journal of Interpersonal Violence*, 31, n. 5, p. 872-899, 2016 [publicado pela primeira vez na internet em 2014].

16 Natalie Shaver, "Local Sheriff Reacts to Rape Kit Legislation", *KIFI* (LocalNews8.com), 17 de março de 2016. Ver também: Salvador Hernandez, "Idaho Sheriff Says 'Majority' of Rape Accusations in His County Are False", *BuzzFeed News*, 16 de março de 2016.

Capítulo 15: 327 ½

Documentos: registros públicos dos Departamentos de Polícia de Golden, Westminster, Aurora e Lakewood e do FBI; caso da Corte Distrital do Condado de Jefferson, Colorado, nº 11CR430. Para uma visão mais a fundo dos fatores que afetam as decisões da Promotoria relativas à abertura de processos em casos de agressão sexual, consultar: o artigo de Cassia Spohn e David Holleran para o Serviço Nacional de Referência de Justiça Penal, "Prosecuting Sexual Assault: A Comparison of Charging Decisions in Sexual Assault Cases Involving Strangers, Acquaintances, and Intimate Partners", de 2004. As citações do caso Bedlow foram tiradas de uma transcrição de julgamento com o título nada conciso de "Report of the Trial of Henry Bedlow, for Committing a Rape on Lanah Sawyer: With the Arguments of the Counsel on Each Side: At a Court of Oyer and Terminer, and Gaol Delivery for the City and County of New-York, Held 8th October, 1793 / Impartially Taken by a Gentleman of the Profession", disponível em tei.it.ox.ac.uk/tcp/Texts-HTML/free/N20/N20224.html.

1   John Meyer, "A Balance of Career, Fitness – on the Run", *Denver Post*, 30 de abril de 2007.

2   "Resultados da Maratona de Boston – 2007", Maratona de Boston (entre com o nome Robert Weiner no campo de busca), acessado em 24 de abril de 2017, disponível em marathonguide.com/results/browse.cfm?MIDD=15070416.

3   Cassia Spohn e David Holleran, "Prosecuting Sexual Assault: A Comparison of Charging Decisions in Sexual Assault Cases Involving Strangers, Acquaintances, and Intimate Partners", *Justice Quarterly*, 18(3), p. 652-688, 2001.

4   Susan Brownmiller, *Against Our Will: Men, Women and Rape, de Susan Brownmiller*, Nova York: Fawcett Columbine, 1975. p. 369.

5   Gilbert Geis e Ivan Bunn, *A Trial of Witches: A Seventeenth-Century Witchcraft Prosecution*. Londres: Routledge, 1997. p. 3.

6   John Bickerton Williams, *Memoirs of the Life, Character, and Writings, of Sir Matthew Hale, Knight, Lord Chief Justice of England*, Londres: Jackson and Walford, 1835. p. viii.

7   Sir Matthew Hale, editado por Sollom Emlyn, *Historia Placitorum Coronae: The History of the Pleas of the Crown*. Londres: impresso por E. e R. Nutt e R. Gosling, por ordem do senhor Edward Sayer, 1736. v. I, p. 635.

8 Ibidem, p. 636.

9 Matthew Hale, *Letter of Advice to His Grand-Children, Matthew, Gabriel, Anne, Mary, and Frances Hale*. Londres: Taylor and Hessey, 1816. p. 30-31.

10 Ibidem, p. 31.

11 Ibidem, p. 30.

12 Ibidem, p. 15.

13 Ibidem, p. 116.

14 Alan Cromartie, *Sir Matthew Hale 1609–1676: Law, Religion and Natural Philosophy*. Cambridge: Cambridge University Press, 1995. p. 5.

15 Hale, *Letter of Advice...*, p. 119.

16 Geis e Bunn, *A Trial of Witches*, p. 119.

17 Ibidem, p. 7.

18 Julian P. Boyd (org.), *The Papers of Thomas Jefferson*. Princeton: Princeton University Press, 1954. v. 10, p. 602.

19 Idem, p. 604.

20 William R. Roalfe, *John Henry Wigmore: Scholar and Reformer*. Evanston: Northwestern University Press, 1977. p. ix.

21 George F. James, "The Contribution of Wigmore to the Law of Evidence", *University of Chicago Law Review*, 8, p. 78, 1940-1941.

22 James M. Doyle, "Ready for the Psychologists: Learning from Eyewitness Errors", *Court Review: The Journal of the American Judges Association*, 48, n. 1-2, p. 4, 2012.

23 John Henry Wigmore, *Wigmore on Evidence*, 3ª edição, com revisão de James H. Chadbourn. Boston: Little, Brown and Company, 1970. v. 3A, p. 736.

24 Ibidem, p. 737.

25 Leigh B. Bienen, "A Question of Credibility: John Henry Wigmore's Use of Scientific Authority in Section 924a of the Treatise on Evidence", *California Western Law Review*, 19, n. 2, p. 236, 1983.

26 Ibidem, p. 241.

27 *O Povo contra Hulse*, 3 Hill, Nova York, p. 316.

28 Peggy Reeves Sanday, *A Woman Scorned: Acquaintance Rape on Trial*. Berkeley: University of California Press, 1996. p. 158.

29 Estelle B. Freedman, *Redefining Rape: Sexual Violence in the Era of Suffrage and Segregation*, Cambridge: Harvard University Press, 2013. p. 15.

30 Sharon Block, *Rape and Sexual Power in Early America*, Chapel Hill: University of North Carolina Press, 2006. p. 38, 92.

31 Lisa Rein, "Comments on Rape Law Elicit Outrage", *Washington Post*, 6 de abril de 2007.

32 Catherine Rentz, "All-Male Panel Ruled on Rape Bill During Maryland's Legislative Session", *Baltimore Sun*, 17 de abril de 2017.

33 "Primeiro Distrito Judicial – Juiz de Distrito", Secretaria de Avaliação de Desempenho Judicial do Colorado, acessado em 24 de abril de 2017, disponível em coloradojudicialperformance.gov/retention.cfm?ret=987.

Epílogo: Dezoito rodas
Documentos: registros do processo civil movido por Marie na Justiça para o Distrito Oeste de Washington; memorandos entregues por H. Richmond Fisher e pelos advogados de defesa de Lynnwood ao mediador; os termos do acordo que foram aprovados, incluindo o comprovante de pagamento da indenização pela seguradora; relatório da sindicância interna feita no Departamento de Polícia de Lynnwood sobre os procedimentos adotados no caso de Marie; relatório da sindicância externa da investigação, realizada pelo sargento Rinta; ficha profissional de Mason; material de treinamento usado atualmente pela polícia de Lynnwood; e dados do Relatório Unificado de Estatísticas Criminais do FBI. Para saber mais sobre o programa You Have Options, veja: Katie Van Syckle, "The Tiny Police Department in Southern Oregon That Plans to End Campus Rape", *The Cut*, 9 de novembro de 2014.

1 Diana Hefley, "Lynnwood Settles with Rape Victim for $150K", *Daily Herald*, Everett, 15 de janeiro de 2014.

2 Mike Carter, "Woman Sues After Lynnwood Police Didn't Believe She Was Raped", *Seattle Times*, 11 de junho de 2013.

3 Joanne Archambault, T. Christian Miller e Ken Armstrong, "How Not To Handle a Rape Investigation", *Digg*, 17 de dezembro de 2015,

disponível em digg.com/dialog/how-not-to-handle-a-rape-investigation#comments.

4 Eli Hager, "The Seismic Change in Police Interrogations", *Marshall Project*, 7 de março de 2017.

5 Douglas Starr, "The Interview", *New Yorker*, 9 de dezembro de 2013.

6 Todd Henrichs e Peter Salter, "State Apologizes, Pays $500K to Man in 1955 Wrongful Conviction", *Lincoln Journal Star*, 31 de agosto de 2012.

7 Anna Clark, "11,341 Rape Kits Were Collected and Forgotten in Detroit. This Is the Story of One of Them", *Elle*, 23 de junho de 2016.

8 Steve Reilly, "70,000 Untested Rape Kits *USA Today* Found Is Fraction of Total", *USA Today*, 16 de julho de 2015.

9 Eliza Gray, "Authorities Invest $80 Million in Ending the Rape Kit Backlog", *Time*, 10 de setembro de 2015.

10 Avery Lill, "Oregon Detective Pioneers New Sexual Assault Reporting Program", *NPR*, 22 de setembro de 2016.

ÍNDICE

Adidas ZX700 (tênis), 163, 200
Administração de Previdência Para Ex-Combatentes, 148
Afeganistão, invasão americana do, 68-70
Against Our Will: Men, Women and Rape (Brownmiller), 50, 231
agressão sexual, 23-24, 29-30, 51, 86, 92, 116, 181, 199, 229-230
    alegações feitas por homens de, 51
    leis sobre, 84-86
alfas e bravos, 20, 69, 204-205, 262
Amber, caso de estupro de, 17-25, 31, 98-103, 106, 108, 109, 160, 163,
    172-174, 191, 192, 195, 201, 204, 207-209, 242, 253, 254-256, 262
Amy (amiga de Marc O'Leary), 153-154
analista criminal, análise criminal, 118, 172-173, 198, 293
Archambault, Joanne, 90-93, 291, 294
armas de fogo, 44, 100, 112-113, 200, 217
    compra e venda de, 105, 154, 219, 254
arquétipos junguianos, 146, 148, 158
Arvada, 46, 47, 118
Ashland, 279, 294
"assinaturas" comportamentais, 115
Associação de Análise Criminal do Colorado, 118

Associação Internacional de Analistas de Inteligência de Segurança, 294

Associação Internacional de Chefes de Polícia, 91, 93, 273

Associação Internacional de Policiais Femininas, 108

Aurora, 142, 173, 203, 226, 255, 256, 257, 279, 293

Avalos, Lisa, 177, 294

AVAX 11/985, o computador "Superstar", 116

Baltimore, Polícia do Condado de, 231

Bedlow, Henry, julgamento por estupro de, 247-248

bíblia, 30, 44, 52

Biden, Joe, 278

Bienen, Leigh, 249

Bingham, Idaho, Condado de, 232

Boston City Hospital, 87

Boulder, 47, 67, 105

Bronson, Greene Carrier, 250

Brooks, Pierce, 114-115

Brownmiller, Susan, 50, 231, 243

bruxaria, 245, 246

Buckley, Calyxa (pseudônimo), 156-159, 208

Bundy, Ted, 115

Bunn, Ivan, 245

Burgess, Scott, 59-64, 97-100, 104-106, 172, 192, 203-205, 253, 293

Bury St. Edmunds, julgamentos de bruxas em, 245

BuzzFeed News, 232

cadastro de criminosos sexuais, 63

câmera de segurança, imagens usadas como evidências, 101, 193, 206

câmeras, 101-103, 193, 206

    Sony cor-de-rosa, 19, 58, 197, 200, 207

    ver também fotografia, fotos

Campo Casey, Dongducheon, Coreia do Sul, 69-74

Campbell, Rebecca, 57

ÍNDICE 315

"Canalha" (pasta protegida por criptografia), 209-210, 252-253, 261, 279-280

Carla (mulher com quem Marc O'Leary saiu), 154-155

Carroll, Laura, 118-120

cartões de memória, fotos das vítimas armazenadas em, 210, 241

CBI, Agência de Investigação do Colorado, 105-107, 112, 226

Cedarville College, 167-168

Centro Médico Regional Providence, 84

Centro Nacional de Informações Criminais, 192

Chicago, 84-87, 130

Cocoon House, 269-270

CODIS, Sistema de Indexação de DNA, 104, 106, 117

Cohnheim, Rodney, 137, 223, 225-227, 233-234, 289, 293

Cole, Matt, 24, 101, 163

Comitê de Cidadãos Para Assistência a Vítimas, 84, 87

confissões, obtenção de, 293-295

Conte, Jon, 34, 87

Coreia do Sul, 69, 143

    serviço de Marc O'Leary na, 200

    boates, área de, 72

Craigslist, 151-152, 157, 207

crianças, abuso de, 31, 34, 37, 91, 124, 132, 272

criminalistas, 63, 199

criptografia, conteúdo com, 252, 279

criptologia, 69, 150, 280

Cromwell, Oliver, 243

Cry Rape (Lueders), 229

CSI, 52

Cullender, Rose, 246

Defensoras de Vítimas de Estupros (grupo), 87

Denny, Amy, 246

denúncia falsa,

    acordo pré-julgamento de Marie por, 186, 188-189, 222

acusação e processo contra Marie por, 175-180, 184-186,
188-190, 222-224, 226, 240, 269-272, 282
alegações de, 13, 50, 59, 167-169, 175-188, 221-226, 243-250, 273
Marie inocentada de, 221-226, 277
penalidades para, 250
processo e pedido de indenização de Marie por conta de,
270-271
relato de Marie classificado como 11-15, 137-139, 219, 271
reparação para vítimas acusadas de, 227, 230, 232
Denver, 239, 241-242, 255, 274, 287, 294
Departamento de Veículos Motores do Colorado, 155
depressão, 189, 229-230, 282
DiGiosio, Danelle, 170-174, 191-193, 293
Divisão de Crimes Contra a Pessoa, 49, 137
Divisão de Investigações Criminais, 80-83, 222
Divisão de Tecnologia Operacional, Unidade de Criptologia e
Análise, 280
DNA de toque, 105, 209
DNA, evidências por, 21, 45, 64, 113, 117, 120, 177, 203, 208, 225, 230
coleta e processamento de, 24, 52, 79, 80, 104-107, 187-188,
198, 205
como ligação entre crimes, 173, 195, 224
Doris, caso de estupro de, 59-63, 97
Dougan, Jeffry, 251-253, 259
drinkie girls, 72
DSM, Manual Diagnóstico e Estatístico de Transtornos Mentais, 122
DST, testes de, 88-89
Duke, Universidade, caso de denúncia falsa de estupro na, 178
Dumais, Kathleen, 251

"efeito cascata", 242
Ellis, Katherine, 51, 118, 120, 199
End Violence Against Women International, 109
Enersen, Jean, 13
entrevistas, 49, 53-55

(buscar também por nomes específicos)
de testemunhas, 22-23, 49, 80
interrogatórios *versus*, 129-130, 278
Estado, tutela de menores por, 14, 41, 122, 140
histórico de Marie na, 35
ver também projeto Ladder
Estes, Kathleen, 169-172
estresse pós-traumático, distúrbio de, 189, 283
estuprador, os direitos parentais do, 251
estupro por pessoa conhecida, 23
estupro por pessoa desconhecida, 23
estupro, 23, 61, 89, 100, 101
alegações de consensualidade em, 19, 24, 232, 248-249
alegações de denúncias falsas de, *ver* denúncias falsas
ameaças de, 18, 19, 23, 44, 78, 100, 219, 254, 260
dominação e, 65-67, 148, 153
duração de, 19, 31, 44, 78, 93, 98, 100, 242, 260
história legal do, 239-262
homicídio e, 115
negligência de agentes da lei com relatos de, 228-232
perspectivas psicológicas e psiquiátricas sobre, 248-249
reações diversas a, 23, 49, 56-57, 59, 82
sentenças para, 240, 260-268
subnotificação de, 55, 102-103, 108, 167, 250, 283
tentativas fracassadas de, 72-74, 142, 215, 254, 262
troféus de, 21, 143, 154, 201, 143-144, 154, 160, 171, 200
utensílios e apetrechos para, 18-19, 21, 31, 44, 61-63, 115, 117,
200, 217-218, 260
violência crescente em, 100, 114, 174, 180-181
Evans, John, 279-283, 293
Exército dos Estados Unidos, alistamento e serviço de Marc O'Leary
no, 68

Facebook, 102, 154, 228
Faculdade Comunitária Red Rocks, 144

Falsa Comunicação de Crime, 184, 222, 231, 239
    definição legal de, 175-178
False Rape Society, 13
fantasias de estupro, 151-153, 214-218
FBI, Agência de Investigação Federal, 103-106, 111-112, 149, 178, 206, 224
    análise de dados na, 171-172
    envolvido em investigações de estupro, 98, 112-117, 172, 193, 226, 241
    sede em Quantico, 51, 112, 116, 161
    turma nerd da, 279-280
Feldman, James, 180-181, 185-186, 293
feminista, movimento, 250
fetiches, 149, 217
Figueroa, Fancy, 230
filosofia, 274, 294
Fisher, H. Richmond, 269, 288, 293
fluidos corporais, 53, 80, 104
Força-Tarefa de Combate a Narcóticos, 222
fotografia, fotos, 24, 78
    de estupros, 14, 31, 44, 56, 78, 93, 97, 123, 126, 183, 209, 218, 222, 223, 228, 239-242, 253, 260
    interesse de Marie por, 39-40, 138, 188
    interesse de O'Leary por, 152
Freud, Sigmund, 200, 249
Fundação Playboy, 86

Galbraith, David, 28, 293
Galbraith, Stacy, 17, 26, 31, 97, 191, 239, 265, 284, 293
    Hendershot e, 107
    história pessoal e profissional de, 26
Geis, Gilbert, 245
genética, critérios para a compatibilidade, 104
Gipson, Kali, 24, 163, 199
Glatman, Harvey, 115

Goddard, Martha ("Marty"), 84-88, 250, 300
Golden, 17-31, 49, 97-98, 101, 107, 110, 112, 119, 142, 173, 193, 198-199,
    203, 239-262, 279
    Departamento de Polícia de, 205-208, 226, 280
GPS, 103
Grandes Lagos, Região dos, 232
Grusing, Jonny, 112-115, 117, 172-173, 194-195, 198, 254, 279
    depoimento de Marc O'Leary dado a, 261-264

hacking de computadores, 280
Hale, Matthew, 243-247, 250-251
Harris, Thomas, 116
Harvey, 277
Hassell, Aaron, 163-168, 172, 192, 199, 201, 253, 293
Hefner, Hugh, 86
Hendershot, Edna ("Ed"), 43-63, 97-100, 103-106, 117-119, 161-163,
    191-193, 201-213, 217-218, 220, 254-256
    declaração em tribunal de, 255-256
    Galbraith e, 100-101, 103-105, 172-173, 239-241, 252, 255
Hendershot, Mike, 49, 208
Hendrix, Jimi, 67,
hipnose, hipnotismo, 159, 165
History of the Pleas of the Crown, The (Hale), 244
histriônica, transtorno de personalidade, 122
Hölldobler, Bert, 159
homicídio, 30, 92, 115, 242, 277
hospital St. Anthony North, 43
Hull, Carrie, 279, 294
Huskins, Denise, 228

impressões digitais, evidências com, 162, 199, 206
incesto, 150
informática, perícia de, 207
Inglaterra, 244
    denúncias falsas de estupro na, 13, 50, 177, 184-185

instituições policiais, 23-24, 90, 106-110

(ver também investigações específicas)

discriminação de gênero nas, 47-48, 90-91, 108-101, 173-174

lições de Marc O'Leary para, 263-264

Instituto Correcional Sterling, prisão de Marc O'Leary no, 273-274

internet, 13, 59, 162

curso on-line sobre investigação de estupros, 90-92

evidências na, *ver* informática, perícia de

Marie atacada na, 139

sites de pornografia na, 19, 50, 148-150, 153, 192, 205-210, 217, 219, 240-241

vítimas ameaçadas de serem expostas na, 44, 60, 78, 97, 122, 192, 205, 218, 241

Criminal Interrogation and Confessions (Reid), 130-132

investigação de estupro

classificação como inativa de, 130-133, 221-236

colaboração em, 31, 58-64, 97-116, 172-174, 191-193, 198-202, 207-208, 221, 224, 226-227, 239-240

coleta de evidências em, 24-25, 50-53, 78-81, 84-85, 89, 104-105, 196-197, 199-201, 204-210, 260

descarte de evidências em, 178, 225

detalhes de, 21-22, 34-37, 78

evolução e avanços em, 84-91, 167-168, 275-280

falta de cooperação em, 227, 263

pistas falsas e inconclusivas em, 61-64, 186-188

presunção de culpa em, 130-132, 221-226

procedimentos para, 21-25, 45-46, 51-53, 61-63, 78-81, 95, 99-102, 104-105, 162, 208

semelhanças identificadas em, 31, 58-60, 62-65, 97-100, 161-163, 170-173, 180-184, 187, 193, 221, 224, 239

vítimas ameaçadas ao longo de, 136-137, 228, 232, 272

investigações de narcotráfico, 78, 222

Irion, Susan, 87, 250, 278, 294

Jana (supervisora do projeto Ladder), 12, 88, 135-138, 269
Jefferson, presídio do Condado de, 98, 112, 199, 226, 239, 254
Jefferson, Procuradoria e Corte Distrital do Condado de, 294
Jefferson, Thomas, 246
jogo: a bíblia da sedução, O (Neil Strauss), 150
Jordan (amigo de Marie), 235, 282, 293
Joyful Heart (Fundação), 278
Jung, Carl, 146-148, 258

Kansas, Universidade do, a série de estupros na, 113, 261
Keesee, Jack, 182-187
Kelsey, Josh, 80, 95
King, Condado de, 178, 225, 295
Kirkland, caso de estupro em, 181-186, 188, 219, 224-227, 283, 293, 295
kit de estupro, 130, 133, 178-179, 225-226, 277
      origem e desenvolvimento do, 83-89, 250, 278

Laboratório Regional de Informática Forense das Montanhas
   Rochosas, 279
Lady Gaga, 278
Lakewood, 119, 141-159, 191-211, 254, 279
      Departamento de Polícia de, 161-173, 191-193, 226
Lei e Ordem: SVU, 264, 278
Lewis, Sarah, 105
Lilly (vítima de tentativa de estupro), 163-168, 170, 172, 190, 253,
   254, 262
      declaração em tribunal de, 257
linguagem corporal, 82, 131, 133, 276
LInX, Programa de Troca de Informações Criminais, 224
Livingston, Henry Brockholst, 247, 248
"Little Wing", 67, 160
lobos, 20, 205, 262
Longmont, 66, 68
Los Angeles, Polícia de (LAPD), 107, 115
LPR, varredura de veículos por câmera, 192

Lueders, Bill, 229
luvas, marcas de (evidência), 161
Lynnwood Gun & Ammunition, 219
Lynnwood, Departamento de Polícia de, 79-83, 89, 138, 221-222, 225,
    263, 273
        aceitando a responsabilidade por seu erro, 164-169
        investigação de estupro, *ver* Marie, caso de estupro de
            sindicâncias interna e externa na, 167-169
Lynnwood, Fórum Municipal de, 176, 179, 180
Lynnwood, 36, 40, 80-83, 89, 127, 180, 183-185, 188, 189, 212, 214,
    219, 226, 227, 232, 233, 270, 283, 293

Madison, James, 246
Madison, caso de estupro em, 229
Maine, período colonial, casos de estupro no, 250
mandados de busca, 201, 240
Marie
        ao saber da prisão de Marc O'Leary, 227, 232-237
        caso de estupro de, 87, 222, 223, 250, 269-270
        desacreditada pelos amigos e pessoas mais próximas, 13-14,
            138-139, 189
        disposição para perdoar as pessoas, 234, 236-237
        estupro de, 213-219
        exame de corpo de delito de, 82-84, 88, 92, 95
        eximida da acusação por denúncia falsa, 221-226, 268-269, 276
        fica em dúvida, 11, 95, 121-138, 222, 232, 269-270, 272-274
        história do desenvolvimento pessoal de, 11, 33-38, 132, 282
        isolamento sofrido por, 132, 188-189
        lares adotivos temporários de, 11-12, 33-41
        marido e os filhos de, 284
        perdas pessoais de, 138-139, 188-189, 232, 268, 282
        processo movido por, 268-270
        relato posto em dúvida, 11-15, 136-138, 175-180, 183-185,
            187-189, 221-222, 224, 239, 242-244
        sob impacto do estupro e da acusação por denúncia falsa, 280-284

tem a validade do seu relato reconhecida, 221-226, 268
tentativas de buscar a normalidade, 33, 41, 189, 280, 283-284
visão de Peggy sobre sua necessidade de atenção, 121-122,
    124
Marinha americana, 156, 205, 224
Martinez, Ritchie, 117, 294
Maryland, direitos parentais de estupradores em, 251
Masha (esposa de Marc O'Leary; pseudônimo), 70, 73, 141, 143,
    150,155, 217
Mason, Jeffrey, 81-83, 92-94, 232, 269, 271-272, 275
    Marie desacreditada por, 121-122, 124, 126-129, 131-135,
        177-178, 222-223, 267-268, 282
    reação pessoal aos erros cometidos no caso da denúncia de
        Marie, 237, 267, 293
Materasso, Trevor, 173, 293
McNulty, Philip, 255-258, 260
Mehnert, Denise, 25
Meister, Art, 116, 294
memória, comprometimento em decorrência de trauma, 56-58, 78
mídia, cobertura de casos de estupro pela, 229, 231
1793, o julgamento por estupro em, 247
Miles, Anne, 77, 81, 83
Ministério da Justiça, EUA, 278
Miranda, Direitos de, 133, 269
misoginia, misógina, 249, 251
Montano, Amanda, 199-201, 205-206
Moore, Stephen E., 180
mutilação genital, 51
MySpace, 40, 139, 142, 150

Nattlie (vizinha de Marie), 42, 83, 126
negociação de reféns, 183
negs, 151
Nelson, James, 80
Neri, Randy, 104

New York Daily News, 230
Nova York, 40, 209, 246

O Método Mystery: como levar mulheres bonitas para a cama (Erik von Markovik), 150
O'Leary, Marc
acusações contra, 197-198
argumento da acusação contra, 258-260
casamento de, 70-72, 141, 143, 150, 154, 217
cerco a e a prisão de, 191-211, 223, 225, 234, 236, 238, 269, 271, 275, 280, 284-285
intelecto de, 20, 68-69, 144-145, 155, 157, 240-241
declaração em tribunal de, 258-260
descoberta da identidade de, 174, 191-193, 201
dualidade psicológica conflituosa de, 20-23, 60, 66-67, 98, 141-142, 219, 258-259, 273
em entrevista feita pelos autores na prisão, 273-275
em sua ação meticulosa, experiente e bem-preparada, 61, 74, 114, 142, 150, 209-210, 217-220, 254, 259, 260, 262
espionando e vigiando, 17-18, 141-143, 171, 201, 205, 213, 216-217, 254, 255, 259, 261
mãe de, 70, 141, 159, 203, 207, 251, 254, 258-259
marca de nascença de, 20, 102, 119, 172, 197, 198, 203, 240
momentos de introspecção e autoconsciência de, 71, 98, 145-148, 153, 257-258, 262-263, 274
obsessão pela dominação sexual, 69-71, 74, 141, 151-153
passado de, 20, 60
procedimentos metódicos, 18-20, 44-45, 54, 58-60, 64, 78, 98, 112-113, 180-181, 183, 213-219, 254
proposta de acordo de, 254-256, 280, 282
relata a própria história, 260-262
sentença de, 253-260, 280, 282
serviço militar de, 20, 68-72, 143, 146, 148, 192, 199-200, 214-215, 217, 258-259, 273
sites pornográficos de, 148-150, 153, 192, 200-205, 217, 219, 240

vida universitária, 143-148
O'Leary, Michael, 154-155, 157, 187-188, 190, 240, 259
em reação à prisão de Marc O'Leary, 202-205
ocultismo, 158, 204, 258
OkCupid, 151, 153
Olde Columbine High School, 67
11 de Setembro, os ataques terroristas, 68, 112, 147
Oscar, destaque para as vítimas de estupro na entrega do, 278

Patty, caso do estupro de, 229
pegadas, marcas de (evidências), 25, 120, 161, 168
Peggy (mãe adotiva de Marie), 36-38, 128, 138, 235-237
    dando apoio a Marie nos desdobramentos do estupro, 81-82,
        84-86, 90, 94, 121-122, 127
    Marie desacreditada por, 121-127, 131, 134-135, 223, 235,
        267-268, 271, 282
perito criminal, 46, 52, 120, 162, 177, 206, 241
picape Mazda branca, 101, 143, 170, 174, 191, 240
Plenty of Fish, 203
polícia, ligações para (911), 21, 77
polígrafo, teste de, 234
pornografia, 100
    infantil, 206, 209, 253
    on-line, 19, 50, 71, 148-150, 192, 205-210, 217, 219, 240-241
    período em que Marc O'Leary se absteve de, 159-160
    sites para públicos específicos de, 149-151, 217
Povo do Estado do Colorado contra Marc O'Leary, O, 255
Programa de Indenização a Vítimas de Crimes, 138
projeto Ladder, 12, 14, 41, 42, 81, 83, 88, 95, 126, 127, 135, 137-139,
    177, 223, 235, 267, 269, 273, 283, 295
projeto Mazda, 240
prostitutas, 71, 231
Pyler, Chris, 50

326 FALSA ACUSAÇÃO

Quantico, VA
    Academia do FBI em, 52, 116
    sede do FBI em, 113

Rape Investigation Handbook (Savino e Turvey), 209
Rape: Crisis and Recovery, 87
redes sociais, 228
    vítimas encontradas por, 142, 258
Reedy, Sara, caso do estupro de, 230
Reid, John E., 130, 277
Rider, Steve, 225, 227, 233, 271, 273, 293
Rinta, Gregg, 272, 276, 288, 289, 312
Rittgarn, Jerry, 83, 92, 269-270, 275
    Marie desacreditada por, 129-130, 132-134, 136-137, 233, 237, 272, 273
Rolling Stone, 178
Ruger, 154, 201

sadismo, 70, 153
sadomasoquismo, 149, 152
Salem, julgamentos de bruxas em, 246
San Diego, 90
Sarah, caso de estupro de, 43-46, 51-58, 61-62, 97, 99, 107, 154, 163, 172, 191, 193, 199-200, 208-210, 242, 252, 254, 262
    relato da vítima sobre, 43-47, 54-56
Sawyer, Lanah, caso do estupro de, 247
senhora de Kirkland (vítima de estupro), 184
série, estupro/estuprador em, 22, 64, 97, 112, 192, 209, 278-279
    determinação de, 173-174
    padrões de comportamento típicos de, 112, 114-116, 163
    vitimologia de, 99-100
sequestro, 199, 251,
Serviço de Investigação Criminal da Marinha (NCIS), 224
Shannon (mãe adotiva de Marie), 36-38, 189, 226, 284
    Marie desacreditada por, 124-126, 139, 183-184, 281

reação à confirmação do relato de Marie, 233-234, 236
Shimamoto, Sheri, 254, 259, 293
sistema jurídico americano, 243-250
  julgamento de Marc O'Leary no, 239-243, 251-263
Sociedade Americana de Psiquiatria, 122,
Star Wars: Episódio VI – O Retorno de Jedi, 65
Strauss, Neil, 150
suicidas, pensamentos 90
Superorganism, The (Hölldobler e Wilson), 159
Suprema Corte, EUA, 247
Suprema Corte, NY, 250

Técnica Reid, 130-132, 276
técnicas de sedução, 151
TrueCrypt, 150, 209
Tucker, Frank (suspeito; pseudônimo), 102, 103, 172

Unidade de Análise Comportamental (FBI), 116, 262
Unidades Caninas, 80
unidades de crimes sexuais, 54, 79, 89-90, 271
  novas abordagens em, 278
USA Today, 277

Vallario, Joseph, Jr., 251
Vallejo, caso de estupro em, 228
ViCAP, Programa de Apreensão de Criminosos Violentos, 112-117,
  173, 209, 224, 287, 294-295
vídeo, limpeza de, 101
violência doméstica, 108, 180, 183, 185, 233
Virgínia, época colonial, casos de estupro na, 250
Virgínia, Universidade da, caso de denúncia falsa de estupro na, 178
vítimas de estupro, 256-258, 276-278
  ceticismo e dúvidas com relação a, 12-14, 24, 29, 50, 55, 83,
    91-92, 182, 221-226, 243-250

com lembranças incertas ou alteradas, 56-57, 77-78, 210, 276-277
credibilidade e, 12-14, 24, 29, 50-51, 55, 91-92, 166-168, 221-236, 240, 241-248
culpa atribuída a, 14, 44, 227-231, 242, 246-249
entrevistas com, 43-45, 49, 53-55, 58-62, 69, 75-77
exames médicos em, 44, 61, 81-83, 87-90, 94, 95
gravidez em, 250-252
preferências de Marc O'Leary quanto a, 214-216
programas de benefícios para, 138
reações comportamentais variadas de, 23, 50, 56-57, 59, 82, 86-87, 89-90, 124-126, 182, 228, 280-281
reagem à prisão de Marc O'Leary, 202-203
retratações feitas por, 11-15, 80, 83, 90, 137-139, 176, 183, 219
vítimas, defensoras de/profissionais de apoio a, 233, 293
Vitullo, Louis, 86, 88

Wambaugh, Joseph, 115
Washington Post, 251
Wayne (orientador do projeto Ladder), 11-12, 14, 81
reação à confirmação do relato de Marie, 234-235
Weber, Audra, 182, 184, 187, 188, 293
Weiner, Bob, 251, 253-255, 280, 294
Wells, Alice Stebbins, 107
West Metro, Força-Tarefa Contra o Narcotráfico, 48, 107
Westminster, 43-55, 97-120, 161-173, 203, 240, 253, 254, 279
Departamento de Polícia de, 52, 54, 58, 97-98, 118-119, 161-163, 171-173, 191-193, 199, 204, 206
Whelan, Sharon e Gary, 169, 170, 294
White Bear Lake, caso de molestação sexual, 228
Wigmore, John Henry, 248
Wilding, Melinda, 145-148, 294

Yale Law Journal, 250
You Have Options, programa, 279, 312
Y-STR, análise, 106-107, 188

Zachor & Thomas, 179

SOBRE OS AUTORES

T. Christian Miller passou a integrar a equipe do ProPublica como repórter-sênior em 2008. Antes disso, havia trabalhado para o *Los Angeles Times* fazendo cobertura política e de guerras, e passou pela experiência de uma vez ter sido raptado por guerrilhas de esquerda na Colômbia. Seu primeiro livro, *Blood Money: Wasted Billions, Lost Lives, and Corporate Greed in Iraq,* foi classificado como "leitura indispensável" a respeito da guerra no Iraque. Ele leciona jornalismo de dados na Universidade da Califórnia em Berkeley e participou do programa John S. Knight Journalism Fellowship da Universidade de Stanford.

Ken Armstrong, que ingressou no ProPublica em 2017, já havia feito parte das equipes do Marshall Project e do *Chicago Tribune,* onde seu trabalho ajudou a pressionar o governador de Illinois a suspender as execuções no seu estado e esvaziar o Corredor da Morte. Seu primeiro livro, *Scoreboard, Baby,* escrito em parceria com Nick Perry, ganhou o Prêmio Edgar Allan Poe para obras de não ficção. Armstrong foi professor visitante de Escrita Jornalística da cátedra McGraw na

Universidade de Princeton, e foi um *fellow* da Nieman Foundation for Journalism na Universidade de Harvard.

Os dois conquistaram diversos prêmios por seus trabalhos, incluindo o Pulitzer que ganharam juntos em 2016 pelo artigo "An Unbelievable Story of Rape", publicado tanto no ProPublica quanto no Projeto Marshall, que deu origem a este livro.

AGRADECIMENTOS

Gostaríamos de agradecer profundamente às muitas pesssoas que nos ajudaram nesta jornada. Tudo começou com os editores que nos encorajaram a ir adiante com a matéria que estávamos preparando, "An Unbelievable Story Of Rape": Bill Keller e Kirsten Danis, do Marshall Project; Stephen Engelberg, Robin Fields e Joseph Sexton, do ProPublica; além da revisora Amy Zerba, que moldou a narrativa e poliu o texto até extrair o que ele podia ter de melhor. Nós contamos ainda com uma terceira parceria no trabalho nessa primeira matéria: a equipe do programa de rádio *This American Life,* reconhecida no meio por fazer jornalismo inteligente e ponderado. Deixamos aqui o nosso muito obrigado à produtora do episódio em que participamos, Robyn Semien, e ao apresentador Ira Glass.

Nossa agente Mollie Glick e a parceira dela na Agência Creative Artists, Michelle Weiner, foram as responsáveis por transformar a história que estava em nossas mãos num projeto digno de se tornar um livro. Elas nos deram todo o apoio e encorajamento de que precisamos em todas as etapas do caminho.

A Molly Stern, Rachel Klayman, Emma Berry e Matthew Martin, do grupo Crown Publishing, na Penguin Random House, nós agradecemos pela mente aberta e a coragem para dar espaço a um tema tão espinhoso. Eles estiveram o tempo todo ao nosso lado e investiram esforços preciosos de edição, supervisão do projeto e aconselhamento. E agradecemos a Ayelet Waldman e Michael Chabon por terem trazido suas boas ideias – criar títulos nem sempre é uma missão fácil.

Nós contamos também com a boa vontade de amigos e familiares para lerem as primeiras versões do texto. Obrigado a Ruth Baldwin, Ramona Hattendorf, Lyn Heinman, Anna Ly, Leslie Miller, Maureen O'Hagan, Serene Quinn e Craig Welch por terem se submetido a essa tarefa inglória e nos brindado com seus comentários e impressões.

Temos que agradecer ainda à equipe da Biblioteca Gallagher de Direito na Universidade de Washington, por terem confiado a nós exemplares tão raros e frágeis. Um viva aos bibliotecários!

O trabalho de apuração jornalística é algo que pode sair caro. O FIJ, Fundo Para o Jornalismo Investigativo – que, em seu primeiro ano de existência, ajudou a pagar pelo trabalho de Seymour Hersh em que ele denuncia o massacre em My Lai – gentilmente nos cedeu uma bolsa para cobrir os custos da pesquisa para este livro. A lista de jornalistas que serão eternamente gratos ao FIJ é bem longa, e agora nós também fazemos parte dela.

QUER SABER MAIS SOBRE A LEYA?

Em www.leya.com.br você tem acesso a novidades e conteúdo exclusivo. Visite o site e faça seu cadastro!

A LeYa também está presente em:

 facebook.com/leyabrasil

 @leyabrasil

 instagram.com/editoraleya

 skoob.com.br/leya

1ª edição	*Setembro de 2018*
papel de miolo	*Pólen Soft 70g/m²*
papel de capa	*Cartão Supremo 250g/m²*
tipografia	*Minion Pro*
gráfica	*Cromosete*